国家社科基金项目成果 经管

A Study on the Effect of Opportunistic Timing on
the Effectiveness of Equity Incentive

机会主义择时与
股权激励有效性研究

王烨 孙慧倩／著

中国财经出版传媒集团
经济科学出版社
Economic Science Press

图书在版编目（CIP）数据

机会主义择时与股权激励有效性研究／王烨，孙慧倩著.
—北京：经济科学出版社，2018.5
（国家社科基金项目成果经管文库）
ISBN 978 – 7 – 5141 – 9196 – 7

Ⅰ. ①机⋯　Ⅱ. ①王⋯ ②孙⋯　Ⅲ. ①上市公司 – 股权激励 –
研究 – 中国　Ⅳ. ①F279. 246

中国版本图书馆 CIP 数据核字（2018）第 070780 号

责任编辑：崔新艳
责任校对：王肖楠
版式设计：齐　杰
责任印制：王世伟

机会主义择时与股权激励有效性研究
王　烨　孙慧倩　著
经济科学出版社出版、发行　新华书店经销
社址：北京市海淀区阜成路甲 28 号　邮编：100142
经管中心电话：010 – 88191335　发行部电话：010 – 88191522
网址：www. esp. com. cn
电子邮箱：expcxy@ 126. com
天猫网店：经济科学出版社旗舰店
网址：http: //jjkxcbs. tmall. com
北京季蜂印刷有限公司印装
710 × 1000　16 开　15.5 印张　280000 字
2018 年 5 月第 1 版　2018 年 5 月第 1 次印刷
ISBN 978 – 7 – 5141 – 9196 – 7　定价：55.00 元
（图书出现印装问题，本社负责调换。电话：010 – 88191510）
（版权所有　侵权必究　举报电话：010 – 88191586
电子邮箱：dbts@ esp. com. cn）

　　本专著系国家社会科学基金项目"机会主义择时与股权激励有效性研究"（13BJY013）的成果；并受江苏高校品牌专业建设工程资助项目（PPZY2015A075）和江苏高校人文社会科学校外研究基地苏南资本市场研究中心（2017ZSJD020）资助。

前 言
Preface

2006 年中国证监会《上市公司股权激励管理办法（试行）》的颁布正式拉开了上市公司股权激励制度改革的序幕，截至 2015 年年底共有 1000 余家上市公司公布或实施了股权激励计划，并呈现继续增长态势。考察股权激励实施现状不难发现，我国上市公司推出股权激励计划具有"反周期性"，股市高涨时推出股权激励计划的上市公司少，而股市低迷时推出股权激励计划的上市公司多，存在明显的择时现象。美国的实践表明，将经理层报酬与股价挂钩的股权激励会诱发经理层通过授权或行权时点及相关信息披露时点的机会主义选择甚至操纵，来影响公司股价从而使自身股权薪酬最大化。2006 年美国一系列高管薪酬披露新规的出台凸显了其严重性。股权激励机会主义择时不仅会损害股东利益、增加权益资本成本，还会使股权激励效果大打折扣。因此，对上市公司股权激励中机会主义择时行为及其所导致的股权激励有效性问题进行系统研究，具有十分重要的现实意义。

国外有一系列研究关注股权激励授权和行权环节的机会主义择时问题，然而，由于股权激励实践起步较晚，国内相关研究比较少。与美国相比，我国上市公司面临不同的制度环境，具有不一样的治理特征，特别是，根据相关规定，我国上市公司股票期权激励计划中行权价格的定价基础与美国"以股票期权授予日的股价为基础"不同，是以"股权激励计划草案摘要公布日前 30个交易日内的股票平均价格为基础"来确定；行权环节规定，股票期权行权后不能立即出售股票，有 6 个月的禁售期。我国不同的制度和治理背景，以及关于行权价格定价基础和禁售期等方面的不同要求是否会导致我国上市公司股权激励机会主义择时行为？会导致什么形式的机会主义择时行为？什么样的公司治理机制会影响股权激励机会主义择时？这些需要基于我国制度背景进行相关研究。

　　本书以截至 2015 年 12 月 31 日我国上市公司公告和实施的股权激励计划作为研究对象，综合运用大样本实证研究法和典型公司案例分析法，对我国上市公司股权激励授予和行权环节机会主义择时行为及其影响因素进行了理论分析和实证研究。研究发现，**在股权激励计划授予环节**，由于行权价格的定价基础是股权激励计划草案摘要公布日前 1 个交易日股价与前 30 个交易日平均股价的较高者，公司管理层为了最小化行权价格，从而最大化股权激励预期收益，会有意识地选择在公司股价较低时公告股权激励计划草案，并且围绕股权激励计划草案公告，会实施机会主义选择性信息披露择时，同时，为了配合上述机会主义择时，还会围绕股权激励计划草案的推出，进行相机盈余管理；此外，为了进一步降低行权价格，增加股权激励份额，在股权激励计划实施过程中，公司管理层会择机分配股利，以使股权激励预期收益最大化。**在股权激励行权环节**，因为有"行权后不能立即出售行权所得股票且需持 6 个月"的规定，为了使个人所得税最小化，公司管理层会择机选择公司股价低点时行权，同时，为了配合机会主义低点择时，还会围绕行权日实施机会主义选择性信息披露和相机盈余管理。很显然，机会主义授权择时使股权激励在初始授权环节就失去了应有的激励效应，而机会主义行权择时不仅会加大税收征管成本，而且，围绕行权的机会主义选择性信息披露择时和相机盈余管理，会严重扰乱公司正常经营活动，最终损害股东利益。

　　进一步，对股权激励机会主义授权择时影响因素的研究表明以下三点结论。**其一，激励强度和激励有效期是影响机会主授权择时的股权激励契约因素。**机会主义授权择时程度会随着股权激励方案所设定的激励总强度以及高管人员激励强度的提高而增强；同时，会随着等待期的增长而趋于严重，而随着行权有效期的加长而减弱。**其二，产权性质和董事会独立性是影响股权激励机会主义授权择时的重要的公司治理因素。**相对于非国有控股公司，国有控股公司管理层实施机会主义授权择时的程度更大；董事会独立性越强，公司管理层实施机会主义授权择时的程度就会越小。**其三，市场化程度是影响机会主义授权择时的外部制度环境因素。**相对于所处地区市场化程度高的公司，所处地区市场化程度低的公司管理层实施机会主义授权择时的程度会更严重；市场化程度低，不仅会强化国有控股与机会主义授权择时行为之间的正相关关系，而且会强化董事会独立性对机会主义择时程度的负向影响，同时，市场化程度低还会强化股权激励强度与机会主义授权择时程度之间的正相关关系。研究结果说明，优化激励契约基本要素组合，提升股票期权激励契约设计有效性；建立专项信息披露制度，加强相机盈余管理的监控；强化董事会的独立性，实化专门委员会的监督职责；深化国有控股公司混合所有制改革，克制内部人控制；持续推进市场化改革，优化公司治理外部环境等，对于治理股权激励机会主义授权择时具有十分重要的意义。

对股权激励机会主义行权择时影响因素的研究表明：管理层薪酬水平通过节税激励对机会主义行权择时程度具有倒"U"型关系的影响。在管理层薪酬水平尚未达到拐点之前，机会主义行权择时程度会随着管理层薪酬水平的增加而趋于严重，但在管理层薪酬水平超过拐点之后，机会主义行权择时程度则会随着管理层薪酬水平的进一步增加而减弱。每次行权数量多会强化管理层薪酬水平与机会主义行权择时程度之间所存在的倒"U"型关系。**在公司治理机制层面**，相对于非国有控股公司，国有控股公司管理层实施的机会主义行权择时程度更大；股权集中度低会强化管理层薪酬水平与机会主义行权择时程度之间的倒"U"型关系。董事会独立性弱、董事长与总经理两职兼任、管理层持股比例高会强化管理层薪酬水平与机会主义行权择时程度之间的倒"U"型关系。**在外部制度环境层面**，市场化程度低会强化管理层薪酬水平与机会主义行权择时程度之间的倒"U"型关系。研究结果说明，治理股权激励机会主义行权择时需要从以下方面着手：合理确定管理层薪酬水平，制定激励相容的管理层薪酬契约；制定合理的股票期权行权频数，规范股票期权激励计划行权实施程序；完善专项信息披露制度，加强相机盈余管理的监督；强化董事会的独立性，实化专门委员会的监督职责；深化国有控股公司混合所有制改革，克制内部人控制；优化公司股权结构，改善公司治理内部环境；持续推进市场化改革，优化公司治理外部环境。

本书旨在研究上市公司股权激励机会主义择时行为的表现形式，研究我国特有的公司内部治理结构和外部制度环境如何影响上市公司股权激励机会主义择时行为，并在此基础上，就如何治理股权激励机会主义择时行为、如何完善我国股权激励制度提出若干政策建议。受个人水平所限，本书的研究可能存在不少纰漏甚至错误，欢迎并希望得到同行专家、读者的批评指正。

王烨　孙慧倩

2018 年 1 月 1 日 于润泽湖畔

目　录
Contents

第一章 绪 论

第一节 研究背景与研究意义

一、研究背景

2006 年，中国证券监督管理委员会《上市公司股权激励管理办法（试行）》的颁布正式拉开了上市公司股权激励制度改革的序幕。据万得（WIND）统计，截至 2013 年底共有 649 家公司公布或实施了股权激励方案，这其中，2006 年有 38 家，2007 年有 10 家，2008 年有 67 家，2009 年有 14 家，2010 年有 63 家，2011 年有 138 家，2012 年有 134 家，2013 年有 185 家。在此期间，上证指数的走势分别是：2006 年为 2675.47，2007 年为 5261.56，2008 年为 1820.81，2009 年为 3277.14，2010 年为 2808.08，2011 年为 2199.42，2012 年为 2269.13，2013 年为 2115.98。很显然，我国上市公司推出股权激励计划具有"反周期性"，股市高涨时推出股权激励计划的上市公司少，而股市低迷时推出股权激励计划的上市公司多，存在明显的择时现象（见图 1-1）。美国的实践表明，将经理层报酬与股价挂钩的股权激励会诱发公司经理层通过授权或行权时点及相关信息披露时点的机会主义选择甚至操纵，来影响公司股价从而使自身股权薪酬最大化。美国证券交易委员会（SEC）2006 年 12 月一系列高管薪酬披露新规的出台凸现了股权激励机会主义择时问题的严重性。股权激励机会主义择时行为不仅会损害股东利益，增加权益资本成本，还会使股权激励机制的效果大打折扣。因此，对上市公司股权激励中机会主义择时行为及其所导致的股权激励有效性问题进行系统研究，极具现实意义和理论价值。

研究股权激励是解决代理冲突的有效手段还是沦为代理问题的来源，抑或本身即为代理问题的一部分，是国外研究的一条主线。早期研究主要基于最优契约论，关注股权激励的价值效应，近期研究重视股权激励中的代理问题，如股权激励诱发的盈余管理问题、信息披露问题以及机会主义择时（Opportunistic Timing）问题等。

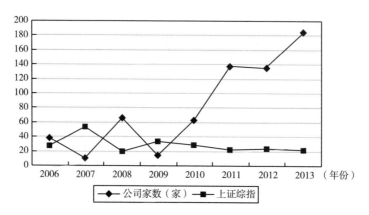

图 1-1　公布股权激励预案的上市公司家数与上证综合指数走势对比

资料来源：作者自行整理绘制。其中，为了与公司家数对比，上证综指缩小了 100 倍。

国外有关股权激励机会主义择时研究集中于股票期权授权和行权两个方面，股权激励授权环节机会主义择时研究主要围绕股票期权授权日机会主义选择、围绕股票期权授权的信息披露择时和股票期权授权日事后改签三方面展开。

耶迈克（Yermack，1997）首开股票期权授予中的机会主义择时研究之先河，研究发现授予 CEO 的股票期权在授予日以后伴随着正的超额股票收益率，表明 CEO 在适宜的公司消息披露之前存在机会主义选择股票期权授予日的行为。厄鲍迪和凯斯尼克（Aboody and Kasznik，2000）研究了有固定授予日安排的股票期权授予前后公司自愿性信息披露，发现经理层通过推迟好消息、提前坏消息的披露，机会主义地操纵公司相关信息披露；查维和施劳伊（Chauvin and Shenoy，2001）的研究也有类似发现。针对上述研究发现的股票期权授予日前后超额股票收益率模式，列（Lie，2005）提出了股票期权授予日回签（Backdating）的解释，即经理层将股票期权授予日人为向过去追溯地设定到一个股价较低的较早日期，而不是设定在股票期权被授予的实际日期。

随后，股票期权授予日回签行为引发了学术界基于不同视角的一系列研究，包括股票期权回签与公司治理、股票期权回签的经济后果、股票期权回签在企业间的扩散等。

此外，还有一类文献研究了 2002 年《萨班斯法案》和股票期权授予日回签丑闻所触发的 2006 年薪酬披露新规对机会主义择时的影响，但结果并不一致。克林斯等（Collins et al.，2005）、赫柔恩和列（Heron and Lie，2007）、拉喏亚南和瑟乎恩（Narayanan and Seyhun，2006）发现股票期权授予日机会主义择时行为受到了《萨班斯法案》的影响，而黄和卢（Huang and Lu，2010）的研究表明，《萨班斯法案》没有影响 CEO 股票期权授予中的机会主义择时行为，但是 2006 年 SEC 薪酬披露新规抑制了股票期权授予日回签行为，并减弱了股票期权授予日择时和围绕授予日的信息披露择时行为的程度。

股权激励行权环节机会主义择时行为研究主要涉及择时行为存在程度的检验。早期的研究假设行权总是与取得股票的处置有关，并且将行权作为一个整体未对行权模式作区分，因而检验结果较弱。如卡蓬特和热蒙斯（Carpenter and Remmers，2001）发现择时行为只在小公司高管行权中存在；巴图乌和莫罕仁（Bartov and Mohanram，2004）、忽达特和朗（Huddart and Lang，2003）则发现择时行为存在于高管对很大一批期权行权的时候。萨瑟若（Cicero，2009）和厄鲍迪等（Aboody et al.，2008）注重在区分行权模式（现金行权后出售、现金行权后持有、股票行权后持有等）的基础上进行择时行为的存在程度检验，并得到显著结果。此外，还有学者对行权中的回签问题给予了关注，如蔡（Cai，2007）和哈里维尔等（Dhaliwal et al.，2009）为行权回签行为提供了经验证据。

综上所述，股权激励机会主义择时行为受到国外学者的广泛关注，并催生了一系列的研究成果。从研究趋势上看，在获得机会主义择时广泛存在的证据的基础上，关注行权择时的经济后果和影响因素以及授权择时的治理机制，是国外这一领域未来研究的趋势。

不过，上述研究主要是基于美国制度背景，与美国相比，我国上市公司面临不同的制度环境，具有不同的治理特征，特别是，根据相关规定，我国上市公司股票期权激励计划中行权价格不是以股票期权授予日的股价为基础确定的，而是以股权激励计划草案摘要公布日前 30 个交易日内的股票平均价格为基础来确定的；股票期权行权后有 6 个月禁售期的规定。我国不同的制度和治理背景，以及关于行权价格定价基础和禁售期等方面的不同要求，是否会导致我国上市公司股权激励中的机会主义择时行为？什么样的公司治理机制会影响股权激励机会主义择时？这需要基于我国制度背景的研究。

随着 2006 年上市公司股权激励改革的推进，国内一些学者开始关注这次股权激励制度改革的实施效果。已有的一些文献主要关注股票期权激励的价值效应（张宏敏等，2009；程仲鸣和夏银桂，2008）、盈余管理问题（苏冬蔚、林大庞，2010；肖淑芳等，2009）以及股权激励契约设计的特征（吕长江等，2009；沈红波等，2010；徐宁、徐向艺，2010），但鲜有文献涉及股权激励实施过程中的机会主义择时问题。张治理和肖星（2012）以 2008 年 5 月 31 日前公布股权激励草案摘要的上市公司为研究对象，发现实施股票期权激励的上市公司存在机会主义授权择时行为。但是，该研究的样本规模很小，并且研究方法与国外主流研究存在较大的差异，也没有涉及围绕股票期权激励计划推出的机会主义信息披露择时和相机盈余管理等方面的进一步研究。因此，该研究只为我国上市公司股权激励机会主义授权择时提供了初步证据，需要后续进一步系统地研究。此外，还有学者对授权激励实施中公司经理层信息披露策略选择和信息操纵问题进行了理论性分析（冉茂盛等，2009），但并未展开实证研究，也未触及股权激励实施中授权日和行权日择时以及围绕授权日和行权日的信息披露择时行为等方面的问题。

在上市公司股价的财富效应日趋增强、而当前我国上市公司内外部治理机制较弱化的背景下，公司管理层会如何利用自身控制权通过机会主义择时行为谋求股权薪酬最大化？机会主义择时行为有何经济后果？如何完善内外部治理机制，预防和约束这种行为，以发挥股权激励的积极效应？本书将围绕上述问题展开系统研究。

二、研究意义

（一）理论价值

首先，从机会主义择时角度，拓展和补充国内既有股权激励研究。关于2006年股权激励改革实施效果的研究，国内既有文献主要集中于股权激励的价值效应和盈余管理问题以及股权激励契约设计特征等方面，鲜有文献深入系统地研究股权激励机会主义择时问题。本书以2006年股权激励改革后至2015年底实施股权激励计划的上市公司为研究对象，基于授权和行权两个环节，分别从机会主义择时存在性和影响因素两个方面，对股权激励机会主义择时问题展开深入系统的理论分析和实证研究，从机会主义择时角度对国内既有股权激励研究进行拓展和补充。

其次，从股权激励择时视角丰富市场择时领域的研究文献。市场择时是公司财务研究的一个重要领域，其中，市场择时理论已成为资本结构理论研究的一大流派，该理论认为资本结构是公司市场择时行为的累积结果［贝克和沃格勒（Baker and Wurgler），2002］，形成了对资本结构动态平衡理论之争。此外，内部人交易中的市场择时［弗里德里希等（Friedrich et al.），2002；曾庆生，2008；等等］、股票定向增发中的市场择时（彭韶兵和赵根，2009；吴育辉等，2013；等等）也受到不少学者的关注。本书集中于股权激励过程中的机会主义择时行为，丰富了市场择时领域的研究。

最后，为国际范畴的股权激励机会主义择时研究提供基于中国制度和治理背景的经验证据。美国股权激励的实践历史较长，关于股权激励机会主义择时的研究文献也较为丰富和充分，不过，相关研究结论建立在美国相应的制度和治理背景之下，是否具有普适性，尚缺少基于不同制度和治理环境的经验证据。我国经济处于新兴加转轨进程之中，具有非常独特的制度和治理特征。基于我国制度和治理背景，对股权激励机会主义择时的存在形式以及影响因素的特殊性，本研究能够提供有价值的进一步证据。

（二）实践意义

本书的实证研究能够为股权激励改革的实施效果提供最新的经验证据。在此基础上的治理机制研究可以为中国证监会和国务院国资委等部门完善股权激励制度提供政策参考，为投资者健全股权激励方案提供策略支持。

其一，本书从机会主义择时视角研究 2006 年股权激励改革的实施效果及影响因素，基于来自上市公司股权激励实践最新数据所形成的经验证据，能够为证监会完善上市公司股权激励制度提供政策参考，从而促进上市公司进一步提高股权激励的有效性，改善公司治理和运作机制，提升上市公司质量，进而促进资本市场的健康发展。

其二，2006 年的股权激励改革是我国国有企业高管薪酬改革进程中继年薪制后又一重大举措，本书的研究将为我国国有控股公司的股权激励改革提供理论指导和经验证据，本研究的结果将对国有企业如何有效地实施股权激励制度，进而对于推进国有企业深化改革、完善其公司治理结构、转变国企经营机制和提高竞争力具有较强的现实意义。

其三，本书对股权激励授权至行权整个过程中，影响股权激励有效性的机会主义择时因素进行多维度、全面、系统的研究，研究结果将有助于投资者评估股权激励计划设计及实施过程中的可能缺陷或问题，为其优化股权激励方案提供策略支持。

第二节　研究问题与研究思路

一、研究问题

本书以 2006 年股权激励制度改革以来至 2015 年底已公布或实施股权激励

计划的上市公司作为研究对象，从授权和行权环节两个层面，对上市公司股权激励中机会主义择时行为的表现形式及影响因素进行理论分析与实证研究。具体研究问题包括三方面。第一，由于特有的制度和治理特征，我国上市公司股权激励机会主义择时呈现出什么样的特征和方式？公司管理层是否以及如何通过主动地进行选择性信息披露来配合股权激励机会主义择时行为？公司管理层是否以及如何运用有计划的相机盈余管理来配合股权激励机会主义择时行为？第二，影响我国上市公司股权激励机会主义择时行为的公司治理特征有哪些？我国特有的外部制度环境对上市公司股权激励机会主义择时行为有何影响？第三，如何完善内外部治理机制，预防和约束股权激励机会主义择时行为，以发挥股权激励积极效应？

二、研究思路

本书严格遵循提出问题—分析问题—解决问题的一般研究范式，采用大样本实证研究法和案例分析法展开研究。基本研究思路如下。

首先，结合我国股权激励制度背景，考察 2006 年股权激励改革以来公布和实施的股票期权激励方案设计特征和实施现状。

其次，就机会主义择时行为对股权激励有效性的影响及其所引发的信息披露和盈余管理配合问题进行典型案例研究和大样本实证分析。

再次，运用 2006 年股权激励制度改革以来我国上市公司的经验数据，实证分析机会主义择时行为的内外部影响因素。

最后，根据上述理论和实证研究结论，就如何治理机会主义择时行为并完善我国股权激励制度进行对策研究。

具体研究思路如图 1 - 2 所示。

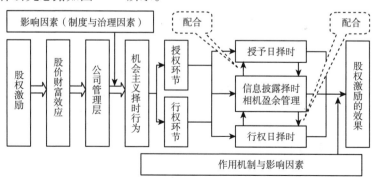

图 1 - 2　股票期权激励机会主义择时行为及其作用机制

第三节 研究内容与结构安排

一、研究内容

本书旨在研究上市公司股权激励机会主义择时行为的表现形式，研究我国特有的公司内部治理结构和外部制度环境如何影响上市公司股权激励机会主义择时行为，并在此基础上，就如何治理股权激励机会主义择时行为并完善我国股权激励制度提出若干政策建议。主要研究内容包括六部分。

第一部分，股权激励机会主义择时行为的特征分析。对2006年股权激励改革以来公布和实施的股权激励方案，从关键要素（如激励对象、激励方式、期权激励行权价格、行权的绩效条件、激励期限等）角度，系统考察我国股权激励契约设计的特征；在此基础上，结合现状，进一步分析股权激励契约在执行中所表现出来的特点、问题、趋势。重点分析股票期权授权和行权模式、类型等，以及股票期权授权行权全过程中可能的代理问题和机会主义择时行为的表现形式。

第二部分，机会主义择时行为对股权激励有效性的影响研究。基于股权激励过程中机会主义择时行为的特征和类型，围绕股票期权授予和行权时点选择、相关信息披露时点选择以及其他可能的机会主义择时方式，系统地分析，就机会主义择时行为对股权激励有效性的影响展开系统研究。

第三部分，机会主义择时行为与信息披露择时配合问题研究。除了根据公司股价走势被动地进行股票期权授权和行权等时点的机会主义选择外，机会主义择时行为还会通过主动地进行选择性信息披露来配合实现。本部分旨在研究公司管理层如何通过主动进行选择性信息披露来配合其股权激励中的机会主义择时行为。在构建系统的理论框架基础上，重点对择时行为与选择性信息披露进行实证分析。

第四部分，机会主义择时行为与相机盈余管理问题研究。有计划的盈余管理不仅会对可行权的业绩条件产生影响，还可以通过改变投资者预期而影响股权激励中某一期间的股价。本部分旨在研究公司管理层是否以及如何运用有计划的相机盈余管理来配合其股权激励中的机会主义择时行为。在构建一个系统的理论框架的基础上，重点对择时行为与相机的盈余管理进行实证分析。

第五部分，机会主义择时行为的影响因素研究。在前两部分研究的基础上，对股权激励机会主义择时行为的影响因素进行研究，重点分析影响择时行为的内部治理层面因素（如所有权结构、董事会结构等）和外部制度环境因素（如市场化程度、经理人市场的完善程度等），为研究治理对策奠定基础。

第六部分，股权激励机会主义择时行为治理机制研究。在前面几部分研究的基础上，结合证券市场的发展特点，研究股权激励机会主义择时行为的治理机制，并且提出相应的政策建议。

二、结 构 安 排

全书包括六章内容，具体结构安排如下。

第一章，绪论。本部分介绍本书的研究背景和研究意义，并提出本书所要研究的问题与研究思路。同时，针对研究问题，对本书的主要研究内容及可能的创新之处作简要概述。

第二章，文献综述。本章从股权激励机会主义授权择时和行权择时两个方面展开文献综述，以突出本书选题的理论价值及可能的学术贡献。股权激励机会主义授权择时文献综述，从授权择时存在性、授权择时与公司治理之间关系、授权择时的经济后果三个方面展开，对授权择时存在性研究，根据制度背景所表现出来的不同研究趋势，总结出三个阶段进行述评。股权激励机会主义行权择时文献综述，按照时间发展先后所呈现出的不同研究特点，归纳为两个阶段展开述评；最后，对研究文献进行总体评述，并结合相关研究，分析我国未来研究趋势。

第三章，股权激励制度演进与现状考察。本章包括股权激励制度演进与股权激励现状考察两节内容。我国上市公司股权激励制度演进被归纳为股权激励实践探索和股权激励制度规范两个历史发展阶段。其中，股权激励制度规范阶段进一步分为基础性制度环境的变革、股权激励制度改革的开启、股权激励制度规范的完善、股权激励税收与会计规范的配套、股权激励制度规范的发展五个具体阶段。本章第二节是股权激励现状考察。根据国泰安财经研究数据库中的股权激励方案、股权激励授予明细和行权明细三个子数据库，对我国上市公司截至 2015 年 12 月 31 日股权激励计划的特征以及实施情况，从股权激励授予的年度分布、股权激励授予的行业分布、股权激励模式特征、股权激励强度特征、股权激励有效期与禁售期、股权激励行权情况等六个方面进行详细分析和总结。

第四章，股权激励机会主义授权择时研究。本章首先基于 HX 股份有限公司，从股票期权激励计划草案公告时点的选择、股利分配方案的择机推出以及股权激励计划公告前后相机盈余管理三个方面，对机会主义授权择时的表现形式进行案例研究；然后，以 2006 年 1 月 1 日至 2015 年 12 月 31 日期间 A 股上市公司第一条股票期权激励草案披露事件为研究对象，运用大样本实证研究方法，对机会主义授权择时的存在性和表现形式进行研究；最后，基于前一部分的研究样本，从股票期权激励契约基本要素和公司内外部治理机制层面，对机会主义授权择时的影响因素展开理论与实证研究。

第五章，股权激励机会主义行权择时研究。本章首先从理论上分析论证我国目前公司治理机制和环境下，股票期权激励会引发公司管理层在行权环节实施基于节税的机会主义低点择时的必然性，并在此基础上提出研究假说；接着以 NY 实业集团股份有限公司为例，从行权日的机会主义选择、选择性信息披露择时、相机盈余管理和低点择时的节税效应分析等方面，对节税激励下机会主义低点行权择时展开案例研究；然后以 2006 年 1 月 1 日至 2015 年 12 月 31 日期间已经实施股票期权激励计划并进行集中行权的上市公司作为研究对象，对节税激励下机会主义低点行权择时的存在性及其表现形式进行大样本实证研究；最后，仍以前一部分样本为基础，从公司内外部治理机制角度，对机会主义行权择时的影响因素进行理论分析和实证研究。

第六章，研究总结与政策启示。本章首先分别从授权和行权两大方面，对股票期权激励机会主义择时研究进行总结；然后根据有关机会主义择时影响因素的研究结果，分别从授权和行权两个维度，研究股权激励机会主义择时的治理机制；最后指出本研究的局限性和未来研究方向。

本书的总体框架如图 1-3 所示。

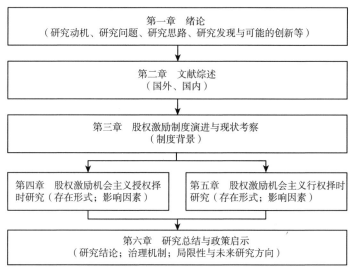

图 1-3　本书的总体框架

第四节　研究发现与可能的创新之处

一、研究的主要发现

（一）机会主义授权择时的研究发现

以 2006 年 1 月 1 日至 2015 年 12 月 31 日期间我国 A 股上市公司第一条股票期权激励计划草案披露事件作为研究对象，我们对股票期权激励授权环节的机会主义择时行为及其表现形式进行了实证研究。结果发现，在股票期权激励计划草案推出环节，上市公司管理层存在机会主义低点择时行为，同时，围绕股票期权激励计划草案公布，公司管理层会实施机会主义选择性信息披露，以及一定程度的相机盈余管理，以配合机会主义授权择时。

对机会主义授权择时行为影响因素的进一步研究有以下发现。

1. 股票期权激励契约基本要素是影响公司管理层在股票期权激励授权环节实施机会主义择时行为的基本因素。研究结果表明，公司管理层股票期权激励机会主义授权择时程度会随着股票期权激励强度的提高而增强；同时，会随着股票期权激励等待期的增长而趋于严重，而随着股票期权激励行权有效期的加长而减弱。

2. 公司治理机制是影响公司管理层股票期权激励机会主义授权择时行为的重要因素。研究发现，国有控股公司比非国有控股公司管理层在股票期权激励授权环节实施的机会主义择时程度更大；董事会独立性越强，公司管理层实施的机会主义授权择时程度就会越小。研究还发现，股权集中度、管理层权力变量与公司管理层机会主义授权择时程度之间不存在正相关关系。

3. 外部制度环境是影响公司管理层股票期权激励机会主义授权择时行为的不可忽视因素。研究发现，相对于所处地区市场化程度高的公司，所处地区市场化程度低的公司管理层实施的机会主义授权择时程度会更严重；市场化程度低不仅会强化国有控股与机会主义授权择时行为之间的正相关关系，而且会强化董事会独立性对机会主义授权择时程度的负向影响，同时，市场化程度低还会强化股票期权激励强度与公司管理层机会主义授权择时程度之间的正相关关系。

（二）机会主义行权择时的研究发现

以 2006 年 1 月 1 日至 2015 年 12 月 31 日期间进行集中行权的股票期权激

励上市公司为研究对象,我们对股票期权行权环节的机会主义择时行为及其表现形式进行了实证研究。研究结果发现,为了最小化行权环节的个人所得税,上市公司管理层在股票期权行权环节存在机会主义低点择时行为;并且,为了配合机会主义低点行权择时,公司管理层会围绕股票期权行权实施机会主义的选择性信息披露,以及一定程度的相机盈余管理行为。

对股票期权激励机会主义行权择时程度的影响因素进一步研究有以下发现。

1. 管理层薪酬水平对股票期权激励机会主义行权择时程度具有倒"U"型关系的影响。在管理层货币薪酬水平尚未达到拐点之前,股票期权激励机会主义行权择时程度会随着管理层货币薪酬水平的增加而趋于严重,但是,在管理层货币薪酬水平超过拐点之后,股票期权激励机会主义行权择时程度则会随着管理层货币薪酬水平的进一步增加而减弱。

2. 每次行权数量多会强化管理层薪酬水平与股票期权激励机会主义行权择时程度之间所存在的倒"U"型关系。研究发现,在每次行权数量多的样本公司中,管理层薪酬水平与机会主义行权择时程度之间存在显著的倒"U"型关系,但在每次行权数量少的样本公司中,二者不存在上述关系。

3. 国有产权会加重公司管理层机会主义行权择时程度。研究发现,相对于非国有控股公司,国有控股公司管理层实施的机会主义行权择时程度更大;并且,董事会独立性弱会强化国有控股与机会主义行权择时程度之间的正相关关系。

4. 股权集中度低会强化管理层薪酬水平与股票期权激励机会主义行权择时程度之间的倒"U"型关系。研究发现,对于股权集中度低的样本公司,管理层薪酬水平与机会主义行权择时程度之间存在倒"U"型关系,而在股权集中度高的样本公司中,两者不存在倒"U"型关系。

5. 董事会独立性弱会强化管理层薪酬水平与股票期权激励机会主义行权择时程度之间的倒"U"型关系。研究发现,对于董事会独立性低的样本公司,管理层薪酬水平与机会主义行权择时程度之间存在倒"U"型关系,而在董事会独立性强的样本公司中,二者不存在倒"U"型关系。

6. 董事长与总经理两职兼任会强化管理层薪酬水平与股票期权激励机会主义行权择时程度之间的倒"U"型关系。研究发现,在董事长与总经理两职兼任的样本公司,管理层薪酬水平与机会主义行权择时程度之间存在倒"U"型关系,而在董事长与总经理两职分置的样本公司,二者不存在上述关系。此外,董事长与总经理两职兼任还会强化行权数量与机会主义行权择时程度之间的正相关关系。

7. 管理层持股比例高会强化管理层薪酬水平与股票期权激励机会主义行权择时程度之间的倒"U"型关系。研究发现，对于管理层持股比例高的样本公司，管理层薪酬水平与机会主义行权择时程度之间存在显著的倒"U"型关系，而在管理层持股比例低的样本公司中，二者间不存在上述关系。

8. 市场化程度低会强化管理层薪酬水平与股票期权激励机会主义行权择时程度之间的倒"U"型关系。研究发现，对于所处地区市场化程度低的样本公司，管理层薪酬水平与机会主义行权择时程度之间存在显著的倒"U"型关系，而对于所处地区市场化程度高的样本公司，二者之间不存在倒"U"型关系。另外，在市场化程度低的地区，国有控股公司管理层实施的机会主义行权择时程度更严重。

二、可能的创新之处

1. 对股权激励机会主义择时行为问题进行系统性、综合性和实证性的研究，是研究内容和视角的创新。对于 2006 年股权激励改革的效果，国内既有相关研究主要集中于股权激励的价值效应和盈余管理问题以及股权激励契约设计特征等方面，对机会主义择时问题关注很少。本书对股权激励机会主义择时行为问题进行系统性、综合性和实证性的研究，能够拓展股权激励的研究视角，丰富有关股权激励的研究内容，是股权激励领域研究内容和视角的创新。同时，本书集中于股权激励中的机会主义择时研究，可以拓展和深化市场择时领域的研究，是对市场择时理论在股权激励领域研究视角和内容的创新。

2. 基于股权激励授权和行权两个环节，纳入信息披露择时和相机盈余管理等方面内容，对机会主义择时行为的存在性、表现形式和影响因素展开理论和实证研究，是研究框架的创新。国外相关研究只分别聚焦股权激励授权或行权环节，并且只关注机会主义择时的存在性、表现形式或影响因素等某一方面，未将股权激励中机会主义择时行为与选择性信息披露择时以及相机盈余管理等有机结合起来，未充分重视这些机会主义择时方式之间的相互联系性和相互作用性。本书基于股权激励授权和行权两个环节，纳入选择性信息披露择时和相机盈余管理等方面内容，对机会主义择时行为的存在性、表现形式和影响因素展开系统、综合性的理论和实证研究，是研究框架的创新。

3. 运用大样本实证研究和典型案例分析方法，对股权激励机会主义择时的不同表现形式展开多方法和多维度的实证研究，是研究思路和方法的创新。国外相关研究在实证分析股权激励机会主义择时行为存在性和表现形式时，大多只采用大样本实证研究方法。尽管大样本实证研究法属于公司财务与资本市场领域主流研究方法，能够得到更可靠的研究结论，并使研究结论更具普适性，然而，受限于方法本身，研究无法深入典型公司个案，不能完全捕获隐藏在大样本数据背后的一些难以量化的因素的影响，而典型公司案例研究则可以克服这一点。本书在运用大样本实证研究方法的同时，辅之以典型公司案例分析方法，就股权激励授权和行权两个环节的机会主义择时分别展开实证研究，并且对股权激励机会主义择时的不同表现形式均采用至少两种以上的方法进行多维度的实证检验，是研究思路和方法的创新。

第二章　文献综述

　　股票期权激励是协调股东与经理人之间代理冲突的一项重要制度安排，然而，在相关公司治理机制不健全的情况下，股票期权激励也可能会沦为代理问题的来源，甚至其本身即为代理问题的一部分［伯切克和弗里德（Bebchuk and Fried），2003］。行权价格是高管股票期权激励契约的重要参数，其高低直接影响高管通过股票期权激励所获得的预期收益。在美国，行权价格是根据期权授予日的股价确定的。高管层可以通过期权授予时点的机会主义选择，或围绕期权授予的价值相关信息披露的机会主义择时等方法影响行权价格，以使自己的股票期权价值最大化。行权时股价高低是影响高管获得股票期权激励预期收益的另一重要因素。同样，高管层可以通过期权行权时点的机会主义选择，或围绕期权行权的价值相关信息披露的机会主义择时等方法影响行权时股票价格，以使自己的股票期权激励预期收益最大化。股票期权激励过程中是否存在机会主义择时行为？这些机会主义择时有何经济后果？受什么样的公司治理机制影响？国外大量文献对此进行了研究。本章旨在通过梳理这些文献，为后续基于我国制度背景的研究提供有益的借鉴。

第一节　股票期权激励机会主义授权择时研究综述

　　国外股票期权授权机会主义择时研究主要围绕三个方面展开，即股票期权授予择时、围绕股票期权授予的信息披露择时和股票期权授予日事后改签。

一、授权择时的存在性

（一）早期的证据

　　作为 SEC 规则改革的结果，1992 年美国公众公司开始披露管理层股票期权授予的确切日期。不过，期权授予消息直到财政年度结束后大约三个月当公司填报财务报表时才为公众所知。根据这一规则变迁，耶迈克（1997）首开股票期权授予中机会主义择时行为研究之先河。基于财富 500 强公司 1992～1994 年期间 619 个 CEO 股票期权授予样本，耶迈克分析发现期权授予的日期选择与有利的公司股价运动相一致。对公司季度盈余公告模式的进一步分析揭示，CEO 会在有利的公司消息公告前接受股票期权的授予。研究结果表明，CEO 存在利用有利的公司消息披露机会主义选择股票期权授予日的行为，通过影响股权激励薪酬契约中的行权价格条款以使自己的利益最大化。厄鲍迪和凯斯尼克（Aboody and Kasznik，2000）研究了 1992～1996 年期间 2039 份有固定授予日安排的期权授予前后公司自愿性信息披露，发现经理层通过推迟好消息提前坏消息的披露机会主义地操纵公司相关信息披露。查维和施劳伊（2001）通过研究 1981～1992 年期间 783 份 CEO 股票期权授予，也发现在期权授予日前 10 天内有一个显著的负异常收益，这表明期权授予日被设定在坏消息公告之后，认为期权授予为内部人创造了一个独一无二的、通过操纵信息披露时点而无须从事内部人交易来获取私利的机会。

上述研究集中于高管通过机会主义择时影响期权授予日股价，但所关注的择时具体方式有所不同。耶迈克侧重围绕公司信息披露机会主义择时无固定授予日安排的期权授予日；而厄鲍迪和凯斯尼克以及查维和施劳伊集中于有固定授予日安排的 CEO 股票期权授予样本，研究围绕 CEO 股票期权授予前后公司自愿性信息披露的机会主义择时。不过，他们检验机会主义择时存在性的基本方法是一致的，即考察股票期权授予日前后的股价运动。结果都发现，股票期权授予前存在显著负的超额收益，而股票期权授予后则有着显著正的超额收益。由于在美国 CEO 股票期权授予信息直到公司年度报告披露时才为公众所知，因此，这种超额收益模式只能被解释为公司高管围绕信息披露机会主义择时期权授予日，或者，围绕股票期权授予机会主义择时信息披露。

对上述研究发现的授予日前后超额收益模式，列（2005）提出了回签的解释，即经理层将期权授予日向后追溯地设定到一个股价较低的较早日期，而不是设定在期权实际被授予的日期。基于 1992～2002 年期间 5977 个 CEO 股票期权授予（包括固定授予日计划和无固定授予日计划）样本，列研究发现授予前存在负的超额收益而授予后存在正的超额收益；对于无固定授予日安排的期权授予，这种股票收益模式更加强烈和显著。由于高管层不可能拥有准确预测未来的能力，这一结果表明，至少部分期权授予日是被人为事后选择的，即期权授予日被回签到过去某个较低股价。拉喏亚南和瑟乎恩（2005）基于

1992～2002 年期间期权授予的研究也发现回签的证据，在样本期间，授予日到填报日之间平均时间间隔是 170 天，这个时间间隔足以保证回签到一个较低的授予日股价。同时，拉喏亚南和瑟乎恩（2008）运用 2002 年 8 月 29 日到 2004 年 12 月 31 日期间 638757 份由内部人填报的期权授予样本，除了发现利用回签方法操纵期权授予日的证据以外，还发现高管会利用前签（Forward - Dating）方法操纵期权授予日。即：若在董事会决定薪酬方案日之前股价上升，则回签期权授予日；若在董事会决定薪酬方案日之前股价下跌，则向前改签期权授予日（即等待到董事会决定薪酬方案日之后以观察股价走势，若股价继续下跌，就在未来选择一个具有较低行权价格的日期作为期权授予日；若股价在适当时间内下跌后再次上升，高管就会在董事会决定的期权授予日与他们自己选择的日期之间选择一个能够最大化他们期权价值的日期作为期权授予日）。这些研究拓展了耶迈克的发现，高管层会通过期权授予日择时，围绕期权授予的价值相关信息的择时，或者授予日事后选择等方法影响期权行权价格，以降低授予日股价增加期权价值。

（二）《萨班斯法案》的影响

2002 年出台的《萨班斯法案》在其 403 条款中要求，股票期权授予的报告截止日期必须在授予后的 2 个交易日内。基于此制度背景，赫柔恩和列（2007）推测如果回签产生了高管股票期权授予前后超额收益模式，那么《萨班斯法案》403 条款的要求应该会在很大程度上抑制这种模式。他们认为《萨班斯法案》403 条款为检验这一推测提供了"自然实验"。使用 2002～2004 年期间（《萨班斯法案》出台后）3735 个 CEO 股票期权授予样本，并将其与 2000～2002 年期间（《萨班斯法案》出台前）可比样本进行比较，他们发现《萨班斯法案》出台前这种超额收益模式更为显著，特别是，《萨班斯法案》出台前期权授予前（后）一周平均超额收益的数额大约是《萨班斯法案》出台后的六（五）倍。这样，作为新报告要求的结果，80% 超额收益从《萨班斯法案》出台前后样本中消失，这表明《萨班斯法案》出台前超额收益模式大部分（如果不是全部）是由于回签所导致的。作者同时指出这种超额收益模式在《萨班斯法案》出台后尽管减弱但仍然存在，这表明两天报告期给了期权回签一些余地，在一定程度上高管没有遵从规则仍然回签期权。在他们样本中，21% 的期权授予违反了报告要求。他们建议规则需要进一步从严，要求在授予当日报告期权授予，或者最迟在第二天，此外，SEC 还应强化报告要求的执行。

克林斯等（2005）也研究了《萨班斯法案》新的报告要求对 CEO 影响授

予日股价的影响程度，研究结果表明缩短报告期：（1）能够阻止坏消息公告后无固定授予安排的股票期权授予的机会主义授予，减少但不能消除好消息公告前无固定授予安排的股票期权授予的机会主义授予；（2）能够阻止有固定授予安排的期权授予前后消息公告的机会主义择时；（3）很大程度减少回签期权授予至较低行权价格的明显使用。《萨班斯法案》的结果是，不仅追溯选择时点的窗口被限制为两天，而且披露要求使得任何操纵行为更容易被识别出来。

拉喏亚南和瑟乎恩（2008）对此展开了进一步研究，通过分析2002～2004年期间569000个期权授予文件，并比较《萨班斯法案》出台前另一个样本，支持了以前的研究：若不违反报告要求，通过两天窗口提高期权授予价值的机会很少。然而，虽然《萨班斯法案》出台后期权授予后股票收益的数额减少，但是作者发现推迟报告的期权授予仍然与受到回签和信息择时影响的股价相一致。在他们的样本中，大约24%的期权授予被推迟报告，报告时滞的数额与股票回报正相关。不坚持两天报告窗口要求为择时和回签影响提供了可能。作者发现在《萨班斯法案》出台前和出台后的样本中，接受股票期权授予的顶层高管比其他高管更可能违反《萨班斯法案》的报告要求。而且，他们的数据表明，无固定授予安排的期权授予也增加了影响授予日股价的可能性。与其他研究类似，他们研究结果表明，《萨班斯法案》减少了管理层影响授予日股价的能力，但没有完全消除。他们认为改善法律实施和限制无固定授予安排的期权授予数量，能够很大程度上减少通过择时或回签提高期权授予价值的行为。

2002年9月1日，荷兰证券监管当局（AFM）要求授予董事会成员股票期权时立即上报，基于这一监管规则变化，高特（Goot，2010）使用荷兰阿姆斯特丹证券交易所上市公司1999～2004年股票期权授予数据研究发现，股票期权授予日前没有显著的累积超额收益率，但股票期权授予日后存在显著的正累积超额收益率，并且，即使2002年9月1日前授予的有固定授予安排的股票期权也同样存这一情况；围绕股票期权授予日存在盈余信息披露操纵现象，而且这种情况在2002年9月1日后更加严重，研究结果表明，2002年9月1日后，围绕股票期权授予日的信息披露择时成为回签股票期权授予日和股票期权授予日择时两种方式的替代。

（三）2006年薪酬披露新规则的影响

自2005年11月11日华尔街日报首次刊发列关于期权授予日回签的文章

后，期权授予日回签问题引起了有关各方的广泛关注，SEC 于 2006 年 12 月发布了一系列新的高管薪酬披露规则，要求披露与期权授予有关的董事会或薪酬委员会定案日期的所有细节。基于此，黄和卢（2010）研究了 2002 年《萨班斯法案》、股票期权回签丑闻和 2006 年薪酬披露新规则对机会主义择时行为的影响。结果没有发现《萨班斯法案》出台前后和回签丑闻以后有固定授予日安排的期权授予存在机会主义择时行为的证据，然而，无固定授予日安排的期权授予中的机会主义择时行为不仅存在于《萨班斯法案》出台以前期间，还在《萨班斯法案》颁布以后仍然持续存在。此外，作者依据固定和变动日期季度盈余公告的划分，将期权授予择机与信息披露择机相区别，发现两种择机行为在《萨班斯法案》出台以后持续存在。作者还分析了独立董事期权授予，但没有发现在三个样本期间存在机会主义择时行为的证据。总体而言，研究结果表明，《萨班斯法案》没有影响 CEO 期权授予中的机会主义择时行为，不过，回签丑闻以及后续的薪酬披露规则抑制了回签行为，并减弱了期权授予和信息披露择机行为的程度。比安赤（Bianchi，2016）利用 1996～2011 年 CEO 股票期权授予样本研究发现，2002 年《萨班斯法案》和 2006 年 SEC 有关股票期权授予程序新规则减少并最终消除了股票期权授予日的回签现象，但是，却引发了更多的围绕分析师目标股价实施机会主义择时股票期权授予的行为（Spring Loading）。

利用 1992 年 1 月 1 日至 2012 年 12 月 31 日股票期权授予和股票分割样本，戴文思、伊利奥特和瓦（Devos，Elliott and Warr，2015）研究发现，股票分割公告能够产生平均 3.14% 的正超额收益，而 80% 的 CEO 股票期权被授予在股票分割公告日或之前，并且在股票分割公告日之前授予 CEO 股票期权产生了每份 CEO 授予 451748 美元的平均收益。这意味着，80% 在股票分割公告前授予的 CEO 股票期权能够获得一个较低的行权价格。研究还发现，大约 2/3 的 CEO 股票出售发生在股票分割公告日之后，并获得 345613 美元的平均收益。研究结果表明，为了增加 CEO 薪酬，公司操纵了股票期权授予日各股票分割公告日。

在研究方法上，黄和卢综合运用了耶迈克、厄鲍迪和凯斯尼克、赫柔恩和列（2007、2009）、贝克等（Baker et al.，2009）和伯切克等（Bebchuk et al.，2009）的研究方法，分析考察《萨班斯法案》出台前、后、股票期权回签丑闻后三个期间，有固定授予日安排和无固定授予日安排的期权授予前后 30 天窗口内股票收益的差异。对于有固定授予日安排的期权授予，作者没有观察到三个期间期权授予前后 30 天窗口存在显著的收益差异。这表明，《萨班斯法案》出台前后和回签丑闻以后，有固定授予日安排的期权授予不存在机会主义择时行为。而对于无固定授予日安排的期权授予，作者借鉴伯切克等的方法，通过识别"幸运期权授予"（其授予日股价是授予月份的最低股价）进行分析。"幸运期权授予"很可能是回签授予日的期权授予，因为期权授予日被择时在较低价格的某一天是可能的，但被准确地择时在最低价格的那一天是几乎不可能的。对于"幸运"和"非幸运"无固定授予日安排的期权授予，作者发现在授予日前后存在不对称的股票收益模式，并且这种股票收益模式一直持续到《萨班斯法案》和股票期权回签丑闻后。这表明，没有固定授予日的期权授予中的机会主义择时行为不仅存在于《萨班斯法案》出台前期间，在法案颁布以后仍然持续存在（见表2-1）。

表 2-1　　　　　　　　股票期权授权择时存在性实证研究汇总

作者（年份）	研究样本	检验方法	择时类型	制度背景
耶迈克（1997）	1992~1994年财富500强公司619份CEO股票期权授予样本	考察期权授予前后超额收益模式的特征；分析权授予前后公告盈余的特征	股票期权授予日择时	期权授予在年度报告中披露
厄鲍迪和凯斯尼克（2000）查维和施劳伊（2001）	1992~1996年572家公司2039份有固定授予日安排的CEO期权授予样本	考察期权授予前后超额收益模式的特征；分析期权授予日前后分析师盈余预测的分布特征	围绕股票期权授予的信息披露择时	期权授予在年度报告中披露
列（2005）	1992~2002年5977份CEO股票期权授予（含固定和无固定授予日计划）样本	考察期权授予前后超额收益模式的特征	股票期权授予日回签	期权授予在年度报告中披露
拉喏亚南和瑟乎恩（2008）	2002年8月~2004年12月638757份股票期权授予样本	计算报告时滞，分析期权授予日前后股票收益模式	股票期权授予日回签和前签	《萨班斯法案》，期权授予须在授予后的两个交易日内报告
伯切克等（2009）	1996~2005年CEO和独立董事股票期权授予样本	计算比较"幸运"授予与"非幸运"授予的占比，及"幸运授予"实际数与预期数	期权授予择时和围绕期权授予的信息披露择时以及回签	《萨班斯法案》，期权授予须在授予后的2个交易日内报告
黄和卢（2010）	1996~2008年24703份CEO股票期权授予样本	考察期权授予前后超额收益模式的特征；分析"幸运授予"特征	期权授予择时和围绕期权授予的信息披露择时	期权回签丑闻和2006年薪酬披露新规则
戴文思、伊利奥特和瓦（2015）	1992~2012年股票期权授予和股票分割样本	考察股票分割前后超额收益模式特征，并比较期权授予特征	期权授予择时和围绕期权授予的信息披露择时	2006年薪酬披露新规则

资料来源：根据相关文献整理。

二、授权择时与公司治理

除了高管层授权择时存在性的检验，一些研究关注了公司治理对期权授予择时的影响。

通过关注在授予月份最低价格授予的平价"幸运"期权授予，伯切克等研究了机会主义期权授予与公司治理之间的关系。结果发现 CEO 和独立董事接受了异常多数量的"幸运"期权授予；董事授权中的机会主义择时不仅仅是高管层授权或公司所有授权常规择机的副产品。CEO 和董事的"幸运"授权与 CEO 较高的其他来源薪酬相关，并且与董事会中缺乏较大数量独立董事相关；当独立薪酬委员会没有包含外部投资者，以及没有一个长期服务的 CEO 时，CEO 和董事更可能得到"幸运"授权。对于一些公司，当"幸运"支付高以及先前授权是"幸运"的时候，"幸运"授权的概率会提高。

耶迈克研究股票期权授予机会主义择时，厄鲍迪和凯斯尼克研究股票期权授予前后公司自愿性信息披露的机会主义择时问题时，列、赫柔恩、程等人（Cheng et al.，2008），以及拉喏亚南和瑟乎恩研究股票期权授予日回签问题时，检验机会主义择时存在性的基本方法是，考察股票期权授予前后超额收益模式的特征，即是否存在股票期权授予前负超额收益而股票期权授予后正超额收益。与此不同，伯切克等人的方法是，考察平价期权授予日的股价是否在授予月份股价的底部，若期权授予日的股价在授予月份股价的最低处，则称为"幸运授予"。通过计算并比较授予日股价在授予月份股价最低处的 CEO（和董事）股票期权授予数量占样本公司 CEO（和董事）股票期权授予总数量的比重，与授予日股价在授予月份股价最高处的 CEO（和董事）股票期权授予数量占样本公司 CEO（和董事）股票期权授予总数量的比重，以及计算比较"幸运授予"的实际数量与若期权授予是随机时"幸运授予"（即授予日股价在授予月份股价最低处的期权授予）的预期数量，来判断股票期权授予是否存在机会主义择时。经过伯切克等人估算，在 1996～2005 年的样本期间，19036 份 CEO 期权授予中有 2329 份属于"幸运授予"（即授予日股价在授予月份股价最低处），占比为 12.2%；26209 份董事期权授予中有 2473 份属于"幸运授予"，占比 9.4%。与此相对，授予日股价在授予月份股价最高处的 CEO（和董事）股票期权授予数量占样本公司 CEO（和董事）股票期权授予总数量的比重为 4%（和 6%）。2329 份 CEO"幸运授予"中有 1163 份、2473 份董事"幸运授予"中有 804 份均属于机会主义择时期权授予。

还有一些学者关注了期权授权回签与公司治理的关系。毕兹杰克等（Biz-jak et al.，2009）研究了董事在期权授予中的作用。通过分析董事在不同公司董事会中的交互任职，他们认为董事的交互任职对回签在不同公司之间扩散起了重要作用。在他们的样本中，1996 年 7% 公司有回签行为，到 2002 年这一比例上升到 30%。他们的数据表明，不仅回签频率在随时间增加，而且在更广泛的行业盛行。根据他们的研究，如果一个公司有董事在另一个从事回签股票期权的企业任职，那么，这个企业更可能开始回签期权授予。特别是，有回签行为的企业董事的交互任职能够解释 1/8 ~ 1/4 的企业从事回签期权授予的无条件概率。他们还发现审计师的关联和影响与回签的地理扩散相联系，股价的高波动性增加了回签的可能性。与此相似，他们发现回签实践的开始与 CEO 持股比例和 CEO 与董事长二职兼任正相关，与董事会规模负相关；高频率的回签与较低董事会独立性相联系。他们的研究结果表明，公司治理弱化增加了回签的可能性。克林斯等（2009）实施了另外一项有关公司治理与回签的研究，他们的基本假设是，回签的发生源自较弱的公司治理，使得高管对自己薪酬有较大影响力。另外一种可能性是，回签期权是董事会商业判断的结果，较少的被择时期权换来的是全体雇员的满意。如果是这种情况，那么，就不能预期回签与受 CEO 影响的公司治理结构相关。他们的研究结果表明，治理机制较弱和 CEO 有更大影响力的企业更可能从事期权回签。他们还发现当期权在 CEO 薪酬中占有较高比重时，以及当董事和 CEO 在同一天接受期权时，回签会增加，这表明董事与股东之间存在代理问题。他们同时发现董事的交互任职与较高的回签发生率相联系。

三、授权择时的经济后果

高管机会主义授权择时会产生什么样的经济后果？一些学者对此给予极大关注。

其中，黄和卢（2010）研究了 2002 年《萨班斯法案》、股票期权回签丑闻和 2006 年薪酬披露新规则对机会主义择时行为的影响，并进一步分析了与期权授予相关的择时操纵的经济后果。研究发现，在《萨班斯法案》出台后，投资者能够从期权授予信号中提炼信息，通过投资组合并在期权授予后持有三个月，从而赚得 5.6% 超额回报；2006 年股票期权回签丑闻后，投资者能够赚得 2.3% 超额回报。这表明《萨班斯法案》出台后期权授予机会主义择时行为具有显著的经济后果。股票期权回签丑闻后减少的期权授予机会主义择时数量表明，增加的公众审查和透明度有效地阻止了与管理层期权授予有关的机会主义。

　　还有一些学者直接研究了期权回签的经济后果。拉喏亚南和瑟乎恩（2008）运用2002年8月29日至2004年12月31日期间所有上市公司全部管理层报告的638757份期权授予数据，为授予日操纵行为提供了证据。他们发现超过20%的期权授予被推迟报告，即迟于《萨班斯法案》要求的2个交易日。通过回签，高管所获收益是显著的。研究结果显示，如果授予日被回签30天，接受大量期权授予（50万份或更多）的高管大约增加期权薪酬价值8%。据保守估计，接受100万期权授予的管理层可以获得相当120万美元的非预期收益。此外，拉喏亚南等（2007）认为回签期权授予涉及法律、伦理、经济、税收和公司治理等诸多方面问题，每一方面都与股东利益相悖。研究者运用45家已经涉及回签丑闻的公司样本，以回签事件首次公告前后21天为计算窗口，发现回签事件给每家公司股东导致了8%或5亿美元的平均损失。损失最多的九家公司每家损失达9亿美元或更多。有意思的是，多数公司股价下跌发生在回签诉讼首次公开披露前，这表明一些内部人或套期保值基金可能获得了公司可能被起诉的提示，从而提前出售或减仓股票。据估计，这些公司高管整体平均潜在的收益每年每家公司约60万美元。同时，作者认为涉及回签丑闻的公司董事有义务建立防范机制阻止未来类似事件的发生。这些公司高管不仅将回签，还将前签和授权择时作为操纵的来源，建议需要建立控制系统以防止这些丑闻的再次发生。

　　伯纳尔和杰若尔（Bernile and Jarrell，2009）通过关注110家披露有某种回签行为的公司，研究了期权回签的经济后果，发现这些公司股价平均下降幅度在20%（40天内）~50%（一个更长时间内）之间。追踪研究这些公司两年后，他们发现这些公司股价下降不是暂时性的，股东价值损失超过1000亿~2500亿美元。他们的研究同时支持了以前研究所发现的证据，即回签事件披露前三个月期间有15%的股价下降。这个证据使得分析师能够相当准确地预测哪家公司将在后来被证明存在有关期权的严重法律问题。作者还试图解释股价大幅度下降的原因。他们认为这不仅仅是高管期权授予损失的结果，因为它们只解释2%~3%的公司市场价值和这些"错误得到"的一部分，甚至税收和服务成本也只是这个损失的一小部分。最终作者得出结论：这是增加的代理成本的结果，也就是，权益资本成本将显著增加，因为市场折价了投资这些公司股票所增加的风险。

第二节　股票期权激励机会主义行权择时研究综述

一、早期的研究

除了授权环节，高管层还可以通过期权行权时点的机会主义选择或信息披露的机会主义择时等方法影响公司股价，以最大化自己的期权价值。股票期权行权中的机会主义择时行为研究主要涉及择机行为存在性的检验。早期的研究经常假设行权后内部人立即出售所取得的股份，因而内部人应该会选择在股价相对高点时行权期权。若内部人拥有未来收益的私有信息，那么行权并出售交易后，应该存在负的股票收益。此外，早期的研究通常将行权作为一个整体，未对行权模式作区分。研究发现，行权择时或者局限于一小部分个人，或者只在高管行权很大一部分期权的时候存在，检验结果较弱。例如，卡蓬特和热蒙斯（Carpenter and Remmers，2001）发现，1991～1995年期间负的行权后超额收益只在小公司高管行权中存在；巴图乌和莫罕仁（Bartov and Mohanram，2004）发现，负的超额回报存在于高管行权很大一批期权的时候；忽达特和朗（2003）发现，在高管和较低层次雇员行权很多（很少）期权的月份，伴随着接下来六个月坏（好）的股票收益。

二、近期的研究

（一）私有信息假说

近期的研究注重在区分行权模式的基础上进行行权择时的检验。厄鲍迪等（2008）利用1996～2003年期间5225家公司13670个高管77045份期权交易数据，考察了管理层基于私有信息择时股票期权行权的程度。与早期研究认为行权后内部人会立即出售所取得股份的观点相反，作者发现超过1/4的期权行权后股份被持有超过30天。根据管理层在行权后30天内出售所有股份给第三方还是持有所有股份，作者对期权行权模式进行了细分，发现有微弱证据表明行权后立即出售股份的行权决策是被坏消息所驱动的，有较强证据表明行权并持有至少30天的行权决策是被好消息所驱动的。为了提高检验能力并确认更可能发现被期权行权和后续交易驱动的私有信息的情况，通过考虑管理层进行组合决策时的几个重要影响因素后，作者还发现，以期权时间价值衡量的提早行权的机会成本越高，管理层的交易利润就越高；以行权价低于行权时股价的程度衡量的多元化和消费激励越强，行权并出售的交易利润就越高。除了期权行权，作者还研究了没有行权的期权，认为推迟期权行权可能也是利用私有好消息的一种策略。对非行权决策的研究结果发现，利用好消息以持有期权而非持有股份的策略产生了正的超额收益，这与没有股利分配情况下的理论预期一致。除厄鲍迪等外，萨瑟若（2009）也探究了高管是否会为了自己利益而基于私有信息择时期权行权问题。运用 1996～2005 年期间 2963 家公司 7952 个高管 37041 份行权样本，萨瑟若将管理层的股票期权行权策略区分为三种类型，即用现金行权随后即出售股份、用现金行权然后持有股份，以及将部分股份交至公司以支付行权成本然后持有剩余股份。研究发现，随后出售股份的行权伴随着负的超额收益；随后不处置股票的行权，行权前存在股价下降而行权后伴随着股价上升，也就是说在股价低谷行权；管理层交付股份给公司的行权，在刚行权后存在异常低的收益，然后变为正收益。在每一种行权策略类型中，股票收益模式表明管理层使用私有信息择时股票期权行权以增加三种行权策略成功的可能性。此外，通过比较《萨班斯法案》出台前后围绕期权行权的收益模式，考察管理层如何成功地在行权月份的最有利日期行权，萨瑟若发现，《萨班斯法案》出台前，一些管理层会在继续持有通过行权获得的股份情况下，或者仅将股份处置给自己公司的情况下，回签期权行权日至对他们有利的日期。并且，萨瑟若发现行权回签与内部控制缺陷相联系。

通过对管理层期权行权策略进行细分，厄鲍迪等和萨瑟若研究发现了管理层使用私有信息择时股票期权行权以最大化自己利益的经验证据。特别是，他们发现《萨班斯法案》出台前后时期，管理层都会利用私有信息择时期权行权以提高每一种行权策略的收益。在研究方法上，他们克服了早期此类研究的弱点，通过对管理层通常从事的多种行权策略进行检验，发现了比以前研究发现的更为强烈的期权行权操纵的证据。不过，厄鲍迪等没有涉及在行权时高管将股份出售给公司的情形，也没有考虑行权日的回签问题。萨瑟若则发现当股份被行权且没有被处置时或者只处置给公司时，存在回签现象；当这种实践在《萨班斯法案》出台后基本被消除后，高管仍然继续从事信息择时。此外，厄鲍迪等和萨瑟若检验管理层是否会利用私有信息择时期权行权时所采用的基本方法是：考察行权前后股票收益的模式，缺少基于私有好坏信息的直接考察。

（二）回签假说

对于期权行权前后的股票收益模式，除了私有信息假说和择时假说外，还有一种回签假说。虽然萨瑟若的研究涉及行权回签问题，但对股票期权行权回签行为进行深入研究的是蔡（Cai，2007）和哈里维尔等（Dhaliwal et al.，2009）。蔡使用1997～2005年期间美国公司CEO股票期权行权的大样本数据，根据不同的回签激励，区分了三种行权机制（即现金行权、股票行权和无现金行权），现金行权提供了在低股价行权的激励，股票行权提供了在高股价行权的激励，而无现金行权则为回签提供了较小机会。检验结果表明：对于现金行权，平均超额股票收益在行权日前显著为负，在行权日后显著为正；与之相反，股票行权具有相反的股票收益模式。市场收益具有相似但较弱的模式。作者估计，在《萨班斯法案》颁布以前，大约1/8的现金行权和1/20的股票行权被回签或操纵。最后，所有的收益模式在《萨班斯法案》规定报告期间缩短以后均变弱。根据《萨班斯法案》出台前后上述股票收益模式和行权前后超额市场收益的变化，蔡认为，一些CEO回签期权行权至对其有利的条件；在这个过程中，一些情况下回签减少了CEO的税负，在其他情况下使得公司为CEO出售的股份支付了更高的价格。利用1996～2005年间美国公司CEO和非CEO内部人股票期权行权数据，哈里维尔等集中于内部人用现金支付行权价格并准备在行权后持有全部所获得股票的行权（简称"行权并持有交易"），从节税动机角度研究了股票期权行权的回签问题。研究发现，《萨班斯法案》出台前，行权并持有交易前包括行权日一般存在显著负的收益，其后有显著正的收益。通过进一步分析行权日后超额收益是否会是行权日与行权披露日之间时间的函数，比较《萨班斯法案》出台前后围绕行权并持有交易的股票收益，以及《萨班斯法案》出台前后可疑的行权并持有交易的发生率，他们认为事前行权择时和信号传递假说不是行权并持有交易中所观察到的偶然择时的最优解释，这种收益模式的最优解释是：《萨班斯法案》以前的一些行权被回签到股价低的日期。研究发现，与税收激励一致，当个人税收节约因回签而较高时，行权回签更可能发生。然而，行权回签产生的平均税收节约和中位数税收节约估计分别为96000美元和7000美元。这些节约相对于内部人和公司所承担的成本显得不太多。研究还发现行权回签的可能性随着期权授予日期回签可能性的增加而增加。这表明与回签相联系的代理问题渗透于一些公司的整个股票期权激励实施过程。

仔细比较厄鲍迪等、萨瑟若、蔡和哈里维尔等的研究，我们发现，他们研究的样本期间基本一致，除了厄鲍迪等的样本期间是 1996～2003 年以及蔡的样本期间是 1997～2005 年外，其他两个研究的样本期间都是 1996～2005 年。虽然他们在对管理层期权行权策略进行细分时所采用的具体标准有细微差别，但是，他们研究发现的期权行权前后股票收益模式具有共同的特征。然而，对于具有共同特征的期权行权前后股票收益模式的产生原因，他们的解释不同。厄鲍迪等和萨瑟若认为是由于管理层运用私有信息择时股票期权行权导致了相应的行权前后股票收益模式，而蔡和哈里维尔等则将其解释为管理层事后将期权行权日回签至股价对他们最有利的日期，也就是管理层事后择时期权行权日导致了上述行权前后股票收益模式。进一步分析，我们会更清楚地认识到，1996～2005 年期间特别是 2002 年以前，美国公司管理层期权行权前后，股票收益模式应该是由事前信息择时和事后行权日回签共同导致的，而不是单一地由某一种原因所致。正如克莱茵和芒格（Klein and Maug，2011）基于 1996～2008 年期间 2008 家公司 13948 位高管 80733 份期权数据的研究发现那样，对于行权并持有模式，存在行权日回签的证据；而对于行权并出售模式，则存在基于内幕信息择时行权的证据。萨瑟若的研究也表明，当股份被行权且没有被处置时或者只处置给公司时，存在回签现象，当这种实践在《萨班斯法案》出台后基本被消除之后，高管仍然继续从事信息择时；而哈里维尔等和蔡的研究证据显示，《萨班斯法案》出台以前只是一些行权被回签到股价低的日期。也就是说，在美国，作为行权择时的一种极端形式，事后行权日回签行为在《萨班斯法案》以前较为普遍，《萨班斯法案》出台以后很大程度上被消除；而基于内部信息的行权择时等其他一些形式的择时行为，不论《萨班斯法案》出台前还是出台后，都广泛存在，预期在未来，高管层仍然会继续从事机会主义择时行为以最大化自己的期权收益。

第三节　简评与启示

一、简评

综上所述，国外股票期权激励中机会主义择时研究具有以下特点。

其一，有关股票期权激励机会主义择时研究的焦点随着制度背景的变化而不同。1992 年，美国公众公司被要求开始披露管理层股票期权授予的确切日期。但是，根据当时公司信息披露的规则，期权授予消息直到财政年度结束后大约三个月、当公司填报财务报表时才为公众所知。正是这一制度背景，触发了学者对机会主义期权授权择时存在性的关注。因为安然等公司的财务造假事件，2002 年美国国会出台了《萨班斯法案》，其中 403 条款规定，股票期权授予的报告截止日期必须在授予后的 2 个交易日内。这个披露规则使股票期权激励机会主义择时变得较为困难，这一规则变迁是否能够消除股票期权激励机会主义择时行为？这激发了一系列研究兴趣。2006 年，由于期权回签丑闻，SEC 再次发布一系列高管薪酬披露规则，要求披露与期权授予有关的董事会或薪酬委员会确定方案日期的所有细节。这也再次引发了学者关注这一规则对机会主义择时的影响。综合这些研究结果，可以得到的基本结论是，《萨班斯法案》和 2006 年高管薪酬披露规则很大程度上消除了股票期权回签行为，但股票期权激励机会主义择时的其他形式仍然存在。

其二，在研究内容和研究方向上，股票期权激励机会主义择时研究集中在授予和行权两个环节，授权择时主要涉及授权择时存在性、授权择时的经济后果以及授权择时与公司治理关系等方面的研究，而行权择时主要涉及行权择时的存在性检验。可以预见，在未来，无论授权还是行权择时研究将主要集中于机会主义择时的公司治理影响因素方面，旨在探讨治理机会主义择时的机制。

其三，在研究方法上，无论机会主义授权择时还是行权择时其存在性的基本检验方法是，分析授权日或行权日前后超额收益模式，并辅以相关信息披露分析。是否有其他检验方法，特别是在不同的制度环境下是否存在不同的更有效检验方法，是未来研究所要思考的。

二、启 示

2006 年《上市公司股权激励管理办法》的颁布正式拉开了我国上市公司股权激励制度改革的序幕。据万得统计，截至 2013 年底共有 649 家公司公布或实施了股权激励方案，其中，2006 年有 38 家，2007 年有 10 家，2008 年有 67 家，2009 年有 14 家，2010 年有 63 家，2011 年有 138 家，2012 年有 134 家，2013 年有 185 家。在此期间，上证综合指数 2006 年是 2675.47，2007 年是 5261.56，2008 年是 1820.81，2009 年是 3277.14，2010 年是 2808.08，2011 年是 2199.42，2012 年是 2269.13，2013 年是 2115.98。很显然，公司推出股权激励计划具有"反周期性"，股市高涨时推出计划的公司少，而股市低迷时推出计划的公司多，存在明显的择时现象。前述国外相关研究结果表明，将经理层报酬与股价挂钩的股权激励，会诱发经理层通过授权或行权时点及相关信息披露时点的机会主义选择甚至操纵，来影响公司股价从而最大化自身股权薪酬。机会主义择时行为不仅会损害股东利益，增加权益资本成本，还会使得股权激励机制的效果大打折扣。很显然，我国上市公司股权激励计划设计和实施过程中存在什么形式的机会主义择时行为，以及如何从制度和治理层面抑制这种机会主义行为，是摆在国内学术界、监管层和投资者等有关各方面前的重要课题。

自从 2006 年我国上市公司管理层股权激励改革以来，有大量文献关注股票期权激励的价值效应（张宏敏等，2009；程仲鸣和夏银桂，2008）、盈余管理问题（苏冬蔚、林大庞，2010；肖淑芳等，2009）以及股权激励契约设计的特征（吕长江等，2009；沈红波等，2010；徐宁、徐向艺，2010）。然而，可能由于我国上市公司管理层股权激励的实施较晚，只有很少文献涉及股票期权激励中机会主义择时问题研究。王烨等（2012）以 2005 ~ 2011 年期间公告或实施股权激励计划的上市公司为样本，利用股权激励预案公告日前一天公司股价与前一个月公司平均股价的较高者减去股权激励预案中设定的初始行权价格以后的差额数据，对管理层权力与股权激励计划制订中的管理层机会主义行为之间的关系进行了实证研究。结果发现，管理层权力越大，股权激励计划中所设定的初始行权价格就相对越低；相对于非国资控股公司，国资控股公司推出的股权激励计划所设定的行权价格更低。研究表明在公司内部治理机制弱化的背景下，管理层可能会利用其对公司的控制权影响股权激励方案的制订，使其对己有利。不过，该研究并没有涉及股权激励行权价格设定中机会主义择时行为的具体方式。张治理和肖星（2012）以 2008 年 5 月 31 日前公布股权激励草案摘要的上市公司为研究对象，运用事件研究法研究发现，实施股票期权激励的上市公司在股权激励草案摘要公告日前 30 个交易日的累积超额收益率显著为负，以市盈率倒数衡量的股票估值水平，也显著低于同行业公司。结果表明，实施股票期权激励的上市公司为了增加管理层利益，存在机会主义授权择时行为。然而，由于处于股权激励改革初期，该研究的样本规模很小，只有84 个，而且在研究方法上，只计算分析了公告前 30 个交易日的累积超额收益率，并以样本公司公告前 30 个交易日累积超额收益率的均值是否显著为负来判断择时的存在性（由于是短论，文章没有列示出累积超额收益率走势图和相关 T 检验结果），同时分析公告前后累积超额收益率的分布特征，但没有涉及信息披露择时和相机盈余管理等方面的进一步研究。因此，该研究结果还需要后续基于更多样本的进一步检验。肖淑芳、张晨宇等（2009）以 2006 ~ 2008 年首次公告股权激励计划的 108 家上市公司为研究对象，运用单样本 T

检验及配对样本 T 检验的方法研究发现，经理人在股权激励计划公告日前的三个季度通过"操纵性应计利润"实施了向下盈余管理，而在公告日后存在反转现象。作者认为经理人实施向下盈余管理是为了降低股权激励计划中的行权价格，但是，由于没有同时研究股权激励计划草案公告日前后累积超额收益率和信息披露特征，该研究结果存在替代性解释，不能说明经理人实施向下盈余管理是为了降低股权激励计划中的行权价格；此外，该研究样本期间也意味着研究结果还需要后续的进一步检验。因为我国上市公司股权激励计划刚进入行权阶段，所以，行权择时方面的研究文献极为鲜见。到目前为止，只检索到一篇研究文章，杨慧辉等（2016）以 2006～2014 年实施股票期权激励的 184 次非自主统一行权为研究对象，通过事件研究法找到了行权日位于股价低位的经验证据，并发现该操纵行为是通过事后的倒签期权行权日而非事前的信息披露时间操纵股价实现；作者认为在最小化股票期权薪酬个人所得税的驱动下，高管实施了股票期权行权日操纵行为。但是，实质上，我国股票期权行权程序和有关信息披露的规定，决定了我国上市公司没有机会实施股票期权行权日倒签行为。在 2002 年《萨班斯法案》出台前，由于美国上市公司在行权时仅需在定期报告中披露报告期内股权激励计划的实施情况，因此才会导致行权日倒签现象。正如国外文献研究所反映的那样，2002 年《萨班斯法案》出台以后，上市公司被要求行权后 2 个交易日必须披露行权情况，这使得行权日（包括授权日）倒签现象基本上消失。在我国，根据中国证监会信息披露的相关规定，行权时，公司需要发布行权情况公告，对行权的股份数量、缴款、验资和股份登记情况，以及行权募集资金的使用计划和行权后公司股本变动情况进行详细披露说明。并且，股票期权行权涉及公司董事会申请、证券交易所确认、中国证券登记结算公司核准登记、行权股份的上市流通安排、行权款项的缴款、会计事务所对行权事项进行验资、律师关于行权的法律意见等具体程序。因此，股票期权行权日倒签在我国没有存在的制度基础。行权环节是否存在其他类型的机会主义择时行为需要进一步研究。

第三章　股权激励制度演进与现状考察

本章将对我国上市公司股权激励制度规范的历史演进作系统回顾与梳理，并对 2006 年股权激励制度改革以来上市公司股权激励实施状况以及股权激励计划的主要特征作考察和总结。

第一节　股权激励制度演进

一、股权激励实践探索阶段

作为协调股东与经理层之间委托代理冲突的有效制度工具，股权激励在国外得到广泛运用。源于对长期性激励的自发内在需求，我国上市公司从 20 世纪 90 年代开始也对股票期权激励进行了积极的探索和实践。然而，由于市场制度环境的制约和法律方面的障碍，股权激励多为"变通"方式，实施效果不尽如人意。

最早探索股票期权激励机制的上市公司是深圳的万科企业股份有限公司（陈清泰、吴敬琏，2001）。万科企业股份有限公司早在 1993 年就聘请香港律师起草并制订了系统而严密的"职员股份计划规范"，该股份激励计划为期 9 年，分三个阶段实施。然而，因为我国缺少相关的法律规范支持，第一阶段的"认股权"在 1995 年转为职工股以后始终没有得以上市，万科企业股份有限公司因此也就终止了职员股份计划第二阶段的实施。源自对长期性激励的自发内在需求，诸多上市公司在当时法律和制度框架的约束和限制之下，探索性地采取许多"变通"的方式，"绕道"实施了多种形式的股权激励计划，如业绩股票、变相股票期权、虚拟股票等。为了更好地引导和规范上市公司的股权激励实践，1998～2000 年间，国务院发展研究中心会同原国家经贸委、财政部、中国证监会等有关部门成立课题组，对股票期权激励制度进行了专题研究。① 为了适应国外盛行的股权激励这一主流形势,并减轻境外投资者对我国境外上市公司的管理层道德风险的担忧,从 2001 年开始,我国国务院决定对部分国有控股的境外上市公司试点高管层股票期权激励计划。② 然而,受制于我国相关国有资产管理法规,国有控股境外上市公司高层管理人员仍然无法被授予真正的股票期权激励计划,至多仅拥有模拟的认股权证。

从我国股权激励探索历程可以看出,上市公司对股权激励这一长期激励模式有着自发性的强烈需求,然而,由于受到《公司法》和《证券法》等法律及其他制度方面的限制,我国上市公司在 1999 ~ 2005 年期间制订或实施的股权激励计划实质上处于初步的探索阶段。尽管存在多种激励形式和比较详尽的激励方案,但大都是"变通"的股权激励方式,真正规范的股票期权激励计划还不存在。特别是这些"变通"的股权激励模式能够得到真正有效实施的并不多,很多激励方案在制订以后根本就未实施过;即使进入实施的激励方案,其所涉及的激励份额或股票数量也十分有限,股权激励的效果不能得以充分发挥。

二、股权激励制度规范阶段

(一) 基础性制度环境的变革

2006 年以后,制约上市公司股权激励的市场和法律制度环境,发生了空前的巨大变革,我国上市公司迎来了股权激励新的历史发展阶段。

首先,2005 ~ 2007 年的股权分置改革为上市公司实施股权激励创造了市场制度环境。在我国证券市场发展的初期,由于公有制意识形态等原因,上市公司股票被划分为流通股和非流通股两个部分。由于这一独特的制度设计存在诸多弊端,中国证监会于 2005 年 4 月 29 日发布《关于上市公司股权分置改革试点有关问题的通知》,由此拉开股权分置改革序幕;历经近两年,于 2007 年底基本完成股权分置改革。股权分置改革消除了股权定价的分置局面,为非流通股和流通股构筑了共同的利益基础,使得股票价格能够反映包括控股股东在内的所有股东的目标。由于控股股东股权价值(自身利益)与二级市场股票价格的关联程度提高,控股股东更加关注公司股票的市场价值,也更有激励对

---

① 1998 年底,国务院发展研究中心、原国家经贸委、财政部、中国证监会等部门联合成立由吴敬琏等专家组成的股票期权课题组,赴美国进行了为期 3 个月的专题考察;2001 年 9 月 14 日,召开了"中国企业经营者激励与约束机制——股票期权激励制度研讨会",并出版了相关专著。同时,深交所综合研究所也组织力量进行专门研究,并公布了相关研究报告。

② 中国联通、中国移动、中国海油和中粮国际四家在香港上市的公司被批准试点股票期权激励。

经理层实施基于股价的薪酬激励机制。同时，股份全流通也使经理层的努力程度更可能通过公司股价得以反映，并可以被股东低成本地观测到，从而可以让管理层激励契约更优［霍姆斯特姆（Holmstrom，1979）］。因此，股权分置改革的完成为上市公司股权激励的实施创造了市场制度环境。

其次，2005 年 10 月《公司法》与《证券法》的修订消除了原有的实施股权激励的股票来源和流通方面的限制。根据 2005 年修订前的《公司法》，上市公司非减资或合并而回购本公司股份是被禁止的，而且公司管理层所持公司股份在任职期间内不得转让。2005 年修订前的《证券法》在限定管理层所持股份转让上也有相应规定。可见，实施股权激励的股票来源和流通问题在原有法律制度框架下完全无法解决。2005 年修订的《公司法》规定，上市公司基于股权激励目的可以回购本公司股份。此外，修订后的《公司法》和《证券法》规定，公司管理层在任职期间每年可以转让不超过其所持有股份总数25% 的股份。至此，实施股权激励在股票来源和流通方面的法律障碍均得以清除，上市公司实施股权激励在股票来源和流通方面有了法律制度基础。

（二）股权激励制度改革的开启

在市场和法律制度环境发生了根本性变革的同时，中国证券监督管理委员会于 2006 年 1 月颁布试行了《上市公司股权激励管理办法（试行）》（本章以下简称《管理办法》）；国务院国资委和财政部于 2006 年 9 月发布施行了《国有控股上市公司（境内）实施股权激励试行办法》（本章以下简称《试行办法》），开启了我国上市公司股权激励制度规范的进程。

《管理办法》包括总则、一般规定、限制性股票、股票期权、实施程序和信息披露、监管和处罚、附则共七章五十三条，对股权激励对象、激励数量、激励方式、激励资金来源、行权价格、实施程序和信息披露等内容进行了规范，适用范围是股票在我国境内上市的公司。《试行办法》包含总则、股权激励计划的拟订、申报、考核与管理、附则共五章四十一条，以程序为主线对股权激励计划要素作出规定，适用于股票在中国境内上市的国有控股上市公司。也就是说，国有控股上市公司除了遵照《管理办法》外，还需遵照《试行办法》。两个股权激励规范文件，除了适用范围不同外，在股权激励关键要素设定严格程度上也有所差异。具体表现在，在激励对象上，《试行办法》明确规定，上市公司监事以及由上市公司控股公司以外的人员担任的外部董事，不纳入股权激励对象；在上市公司担任职务的上市公司母公司的负责人可成为股权激励对象，但是只能参加一家上市公司的股权激励计划；任何持 5% 以上有表决权股份的人员，不得成为股权激励对象，除非经股东大会批准。但是，《管理办法》对于激励对象范围没有上述限定。在激励数量上，《试行办法》规定，第一次实施股权激励计划所授予的股权数量，原则上应当控制在上市公司总股本1%以内；在股权激励计划有效期内，高管人员个人股权激励预期收益水平（高管人员股权授予数量）应控制在其薪酬总水平（含股权激励预期收益）的30%以内。而《管理办法》没有上述限定。在限制性股票授予价格设定上，《试行办法》要求与股票期权一样，以股权激励计划草案摘要公布前1个交易日公司股价与前30个交易日内公司平均股价，二者较高者为定价基准；而《管理办法》对限制性股票要求以股票市价为基准来确定授予价格。在激励有效期上，《试行办法》规定，行权限制期（禁售期）原则上不得少于2年，行权有效期（解锁期）不得低于3年；而证监会《管理办法》只对股票期权规定等待期不得少于1年。因此，总体而言，《试行办法》对股权激励计划基本要素作出了更为严格的规定（见表3-1）。

表3-1　　　证监会和国务院国资委、财政部2006年股权激励文件
在基本激励要素上的差异比较

基本要素	《国有控股上市公司（境内）实施股权激励试行办法》	《上市公司股权激励管理办法（试行)》
适用范围	股票在中国境内上市的国有控股上市公司	股票在中国境内上市的公司
激励对象	上市公司监事以及由上市公司控股公司以外的人员担任的外部董事不纳入股权激励对象； 在上市公司担任职务的上市公司母公司的负责人可成为股权激励对象，但是只能参加一家上市公司的股权激励计划； 任何持5%以上有表决权股份的人员不得成为股权激励对象，除非经股东大会批准	没有相应限定
激励数量	第一次实施股权激励计划所授予的股权数量原则上应当控制在上市公司总股本1%以内； 在股权激励计划有效期内，高管人员个人股权激励预期收益水平（高管人员股权授予数量），应控制在其薪酬总水平（含股权激励预期收益）的30%以内	没有相应限定
授予价格	限制性股票与股票期权一样，以股权激励计划草案摘要公告前1个交易日公司股价与前30个交易日内公司平均股价，二者较高者为定价基准	对限制性股票要求以股票市价为基准来确定授予价格
激励有效期	行权限制期（禁售期）原则上不得少于2年，行权有效期（解锁期）不得低于3年	只对股票期权规定等待期不得少于1年

资料来源：根据相关制度文件自行整理。

2006 年 12 月 19 日，宝钢股份推出《A 股限制性股票激励计划的议案》，成为首家试行股权激励的国有控股上市公司（胡燕，2009）。随后，推出股权激励计划的公司如雨后春笋般不断涌现。据国泰安财经研究数据库统计，截至 2015 年 12 月 31 日，已经总共有 1000 家左右的上市公司公布了 1200 多次的股权激励方案。因为有政策支持和制度规范，股权激励越来越被我国上市公司所广泛接受。

（三）股权激励制度规范的完善

为了促进上市公司规范运作，提高上市公司质量，中国证监会于 2007 年开展了"上市公司治理专项活动"，规定上市公司在报送股权激励申请材料时，必须先按要求完成公司治理专项活动。这项"公司治理专项活动"表面上似乎限制了上市公司股权激励制度的广泛实施，但在实质上通过完善上市公司治理和运行机制，为股权激励的规范实施奠定了坚实基础。

针对 2006 年《管理办法》发布后，上市公司股权激励实施过程中存在的一些问题，中国证监会于 2008 年先后发布了三则《股权激励有关事项备忘录》，对上市公司股权激励制度建设展开进一步规范和指引。其中，2008 年 3 月 17 日发布的《股权激励有关事项备忘录 1 号》，对提取激励基金、主要股东及实际控制人成为激励对象、限制性股票授予价格的折扣、分期授予、行权指标设定、授予日、激励对象资格和股东大会投票方式等一系列问题作出了进一步规定。2008 年 5 月 6 日发布的《股权激励有关事项备忘录 2 号》，对激励对象、股权激励与重大事件间隔期、股份来源等问题作出更具体要求。2008 年 9 月 16 日发布的《股权激励有关事项备忘录 3 号》对股权激励计划的变更与撤销、股权激励会计处理、行权或解锁条件、行权安排、同时采用两种激励方式、附条件授予权益和激励对象范围合理性等问题进行了进一步规范。

与此同时，考虑到外部市场环境和内部治理机制尚不健全，股权激励制度尚处试行阶段，为了进一步规范我国国有控股上市公司股权激励的实施，国务院国资委和财政部于 2008 年 10 月 21 日联合颁布了《关于规范国有控股上市公司实施股权激励制度有关问题的通知》，从严格股权激励实施条件、完善股权激励业绩考核体系、合理控制股权激励收益水平、进一步强化股权激励计划过程管理等四个方面，对国有控股上市公司实施股权激励提出了更具体的要求。至此，我国股权激励制度规范在形式上已经比较完备。

（四）股权激励税收与会计规范的配套

早在 2005 年 7 月，财政部和国家税务总局颁布了《关于个人股票期权所得征收个人所得税问题的通知》，对企业员工参与企业股票期权计划而取得的所得征收个人所得税问题作出了规定，明确了股票期权授予、行权、行权后股票转让以及行权后持有等环节股票期权所得性质及其具体征税办法。2006 年 9 月，国家税务总局再次发布《关于个人股票期权所得缴纳个人所得税有关问题的补充通知》（国税函［2006］902 号），就股票期权所得有关个人所得税处理问题作出了进一步补充说明和要求。

为了健全股权激励税收规范体系，完善上市公司股权激励税收征管制度，财政部和国家税务总局于 2009 年 1 月发布了《关于股票增值权所得和限制性股票所得征收个人所得税有关问题的通知》、2009 年 5 月发布了《关于上市公司高管人员股票期权所得缴纳个人所得税有关问题的通知》，对于股票增值权所得和限制性股票所得个人所得税的征管，以及上市公司高管转让公司股票在期限和数量上存在一定程度限制所导致的股票期权行权时无足额资金及时纳税问题进行了规范。2009 年 8 月 24 日，国家税务总局再次发布《关于股权激励有关个人所得税问题的通知》，就股权激励所得项目和计税方法的确定、股票增值权和限制性股票应纳税所得额的确定、股权激励所得应纳税额的计算、纳税义务发生时间、报送资料等再次作出具体规定。

2006 年 2 月 15 日，财政部发布了与国际财务报告准则充分趋同的企业会计准则体系，并自 2007 年 1 月 1 日起率先在上市公司范围内实施。这是继 1993 年以"两则"为标志的会计准则改革后，又一次具有里程碑意义的会计准则改革。其中，《企业会计准则第 11 号——股份支付》对企业实施的股权激励计划的会计处理和相关信息的披露要求作出了明确规定：在等待期内的每个资产负债表日，应当按照权益工具授予日的公允价值，将当期通过股权激励取得的管理层服务，计入相关成本或费用，也就是说，股权激励相关支付需要费用化。2012 年 5 月 23 日，国家税务总局正式发布《关于我国居民企业实行股权激励计划有关企业所得税处理问题的公告》（2012 年第 18 号公告），对上市公司实施股权激励计划有关企业所得税处理问题作出规定：2012 年 7 月 1 日起，上市公司可根据激励对象实际行权时股票的公允价格与行权价格的差额和数量作为当年工薪支出，依税法规定进行税前扣除。

股权激励行权和股票出售等环节的个人所得税会影响股权激励对象对行权模式的选择，从而影响股权激励计划的实际实施效果。股权激励相关支付的费用化会计处理会影响公司的利润总额和应交所得税额，从而影响上市公司对股权激励计划的选择和实施。股权激励的税收与会计规范是股权激励制度规范体系的有机组成部分，是完善股权激励制度规范的重要内容。

（五）股权激励制度规范的发展

为了建立有利于企业自主创新与科技成果转化的激励机制、调动技术骨干和管理骨干的积极性和创造性、推动高新技术产业化以及科技成果转化，财政部和科技部先后于 2010 年 2 月和 2011 年 1 月颁布《中关村国家自主创新示范区企业股权和分红激励实施办法》和《中关村国家自主创新示范区企业股权和分红激励实施办法的补充通知》两个文件，鼓励中关村国家自主创新示范区内的科技创新企业，试行包括股权奖励、股权出售、股票期权三种模式的股权激励和分红激励。与此同时，为贯彻落实国务院相关精神，加快形成央企创新体制机制，进一步提升央企自主创新能力，国务院国资委在 2010 年 10 月下发了《关于在部分中央企业开展分红权激励试点工作的通知》，决定在部分央企开展分红权激励试点，并明确岗位分红权激励和项目收益分红激励两种分红权激励方式的具体实施办法。

为贯彻《中共中央关于全面深化改革若干重大问题的决定》中关于"允许混合所有制经济实行企业员工持股，形成资本所有者和劳动者利益共同体"的精神，落实《国务院关于进一步促进资本市场健康发展的若干意见》中关于"允许上市公司按照规定通过多种形式开展员工持股计划"的要求，中国证监会经国务院同意于 2014 年 6 月 20 日发布了《关于上市公司实施员工持股计划试点的指导意见》，对上市公司开展员工持股计划实施试点，从基本原则、主要内容、实施程序及信息披露、监管四个方面对上市公司实施员工持股计划进行了规范和引导。试点上市公司实施员工持股计划有利于建立和完善劳动者与所有者的利益共享机制，改善上市公司治理水平，提高公司竞争力，通过资本市场实现社会资金优化配置。为贯彻落实《中共中央和国务院关于深化国有企业改革的指导意见》的有关要求，2016 年 8 月 2 日，国务院国资委、财政部和中国证监会联合发布了《关于国有控股混合所有制企业开展员工持股试点的意见》，对国有控股混合所有制企业开展员工持股试点，从试点原则、试点企业条件、企业员工入股、企业员工股权管理、试点工作实施和组织领导六个方面作出了具体规范。可见，基于科技创新战略实施和混合所有制改革的需要，作为一种有效激励机制，股权激励在向深度和广度方面拓展，股权激励制度规范也不断发展完善。

为进一步贯彻中央关于深化改革的战略部署，落实党的十八届三中全会决定关于"优化投资者回报机制"的精神，结合实践发展及市场需求，中国证监会于 2016 年 7 月 13 日正式发布《上市公司股权激励管理办法》，并从 2016

年8月13日起开始施行。正式发布的《上市公司股权激励管理办法》对自2015年以来中国证监会出台的上市公司股权激励相关制度规范进行了调整和完善，坚持以信息披露为中心，树立"宽进严管"的监管改革理念，强调放松管制、加强监管，旨在促成"公司自主决定、市场约束有效"的股权激励制度的逐步形成。

　　通过对不同发展阶段有关股权激励制度规范的梳理，我们可以发现，我国上市公司股权激励制度的改革发展方向十分明确，股权激励制度及其配套规范日趋完善（见表3-2）。

表3-2　　　　　　　不同阶段股权激励制度规范的相关政策文件

发布时间	颁布部门	文件名称	政策导向
2005年4月	中国证监会	关于上市公司股权分置改革试点有关问题的通知	启动股权分置改革试点工作
2005年8月	中国证监会、财政部、国务院国资委等	关于上市公司股权分置改革的指导意见	第一次明确，完成股权分置改革上市公司可实施管理层股权激励
2006年1月	中国证监会	上市公司股权激励管理办法（试行）	开启上市公司管理层股权激励制度改革
2006年1月	国务院国资委、财政部	国有控股上市公司（境外）实施股权激励试行办法	开启国有控股上市公司管理层股权激励制度改革
2006年9月	国务院国资委、财政部	国有控股上市公司（境内）实施股权激励试行办法	
2008年3月	中国证监会	股权激励有关事项备忘录1号	细化股权激励计划基本要素的设定
2008年5月	中国证监会	股权激励有关事项备忘录2号	
2008年9月	中国证监会	股权激励有关事项备忘录3号	
2008年10月	国务院国资委、财政部	关于规范国有控股上市公司实施股权激励制度有关问题的通知	严格规范国有上市公司股权激励的实施
2005年7月	财政部和国家税务总局	关于个人股票期权所得征收个人所得税问题的通知	健全与配套股权激励相关税收规范
2006年9月	国家税务总局	关于个人股票期权所得缴纳个人所得税有关问题的补充通知	
2009年1月	财政部、国家税务总局	关于股票增值权所得和限制性股票所得征收个人所得税有关问题的通知	
2009年5月	财政部、国家税务总局	关于上市公司高管人员股票期权所得缴纳个人所得税有关问题的通知	

续表

发布时间	颁布部门	文件名称	政策导向
2009 年 8 月	国家税务总局	关于股权激励有关个人所得税问题的通知	健全与配套股权激励相关税收规范
2012 年 5 月	国家税务总局	关于我国居民企业实行股权激励计划有关企业所得税处理问题的公告	
2010 年 2 月	财政部、科技部	中关村国家自主创新示范区企业股权和分红激励实施办法	建立有利于科技创新战略的中长期激励机制
2011 年 1 月	财政部、科技部	中关村国家自主创新示范区企业股权和分红激励实施办法的补充通知	
2010 年 10 月	国务院国资委	关于在部分中央企业开展分红权激励试点工作的通知	明确岗位分红权激励和项目收益分红激励两种分红权激励方式
2014 年 6 月	中国证监会	关于上市公司实施员工持股计划试点的指导意见	启动上市公司员工持股计划
2016 年 8 月	国务院国资委、财政部、中国证监会	关于国有控股混合所有制企业开展员工持股试点的意见	启动国有控股混合所有制企业员工持股计划
2016 年 7 月	中国证监会	上市公司股权激励管理办法	正式发布《上市公司股权激励管理办法》，对上市公司股权激励相关规则进行调整和完善

资料来源：根据有关部门官网收集整理。

第二节　股权激励现状考察

本部分将根据国泰安财经研究数据库中的股权激励方案、股权激励授予明细和行权明细三个子数据库，对我国上市公司截至 2015 年 12 月 31 日股权激励计划的特征以及实施情况进行详细的分析和总结，为后续机会主义择时研究奠定基础。

一、股权激励授予的年度分布

据国泰安财经研究数据库统计，截至 2015 年 12 月 31 日共有 1003 家公司授予了 1217 次股权激励。其中，2006 年有 13 家公司授予了 15 次股权激励（其中 1 家公司有 2 次授予，1 家公司 1 次授予 2 种激励模式）；2007 年有 8 家公司授予了 8 次股权激励；2008 年有 28 家公司授予了 31 次股权激励（其中 1 家公司有 2 次授予，2 家公司 1 次授予 2 种激励模式）；2009 年有 12 家公司授予了 12 次股权激励；2010 年有 41 家公司授予了 42 次股权激励（其中 1 家公司有 2 次授予）；2011 年有 115 家公司授予了 125 次股权激励（其中 3 家公司有 2 次授予，7 家公司 1 次授予了 2 种激励模式）；2012 年有 150 家公司授予了 181 次股权激励（其中 9 家公司有 2 次授予，1 家公司实施了 3 次授予，15 家公司 1 次授予 2 种激励模式，2 家公司授予了 2 次并且每次授予 2 种激励模式）；2013 年有 170 家公司授予了 222 次股权激励（其中 18 家有 2 次授予，28 家公司 1 次授予 2 种激励模式，1 家公司有 2 次授予并且每次授予 2 种激励模式，1 家公司有 3 次授予且每次授予 2 种激励模式）；2014 年有 212 家公司授予了 261 次股权激励（其中 14 家公司有 2 次授予，28 家 1 次授予 2 种激励模式，2 家公司一年内有 2 次授予且每次授予 2 种激励模式）；2015 年有 254 家公司授予了 320 次股权激励（其中 24 家公司同一年内进行了 2 次相同激励模式的授予，3 家公司有 3 次授予，24 家公司 1 次授予了 2 种激励模式）。

　　从年度分布看，授予股权激励方案的公司家数和次数有逐年增长的态势（见表 3 - 3）。在此期间，上证综合指数 2006 年是 2675.47，2007 年是 5261.56，2008 年是 1820.81，2009 年是 3277.14，2010 年是 2808.08，2011 年是 2199.42，2012 年是 2269.13，2013 年是 2115.98，2014 年是 3234.68，2015 年是 3539.18。很明显，上市公司推出股权激励方案具有逆周期性，在股市高涨时，推出股权激励方案的公司家数和次数较少，而在股市低迷时，推出股权激励方案的公司家数和次数显著较多（见图 3 - 1）。这种股权激励授予择时是最大化股东财富的管理层激励行为，还是管理层利用对公司的控制权而实施的自我效用最大化的机会主义行为？这个问题需要进一步深入研究。

表 3 - 3　　　　　　　授予股权激励计划上市公司的年度分布

年度	授予次数	公司家数	上证指数
2006	15	13	2675.47
2007	8	8	5261.56
2008	31	28	1820.81
2009	12	12	3277.14
2010	42	41	2808.08

续表

年度	授予次数	公司家数	上证指数
2011	125	115	2199.42
2012	181	150	2269.13
2013	222	170	2115.98
2014	261	212	3234.68
2015	320	254	3539.18
合计	1217	1003	

资料来源：根据国泰安财经研究数据库股权激励授予明细统计。

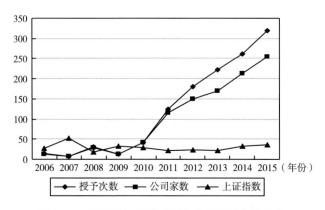

图3-1　授予股权激励计划上市公司的年度分布

资料来源：作者自行整理绘制。其中，为了与公司家数对比，上证综指缩小了100倍。

二、股权激励授予的行业分布

从表3-4可以看出，授予股权激励计划的上市公司所涉及的行业极为广泛。49大类行业中有44个行业对其高管及核心技术人员授予了股权激励计划（按中国证监会2012行业分类标准划分），其中，31个大类制造业中，授予股权激励计划的公司涉及28个大类行业。在授予股权激励计划的公司中，制造业公司最多，有665家，占所有授予股权激励计划公司的66.30%；其次是信息传输、软件和信息技术服务业，有144家公司授予了股权激励计划，占所有授予股权激励计划公司的14.36%；有35家房地产业与34家批发和零售业的公司授予了股权激励计划，分别占所有授予股权激励计划公司的3.49%和3.39%，位居第三和第四。在制造业中，计算机、通信和其他电子设备制造业公司更倾向于对管理层及核心技术人员实施股权激励，有125家授予了股权激

励计划，占所有授予股权激励计划公司的12.46%；其次分别是电气机械和器
材制造业、化学原料和化学制品制造业、医药制造业3个行业，分别占所有授
予股权激励计划公司的10.17%、6.98%和6.78%。根据股权激励的"人才需
求假设"，对人力资本依赖度高的行业更可能选择股权激励［安德森（An-
derson）、班克（Banker）和若文丹（Ravindran），2010］。我国上市公司股
权激励行业分布也呈现出这一特点，信息传输、软件和信息技术服务业、计
算机、通信和其他电子设备制造业2个行业，对人力资本依赖度要比其他行
业更高，加之受信息化迅猛发展的影响，信息技术行业对人才的需求更大，
为了避免人力资本流失并激励关键技术人才，这两个行业的公司更需要股权
激励。

表3-4　　　　　　　　授予股权激励计划上市公司的行业分布

行业代码		类别名称	公司家数	占比（%）
门类	大类			
A		农、林、牧、渔业	13	1.30
B		采矿业	1	0.10
C		制造业	665	66.30
	C13	农副食品加工业	16	1.60
	C14	食品制造业	13	1.30
	C15	酒、饮料和精制茶制造业	2	0.20
	C16	烟草制品业	0	0.00
	C17	纺织业	12	1.20
	C18	纺织服装、服饰业	15	1.50
	C19	皮革、毛皮、羽毛及其制品和制鞋业	2	0.20
	C20	木材加工和木、竹、藤、棕、草制品业	2	0.20
	C21	家具制造业	3	0.30
	C22	造纸和纸制品业	5	0.50
	C23	印刷和记录媒介复制业	4	0.40
	C24	文教、工美、体育和娱乐用品制造业	4	0.40
	C25	石油加工、炼焦和核燃料加工业	2	0.20
	C26	化学原料和化学制品制造业	70	6.98
	C27	医药制造业	68	6.78

续表

行业代码		类别名称	公司家数	占比（%）
门类	大类			
	C28	化学纤维制造业	5	0.50
	C29	橡胶和塑料制品业	27	2.69
	C30	非金属矿物制品业	20	1.99
	C31	黑色金属冶炼和压延加工业	3	0.30
	C32	有色金属冶炼和压延加工业	9	0.90
	C33	金属制品业	17	1.69
	C34	通用设备制造业	32	3.19
	C35	专用设备制造业	49	4.89
	C36	汽车制造业	21	2.09
	C37	铁路、船舶、航空航天和其他运输设备制造业	9	0.90
	C38	电气机械和器材制造业	102	10.17
	C39	计算机、通信和其他电子设备制造业	125	12.46
	C40	仪器仪表制造业	21	2.09
	C41	其他制造业	7	0.70
	C42	废弃资源综合利用业	0	0.00
	C43	金属制品、机械和设备修理业	0	0.00
D		电力、热力、燃气及水生产和供应业	7	0.70
E		建筑业	26	2.59
F		批发和零售业	34	3.39
G		交通运输、仓储和邮政业	6	0.60
H		住宿和餐饮业	1	0.10
I		信息传输、软件和信息技术服务业	144	14.36
J		金融业	7	0.70
K		房地产业	35	3.49
L		租赁和商务服务业	15	1.50
M		科学研究和技术服务业	15	1.50
N		水利、环境和公共设施管理业	16	1.60
O		居民服务、修理和其他服务业	0	0.00
P		教育	0	0.00

行业代码		类别名称	公司家数	占比（%）
门类	大类			
Q		卫生和社会工作	6	0.60
R		文化、体育和娱乐业	8	0.80
S		综合	4	0.40
		合计	1003	100.00

注：行业按中国证监会行业分类标准（2012 版）划分（除制造业按大类划分，其他以门类为准，共有 49 个行业）。上市公司所属行业类别及家数的统计以 2015 年 12 月 31 日为基准，数据来源于国泰安财经研究数据库股权激励授予明细。

　　此外，表 3－4 统计结果还显示，烟草制品业、废弃资源综合利用业、金属制品、机械和设备修理业、居民服务、修理和其他服务业和教育这些行业，均没有公司授予股权激励计划；而采矿业、住宿和餐饮业 2 个行业只有 1 家公司授予了股权激励计划，说明这些行业中的公司选择股票期权激励的需求较小。

三、股权激励模式特征

　　股权激励有多种模式，常见的有股票期权、限制性股票和股票增值权三种，这三种激励模式也是中国证监会在 2006 年颁布的《管理办法》中规定的。根据国泰安数据库，截至 2015 年 12 月 31 日，我国上市公司授予的 1217 次股权激励方案中，采用股票期权激励模式的有 552 次（其中，118 家公司有 2 次授予，25 家公司有 3 次及以上授予），占比为 45%；采用限制性股票激励模式的有 637 次（其中，119 家公司有 2 次授予，23 家公司有 3 次及以上授予），占比达 53%；采用股票增值权激励模式的有 28 次（其中，1 家公司 3 次，1 家公司 7 次），占比是 2%。此外，114 家公司授予两种以上的激励模式（见图 3－2）。可见，在我国，采用最多的股权激励模式是股票期权和限制性股票。

　　从发展趋势上看，三种股权激励模式的发展趋势略有不同（见表 3－5）。总体上，限制性股票授予次数与股权激励总体授予次数的发展趋势基本一致，呈现逐年上升态势。股票期权授予次数虽然总体上也呈现上升趋势，但增速在减缓，2012 年达到最高点后，开始有下降趋势。特别是，在 2013 年以前，股票期权授予次数在总量上高于限制性股票授予次数，而 2013 年及以后，限制性股票授予次数在总量上超过股票期权授予次数，这表明，我国上市公司对限制性股票激励模式越来越偏好，而对股票期权激励模式的"热情"却有所减

弱。根据既有研究（李曜，2009），相对于限制性股票，股票期权的激励效应
更大，股票期权激励模式对高管层来说，风险也更大。股票期权激励模式的发
展态势有所减弱，可能意味着我国上市公司所设计的股权激励方案的激励性开
始有所减弱，风险较小的股权激励模式更受欢迎。此外，统计结果还显示，股
票增值权激励模式不仅数量较少，而且有进一步减少的态势。在发展趋势上，
股票增值权与股票期权有些类似，这与二者在激励效应和风险上具有类似性大
致相吻合（见图3–3）。

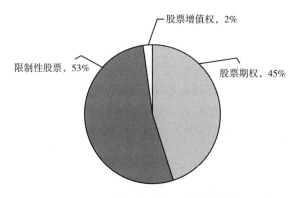

图 3 – 2　股权激励模式的数量分布

资料来源：根据国泰安财经研究数据库股权激励授予明细统计。

表 3 – 5　　　　　　　　　　　　股权激励模式的年度分布

年度	股权激励授予次数	股票期权授予次数	限制性股票授予次数	股票增值权授予次数
2006	15	13	1	1
2007	8	3	4	1
2008	31	18	9	4
2009	12	9	2	1
2010	42	29	11	2
2011	125	86	32	7
2012	181	107	68	6
2013	222	106	115	1
2014	261	99	159	3
2015	320	82	236	2
合计	1217	552	637	28

资料来源：根据国泰安财经研究数据库股权激励授予明细统计。

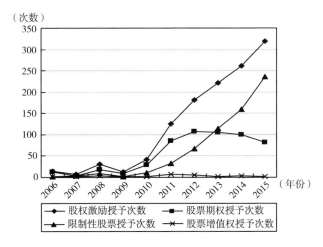

图 3 - 3　股权激励模式的年度分布
资料来源：根据国泰安财经研究数据库股权激励授予明细统计。

四、股权激励强度特征

(一) 股权激励强度

关于股权激励强度，中国证监会 2006 年的《管理办法》以及国务院国资委、财政部 2006 年的《试行办法》均有相应规定。中国证监会在《管理办法》第十二条规定，上市公司全部有效的股权激励计划所涉及的股票总数，累计不得超过总股本的 10%；任何一名激励对象通过全部有效的股权激励计划获授的公司股票，累计不得超过公司总股本的 1%，经股东大会特别决议批准的除外。

国务院国资委、财政部的《试行办法》对此规定得更加详细，"在股权激励计划有效期内，应结合上市公司股本规模和股权激励对象的范围、股权激励水平等因素，在 0.1% ~10% 之间合理确定所授予的股权总量。但公司全部有效的股权激励计划所涉及的股票总数，累计不得超过总股本的 10%。第一次实施股权激励计划授予的股权数量，原则上应控制在公司总股本的 1% 以内""任何一名激励对象通过全部有效的股权激励计划获授的本公司股权，非经股东大会特别决议批准，累计不得超过总股本的 1%。"同时，对授予高管人员的股权数量作出了进一步规定，要求按照以下办法预测股权激励预期收益和股权授予价格，以确定高管人员股权授予数量：其一，在股权激励计划有效期内，高管个人股权激励预期收益应控制在其个人薪酬总水平（含预期的期权或股权收益）的 30% 以内；应参照国有资产监管部门的原则规定，根据上市公司绩效考核与薪酬管理办法确定高管人员薪酬总水平。其二，参照国际通行的期权定价模型或股票公平市场价格，科学合理地测算股票期权或限制性股票的预期收益。对于授予董事和核心技术业务人员的股权数量，要求比照高管人员的办法确定。

从表 3 - 6 可知，"本次授予激励数量占总股本比例"的均值是1.900502%，标准差为 1.756895%，中位数为 1.49%，最小值为 0.005%，最大值为 10%。根据前述股权激励授予的年度分布分析可知，对于绝大多数公司而言，截至 2015 年 12 月 31 日只授予了一次股权激励，所以，从"本次授予激励数量占总股本比例"的均值可见，绝大多数公司首次授予股权激励的数量不到 2%，最少的公司只有 0.005%，最大的公司首次授予数量达到了规定的最高限 10%。"本次授予高管权益占本次授予激励数量比例"的均值是25.47333%，标准差为 27.3415%，最小值 0%，最大值 100%。根据"本次授予激励数量占总股本比例"的均值 1.900502% 与"本次授予高管权益占本次授予激励数量比例"的均值 25.47333% 计算二者的乘积，可以得到本次授予高管权益占总股本比例应该是 0.48412%。考虑到高管人数众多，因此，授予高管权益的占比符合中国证监会和国务院国资委的相关规定，即"非经股东会特别决议批准，任何一名激励对象通过全部有效的股权激励计划所获授的股票，累计不得超过股本总额 1%。"

从表 3 - 6 还可以发现，授予核心技术业务人员权益的占比，不论是均值还是中位数，都高于授予高管权益的占比，前者分别为 74.52667% 和81.80473%，后者分别为 25.47333% 和 18.19527%。可能的原因是，被纳入激励对象的核心技术业务人员数量较高管人员数量要多，这也反映出绝大多数上市公司重视对核心技术业务人员的激励，因为他们是公司科技创新和持续增长的根本源泉之所在。从表 3 - 6 还可以看出股权激励强度的激励模式差异。不论是均值还是中位数，股票期权激励模式的"本次授予激励数量占总股本比例"均高于限制性股票和股票增值权，这说明，从激励强度上看，股票期权激励模式是目前上市公司的主要激励模式，而股票增值权只是辅助性的激励模式。然而，表 3 - 6 揭示出了高管和核心技术业务人员的激励强度在激励模式的差异。"本次授予高管权益占本次授予激励数量比例"的均值和中位数都显示出，股票增值权激励模式最高，限制性股票激励模式其次，股票期权激励模式最低；而"本次授予核心技术业务人员权益占本次授予激励数量比例"的均值和中位数在激励模式上表现出截然相反的特征，即股票期权激励模式最高，限制性股票激励模式次之，股票增值权激励模式最低。也就是说，从激励强度看，上市公司更倾向于对高管层实施股票增值权激励，其次是限制性股票激

励，最后才是股票期权激励；而对于核心技术业务人员，上市公司更倾向于采用
股票期权激励，然后是限制性股票激励，最不倾向于采用股票增值权激励。

表3－6　　　　　　　　　　股权激励强度特征

期日	激励模式	样本数	均值	标准差	中位数	最小值	最大值
本次激励对象 人数（人）	O	550	121.27820	191.34560	71.0	1	2068
	R	631	128.45960	236.66710	66.0	1	3435
	A	28	26.78571	45.90599	8.5	1	175
	ALL	1209	122.83790	214.77740	67.0	1	3435
本次授予激励 数量（股）	O	552	10900000	21500000	4443500	50000	273000000
	R	637	7171455	13500000	3713717	11600	196000000
	A	28	5357142	12400000	1277500	20000	60500000
	ALL	1217	8820608	17700000	3906600	11600	273000000
本次授予激励 数量占总股本 比例（%）	O	499	2.183955	1.994927	1.77000	0.0189	10.00
	R	582	1.722429	1.492765	1.36000	0.0050	9.15
	A	22	0.182100	0.261356	0.04495	0.0060	0.88
	ALL	1103	1.900502	1.756895	1.49000	0.0050	10.00
本次授予高管 权益（股）	O	551	2505296	6061797	640000	0	78200000
	R	636	1843313	4276048	638000	0	82000000
	A	28	1816383	3237073	709950	0	15000000
	ALL	1215	2142900	5153015	640000	0	82000000
本次授予核心 技术业务人员 权益（股）	O	551	8378122	17600000	3220000	0	239000000
	R	636	5338852	10800000	2430000	0	143000000
	A	28	3540760	9435502	25080	0	45600000
	ALL	1215	6675717	14300000	2770000	0	239000000
本次授予高管 权益占本次授 予激励数量比 例（%）	O	551	21.02118	22.83178	15.75792	0	100
	R	636	27.88780	28.65238	20.06028	0	100
	A	28	58.24256	45.05977	79.61256	0	100
	ALL	1215	25.47333	27.34150	18.19527	0	100
本次授予核心 技术业务人员 权益占本次授 予激励数量比 例（%）	O	551	78.97882	22.83178	84.24208	0	100
	R	636	72.11220	28.65238	79.93972	0	100
	A	28	41.75744	45.05977	20.38744	0	100
	ALL	1215	74.52667	27.34150	81.80473	0	100

注：O表示股票期权，R表示限制性股票，A表示股票增值权。资料来源：根据国泰安财经研究数
据库股权激励授予明细统计。

（二）股权激励对象

根据中国证监会 2006 年的《管理办法》，股权激励对象可以包括上市公司的董事、监事、高管人员、核心技术业务人员，以及公司认为应当激励的其他员工，但是不应包括独立董事。

中国证监会 2008 年出台的《股权激励有关事项备忘录 1 号》对主要股东或实际控制人成为激励对象的问题作出了进一步规定，"非经股东大会表决通过，持股 5% 以上的主要股东或实际控制人，原则上不得成为股权激励对象。并且，关联股东须在股东大会对该事项进行投票表决时回避表决""持股 5% 以上的主要股东或实际控制人的配偶及直系近亲属，若符合成为股权激励对象的条件，可成为股权激励对象，但是其所获授权益应与其所任职务相匹配。并且，关联股东须在股东大会对该事项进行投票表决时，回避表决"。在随后的《股权激励有关事项备忘录 2 号》中又进一步明确，上市公司监事不得成为股权激励对象，以确保其独立性，从而充分发挥其监督作用。

国务院国资委、财政部 2006 年出台的《试行办法》也存在类似规定，"股权激励对象原则上限于上市公司董事、高管人员，以及对公司整体业绩和持续发展有直接影响的核心技术业务人员；独立董事、公司监事以及由上市公司控股公司以外的人员担任的外部董事，暂不纳入股权激励计划""任何持有上市公司 5% 以上有表决权股份的人员，未经股东大会批准，在股权激励授予日不得参加股权激励计划"。

从表 3 - 6 可知，上市公司股权激励对象分为高管和核心技术业务人员两大类。"本次激励对象人数"的统计结果可以看出，每次授予的激励对象平均为 122.8379 人，最少的 1 人，最多的为 3435 人，但大部分公司的激励对象为 67 人。激励对象的激励模式分布显示，被授予股票增值权激励模式的激励对象最少，中位数是 8.5；被授予股票期权激励模式的激励对象人数最多，中位数达 71 人；限制性股票激励模式的激励对象人数介于两者之间，中位数是 66 人。结合上述股权激励强度的统计结果：上市公司更倾向于对高管实施股票增值权激励，而对核心技术业务人员则倾向于采用股票期权激励。因此，可以推知，被授予股票增值权激励模式的 8.5 个激励对象应该主要是高管人员，而被授予股票期权激励模式的 71 个激励对象应该主要核心技术业务人员。

五、股权激励有效期与禁售期

中国证监会 2006 年的《管理办法》规定，股票期权的有效期（从授权日计算）不得超过 10 年，并且，股票期权的授权日与获授股票期权第一次可行权日之间的间隔（即等待期）不得少于 1 年；股权激励对象在股票期权有效期内应当分期行权，有效期期满后，已授出但尚未行权的股票期权，不得行权。对于授予激励对象的限制性股票，《管理办法》只是要求上市公司应规定激励对象获授股票的禁售期限，但并未对禁售期限作出具体规定。

国务院国资委、财政部 2006 年的《试行办法》对有效期与禁售期的规定相对而言更加具体。第 19 条规定，股权激励计划的有效期（自股东大会表决通过之日起计算）一般不超过 10 年。第 20 条要求，股权激励计划应当在有效期内采取分次实施方式，每期股权激励授予方案应当有 1 个完整会计年度以上的间隔期。第 21 条指出，每期授予的股票期权均应当设置行权限制期和行权有效期，行权限制期内不能行权，行权有效期内原则上采取匀速分批行权办法，其中，行权限制期（自股权授予日至生效日（可行权日）止的期限）原则上不得少于 2 年，行权有效期（为股权生效日至失效日止的期限）不得低于 3 年。对于限制性股票，第 22 条规定，股权激励计划有效期内每期授予的限制性股票，其禁售期不得低于 2 年，解锁期不能低于 3 年；禁售期满后激励对象可解锁的股票数量，应依股权激励计划和业绩目标完成情况来确定，原则上在解锁期内应采取匀速解锁办法。

从表 3 - 7 中激励有效期的结果可以看到，股权激励有效期的均值是4.755935，中位数为 4.5，最小值是 2，最大值为 10。最大值 10 年表明上市公司股权激励有效期的设定，均未超过相关规定的最高限；中位数为 4.5 意味着大多数上市公司股权激励行权限制期和行权有效期合计是 4.5 年，即行权限制期为1 ~ 2 年，行权有效期为 2 ~ 3 年，也在相关规定范围之内。从激励有效期的激励模式分布特征来看，股票期权有效期的均值是 4.984891，中位数为 5；限制性股票有效期的均值是 4.480154，中位数为 4，股票增值权有效期的均值是5.078947，中位数为 5。也就是说，总体而言，限制性股票有效期较短，股票期权有效期和股票增值权有效期较长，不过三者相差不大。行权限制期的统计结果显示，股票期权等待期的均值为 1.227515 年，最长达 3 年，最短为 1 年；限制性股票的禁售期均值为 1.131564 年，最小值为 0.5 年，最大值为 5 年；股票增值权的等待期均值为 1.315789 年，最长为 2 年，最短 1 年。总体来看，股票增值权的行权限制期最长，限制性股票最短，股票期权居中，但三者差异不大。从首次行权有效期的情况来看，股票期权的行权有效期均值为 3.348055 年，最短 2年，最长达 9 年；限制性股票的解锁期均值为 3.099886 年，最短 1 年，最长为 6年；股票增值权行权有效期的均值是 3.432432 年，最小值 2 年，最大值为 8 年。

可见，平均而言，股票增值权的行权有效期最长，股票期权次之，限制性股票最短。综合股权激励有效期与禁售期的统计分析结果，我国上市公司推出的股权激励计划中，激励有效期与禁售期的设定都能够遵照相关规定，同时充分结合公司自身实际情况，体现了一定的差异性。

表3-7　　　　　　　　　　　　股权激励有效期与禁售期

项目	激励模式	样本数	均值	标准差	中位数	最小值	最大值
激励有效期	总体	1845	4.755935	1.2094150	4.5	2	10
	股票期权	963	4.984891	1.3262030	5	3	10
	限制性股票	844	4.480154	0.9605588	4	2	10
	股票增值权	38	5.078947	1.7145100	5	3	10
等待期/禁售期	总体	1903	1.184151	0.4212433	1	0.5	5
	股票期权	970	1.227515	0.4371546	1	1	3
	限制性股票	895	1.131564	0.3945294	1	0.5	5
	股票增值权	38	1.315789	0.4710691	1	1	2
首次行权期/解锁期	总体	1869	3.232745	0.6732722	3	1	9
	股票期权	951	3.348055	0.7506446	3	2	9
	限制性股票	881	3.099886	0.5075677	3	1	6
	股票增值权	37	3.432432	1.2369440	3	2	8

资料来源：根据国泰安财经研究数据库股权激励方案文件统计。

六、股权激励行权情况

(一) 股权激励行权的年度分布

根据国泰安财经研究数据库统计（见表3-8），截至2015年12月31日，我国实施股权激励的上市公司共进行了1451次股权激励行权（或解锁，下同），其中，股票期权行权次数为828次，限制性股票解锁次数为605次，股票增值权行权次数为18次（见图3-4）。根据前文股权激励授权情况的统计，截至2015年12月31日，我国上市公司共有1217次股权激励授权，其中，股票期权授权次数为552次，限制性股票授权次数为637次，股票增值权授权次数为28次。比较而言，股权激励行权总次数多于股权激励授权总次数。主要原因应该是，经过1~2年行权限制期以后，股票激励可以分期匀速行权，致使股权激励总行权频次多于总授权频次。不过，三种激励模式具体情况有所差异，其中，股票期权的行权次数多于授予次数，而限制性股票解锁次数和股票增值权行权次数均少于授予次数。可能的原因是，达到行权业绩条件成功行权的股票期权激励相对更多，而限制性股票和股票增值权未达到解锁或行权业绩条件从而没有实现解锁或行权的相对更多。

表 3-8　　　　　　　　股权激励行权/解锁情况的年度分布

年份	股权激励行权/解锁次数	股票期权行权次数	限制性股票解锁次数	股票增值权行权次数
2006	1	0	1	0
2007	6	5	1	0
2008	20	14	4	2
2009	27	20	6	1
2010	33	25	8	0
2011	54	35	16	3
2012	99	65	34	0
2013	257	162	92	3
2014	400	234	163	3
2015	554	268	280	6
合计	1451	828	605	18

资料来源：根据国泰安财经研究数据库股权激励行权明细统计。

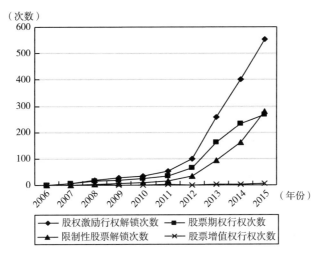

图 3-4　股权激励行权/解锁情况的年度分布

从发展趋势上看（见图 3-5），股权激励行权次数在 2012 年年初以后呈迅速增长趋势，而股权激励授予次数显著迅猛增长是从 2010 年年初以后开始的，二者相隔 2 年，这可以从股权激励通常有 1 ~ 2 年行权限制期得到解释。大约在 2012 年中期以后，股权激励行权总次数开始超过授权总次数。具体到股权激励不同模式上，股票期权行权次数超越授权次数的时点，大约接近 2012 年中期，与股权激励总行权次数超过总授权次数的时点大致差不多；而限制性股票行权次数超过授予次数的时点大约在 2014 年年初，比前者迟 1 年半左右。我们还可以看到，在 2014 年后期以后，限制性股票解锁次数开始超越股票期权行权次数，而且限制性股票解锁次数延续了自 2011 年以后的递增速率在增加，相比之下，股票期权行权次数的增速从 2013 年开始递减；与之呼应，限制性股票授予次数从一开始便以递增速率在增长，而股票期权授予次数自 2011 年始已呈现递减的增速。

因此，从股权激励行权的年度分布来看（见图 3 - 5），从 2012 年初开始，股权激励行权频次迅猛增加，到 2012 年中期以后，开始超越股权激励授予，成为上市公司股权激励进程中的"主角"，这其中，限制性股票解锁次数自始至终均保持着递增速率在增长，而股票期权行权次数的增速在 2013 年以后开始递减。也就是说，从发展态势上看，限制性股票越来越受到上市公司的重视，解锁次数和授予次数一样，逐年增加。

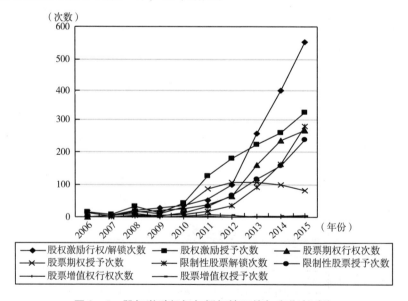

图 3 - 5　股权激励行权与授权情况的年度分布对比

（二）股权激励行权调整情况

中国证监会 2006 年的《管理办法》第 25 条规定，上市公司因标的股票除权、除息或其他原因，需要调整行权价格或股票期权数量的，可按股票期权计划规定的原则和方式进行调整，但是应当由董事会作出决议并经股东大会审议批准，或者由股东大会授权董事会决定；同时，律师应当就上述调整是否符合中国证监会《管理办法》、公司章程和股票期权计划的规定，向董事会出具专业法律意见。

从表3-9可见，截至2015年12月31日，我国实施股权激励的上市公司共有1037次股权激励行权（或解锁，下同）调整。其中，股票期权行权调整次数最多，共计695次；股票增值权行权调整次数最少，共12次；限制性股票解锁调整次数介于二者之间，有330次。根据前文授权情况分析可知，截至2015年12月31日，限制性股票授权次数是637次，而股票期权授权次数为552次，因此，总体上看，股票期权行权调整次数相对而言显得较多。原因可能是，股权激励方案实施后，上市公司股利分配次数增多，从而导致对股票期权行权价格和数量的大量调整。不过，只要不存在管理层基于私利的机会主义动机，上述行权调整就是合理的。

表3-9　　　　　　　　　股权激励行权／解锁调整情况的年度分布

年份	股权激励行权／解锁调整次数	股票期权行权调整次数	限制性股票解锁调整次数	股票增值权行权调整次数
2006	0	0	0	0
2007	2	2	0	0
2008	7	7	0	0
2009	18	12	6	0
2010	22	17	5	0
2011	30	20	9	1
2012	60	42	17	1
2013	151	118	32	1
2014	299	200	93	6
2015	448	277	168	3
合计	1037	695	330	12

资料来源：根据国泰安财经研究数据库股权激励行权明细统计。

从发展态势上看，股权激励行权调整次数呈现加速递增态势，尤其是2012年以后，递增态势明显。与此基本同步，股票期权行权调整次数也自2012年后开始以递增速率增加，而限制性股票解锁调整次数则是在2013年以后才开始迅速增长。股权激励在行权调整次数上的变化趋势与股权激励授予次数的变化趋势存在一定联系。从图 3 – 6 和图 3 – 7 可见，股权激励行权调整次数基本是随着股权激励授予次数的增加而增加的，只是股权激励行权调整次数的增加速率更大，尤其是 2012 年以后更为明显；而在 2013 年中期以后，股权激励行权调整次数更是超越了股权激励授予次数。也就是说，2012 年以来，上市公司授予股权激励以后，绝大多数公司随后都出于种种原因进行了行权调整。具体到股票期权和限制性股票上，限制性股票解锁调整次数随着授予次数

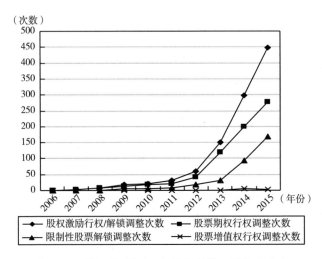

图 3 – 6　股权激励行权/解锁调整情况的年度分布

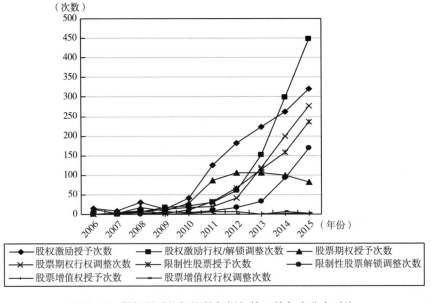

图 3 – 7　股权激励行权调整与授权情况的年度分布对比

的增加而呈现同步增加态势，不过，始终没有超越授予次数，但股票期权行权调整次数在 2012 年底便已超过股票期权授予次数，并以递增速率继续增长。这意味着，股权激励行权调整次数超越股权激励授予次数，主要是受到了股票期权行权调整次数超越股票期权授予次数的影响。

（三）股权激励行权进度情况

中国证监会 2006 年的《管理办法》对股权激励行权进度有相应规定。其中，第 22 条指出，股票期权有效期最长不超过 10 年，行权等待期应不少于 1 年；同时，第 23 条要求上市公司股权激励对象应当在股票期权有效期内分期行权。国务院国资委、财政部 2006 年的《试行办法》也存在类似规定，股权激励计划的有效期内，每期授予的股票期权（限制性股票）均应设置行权限制期（禁售期）和行权有效期（解锁期），并按设定的时间表原则上采取匀速分批行权（解锁）；行权限制期（禁售期）原则上不得少于 2 年，行权有效期（解锁期）不得低于 3 年。

从表 3 - 10 可以看到，截至 2015 年 12 月 31 日，"本阶段可行权数量占本阶段授予激励数量比例"总体上平均为 40.36680%，中位数 33.33288%。这说明，绝大多数上市公司在设定股权激励行权进度时，均能够按照中国证监会和国务院国资委的相关规定，采用平均 3 年的行权有效期，并在行权有效期内采取匀速分批行权。其中，股票期权、限制性股票和股票增值权三种激励模式，"本阶段可行权数量占本阶段授予激励数量比例"的均值分别是 40.46168%、39.98580%、48.87037%，这表明，股票增值权激励模式所设定的行权进度最快，股票期权次之，限制性股票所设定的解锁进度最慢，不过，股票期权和限制性股票所设定的行权（解锁）进度差异不大。从"可行权高管权益占本阶段可行权数量比例"上看，可行权高管权益占本阶段可行权数量比例平均为 26.73000%，这意味着，核心技术业务人员可行权权益占本阶段可行权数量比例平均应为 73.27000%，这与前文激励强度的统计结果相呼应，即核心技术业务人员被授予的激励份额高于高管人员，除了人数较多以外，体现了公司对核心技术业务人员的重视。

从"实际行权数量占本阶段可行权数量比例"上看，总体平均数为 68.56158%，中位数 100%，这表明，总体上我国上市公司股权激励实际行权进度比较高，大多数上市公司实际行权数量等于本阶段可行权数量，这也意味着，上市公司被激励对象很少因为行权业绩条件未达成或其他原因而没有如期行权。从具体激励模式角度来看，限制性股票实际行权进度最快，均值达

75.38053%；股票增值权次之，有 72.22222% 的实际行权进度；股票期权最低，实际行权进度为 63.51603%。不过三种激励模式"实际行权数量占本阶段可行权数量比例"的中位数均达 100%，意味着大多数上市公司本阶段实际行权数量与可行权数量相同，即全部行权。同时，三种激励模式在"实际行权数量占本阶段可行权数量比例"均值上存在的差异表明，股票期权更可能因为行权业绩条件未达成等原因而没有如期行权，而限制性股票相对而言较少可能因为同样原因而无法如期解锁。

表 3 - 10　　　　　　　　　　　　股权激励行权进度情况

项目	激励模式	样本数	均值	标准差	中位数	最小值	最大值
本阶段行权/解锁人数（人）	总体	1437	82.40988	208.58500	29.00000	0	3265.00000
	O	824	63.83859	123.08030	21.00000	0	1506.00000
	R	595	110.53950	287.62410	48.00000	0	3265.00000
	A	18	2.72222	2.86573	1.50000	0	8.00000
本阶段可行权数量占本阶段授予激励数量比例（%）	总体	1399	40.36680	22.60888	33.33288	0.1	261.41970
	O	784	40.46168	24.45154	33.00000	0.1	261.41970
	R	597	39.98580	19.67043	33.33333	10	133.33330
	A	18	48.87037	29.16772	36.66667	7.6251	100.00000
实际行权数量占本阶段可行权数量比例（%）	总体	1449	68.56158	46.32249	100.00000	0	100.00000
	O	828	63.51603	48.01194	100.00000	0	100.00000
	R	603	75.38053	43.04161	100.00000	0	100.00000
	A	18	72.22222	46.08886	100.00000	0	100.00000
可行权高管权益占本阶段可行权数量比例（%）	总体	1449	26.73000	26.76153	20.00000	0	100.00000
	O	828	23.65532	24.19070	17.69181	0	100.00000
	R	603	29.53161	28.21044	21.73913	0	100.00000
	A	18	74.31129	34.87320	97.55840	0	100.00000

注：O 表示股票期权，R 表示限制性股票，A 表示股票增值权。
资料来源：根据国泰安财经研究数据库股权激励行权明细统计。

七、本部分研究总结

　　股权激励授予的年度分布显示，授予股权激励方案的公司和次数有逐年增长的态势；并且上市公司推出首次股权激励计划草案具有反周期性，股市高涨时，推出的公司和次数较少，而股市低迷时，推出的公司和次数显著较多，这种现象在 2012 年以前尤为明显。从行业分布上看，授予股权激励计划的上市公司所属行业的分布非常广泛。其中，最多的是信息传输、软件和信息技术服务业，其次是计算机、通信和其他电子设备制造业。这与股权激励的"人才需求假设"相符，即对人力资本依赖度高的行业更可能选择股权激励［安德森（Anderson）、班克（Banker）和若文丹（Ravindran），2000］。

在我国，上市公司运用最多的股权激励模式是股票期权和限制性股票。从发展趋势上看，我国上市公司越来越偏好限制性股票激励模式，而股票期权激励模式所受的偏好程度却有所减弱。

授予股权激励强度和授予高管权益的份额均符合中国证监会和国务院国资委、财政部的相关规定。从激励强度看，上市公司更倾向于对高管层实施股票增值权激励，其次是限制性股票激励，最后是股票期权激励；而对于核心技术业务人员，上市公司更偏好于实施股票期权激励，然后是限制性股票激励，最不偏好于实施股票增值权激励。股权激励对象的激励模式分布显示，被授予股票增值权激励模式的激励对象最少，被授予股票期权激励模式的激励对象人数最多，限制性股票激励模式介于二者之间。

上市公司股权激励有效期的设定符合中国证监会等相关规定，并且大多数上市公司股权激励行权限制期和行权有效期合计是 4.5 年左右，也即行权限制期为 1～2 年，行权有效期为 2～3 年。从激励有效期的激励模式分布特征来看，限制性股票有效期最短，股票增值权最长，股票期权介于二者之间；在行权限制期上，股票增值权最长，限制性股票最短，股票期权居中，但三者差异不大；在首次行权有效期上，股票增值权的行权有效期最长，股票期权次之，限制性股票最短。

从股权激励行权情况看，股权激励行权频次自 2012 年初始迅猛增加，至 2012 年中期后，开始超越股权激励授予频次，成为上市公司股权激励实施过程中的经常性事项，其中，限制性股票解锁次数一直以递增的速率保持着增长，而股票期权行权次数的增速在 2013 年后开始递减。与此同时，由于除权除息或其他原因，股权激励行权调整次数也随之呈现加速递增态势，尤其是 2012 年以后，递增态势明显；这其中，股票期权行权调整次数也自 2012 年后开始以递增速率增加，而限制性股票解锁调整次数则是在 2013 年以后才开始迅速增长。从行权进度看，绝大多数上市公司在设定股权激励行权进度时，采用 3 年左右的行权有效期，并能遵照证监会等相关规定，在行权有效期内匀速分批行权。总体上讲，我国上市公司股权激励实际行权进度比较高，大多数上市公司实际行权数量等于可行权数量，不过，股票期权更可能因为行权业绩条件未实现等原因而无法如期行权，而限制性股票相对而言较少可能因为同样原因而没有如期解锁。

第四章　股权激励机会主义授权择时研究

本章首先是基于 HX 公司对机会主义授权择时存在性的案例研究，然后运用大样本数据对机会主义授权择时存在性进行实证检验，最后对机会主义授权择时的影响因素展开理论与实证研究。

第一节　机会主义授权择时存在性的案例研究
——基于 HX 公司的案例分析

一、引　言

股票期权激励是协调股东与经理人之间代理冲突的一项重要制度安排，然而在相关公司治理机制不健全的情况下，股票期权激励也可能会沦为代理问题的来源，甚至其本身即为代理问题的一部分（伯切克和弗里德，2003）。行权价格是高管股票期权激励契约的重要参数，其高低直接影响高管通过股票期权激励所获得的预期收益。在美国，行权价格是根据期权授予日的股价确定的。经验证据表明，为了最大化自己的股票期权价值，公司管理层会通过股票期权授予时点的机会主义选择（耶迈克，1997），或围绕股票期权授予的价值相关信息披露的机会主义择时来影响行权价格的设定（厄鲍迪和凯斯尼克，2000；查维和施劳伊，2001）；甚至直接通过股票期权授予日的事后改签（列，2005；拉喏亚南和瑟乎恩，2008）来获得一个较低的行权价格。根据 2006 年中国证监会和国务院国资委分别出台的《上市公司股权激励管理办法（试行）》和《国有控股上市公司（境内）实施股权激励试行办法》，对于我国上市公司股票期权激励契约中的行权价格确定，不能低于下列价格的较高者：股权激励计划草案摘要公布前 1 个交易日的公司标的股票收盘价与前 30 个交易日内的公司标的股票平均收盘价。这种行权价格阀值的规定是否也会导致我国上市公司管理层为了获得一个较低行权价格而实施一些机会主义授权择时行为？王烨等（2012）研究发现，管理层权力越大，股权激励计划中所设定的初始行权价格就相对越低，暗示了我国上市公司高管会实施一些机会主义择时行为来影响行权价格的设定。肖淑芳和张超（2009）实证分析表明，股票股利和公积金转增是我国上市公司经理人操纵行权价格的主要方式。然而，对于我国上市公司管理层是否以及如何通过一些机会主义择时行为来影响行权价格从而最大化股票期权预期收益，这些机会主义授权择时行为如何在股票期权激励计划不同时间节点被运用或组合运用，仍缺少基于直接经验证据的系统而全面的认识。本章以 HX 公司股票期权激励为基础，从股票期权激励计划草案公告时点的选择、股利分配方案的择机推出以及股权激励计划公告前后相机盈余管理三个方面，运用案例分析上市公司行权价格设定中的机会主义择时行为。研究发现，公司管理层为了降低股票期权激励计划中的行权价格，以最大化股票期权预期收益，会有意选择公司股价较低点时公告股权激励计划草案，并且在股权激励计划实施后适时推出派发现金股利和资本公积金转增股本方案，以调低行权价格，从而获取超额利益。这种围绕行权价格设定的机会主义择时行为提前锁定了被激励对象的最低收益，降低了公司未来股价波动给管理层带来的风险，也抵消了股票期权激励的预期效果。研究还发现，股票期权激励公告前，案例公司存在向下盈余管理，以配合股权激励计划草案推出环节行权价格设定的机会主义择时行为；而股票期权激励公告后，存在向上盈余管理，以配合股权激励计划实施后通过股利分配调整行权价格行为。本章的主要贡献在于，通过案例分析上市公司行权价格设定中的机会主义择时行为，为人们认识公司管理层围绕行权价格设定实施机会主义择时行为的动机、方式和逻辑等提供了一个完整的框架。本章不仅能够从契约要素设定视角丰富股权激励代理问题研究文献，而且可以为完善股权激励计划行权价格要素设计提供有益的政策参考。

二、案例背景

（一）案例公司简介

HX 股份有限公司（以下简称"HX 公司"）为一家家电公司，于 1997 年经中国证监会批准首次向社会公众发行人民币普通股，并于 1997 年 × 月 × 日在上海证券交易所上市。公司控股股东是 HX 集团有限公司，实际控制人为 Q 市人民政府国有资产监督管理委员会（见图 4 - 1）。根据该公司 2008 年年报，控股股东 HX 集团有限公司持有 HX 公司 48.4% 股份，第二至十大股东持股比例之和为 8.98%。除了前十大股东持股比例有少量变动之外，这一股权结构到目前为止没有改变。从产权性质上看，HX 公司是一家国有控股公司，由于第二至十大股东持股比例很低，因而，在股权结构上表现为国有股一股独大。根据产权理论，这种股权结构会导致国有企业典型的治理缺陷——所有者缺位和内部人控制（张春霖，1995）。所有者缺位、内部人控制使得公司内部人拥有对财务与经营决策的实质控制权。在相关公司治理机制不完善情况下，作为理性经济人，公司内部人会利用这种权力，从事追逐个人私利的机会主义行为。

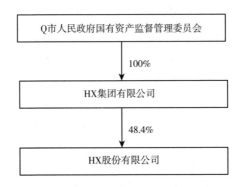

图 4 - 1　HX 公司与实际控制人之间的产权及控制关系

资料来源：HX 公司 2008 年报。

（二）案例公司股票期权激励计划的主要内容

HX 公司于 2008 年 11 月 20 日公告了股票期权激励计划草案；2009 年 4 月 24 日，根据中国证监会的审核意见，公司董事会审议通过了《公司股票期权激励计划》（修订稿）；2009 年 5 月 12 日，公司 2009 年第一次临时股东大会审议通过了《HX 公司股票期权激励计划》（见表 4 - 1）。股票期权激励计划采取分期实施的方式，股票来源为公司向激励对象定向发行的普通股。激励对象包括公司董事（除独立董事以及由 HX 集团有限公司以外的人员担任的外部董事）、公司高管人员、公司及公司子公司中层管理人员以及经公司董事会认定的营销骨干、技术骨干和管理骨干，共 76 人，其中董事和高管人员 8 人。股票期权激励计划首次实施时授予激励对象的股票期权涉及的标的股票数量不超过 491 万股，占公司总股本 0.99%。股票期权激励计划授权日为 2009 年 5 月 27 日，首次实施时的行权价格为 5.72 元/股。首期授予的股票期权有效期为自首期股票期权授权日起的 5 年，限制期为 2 年，激励对象在授权日之后的第 3 年开始分 3 年匀速行权，每年可行权数量分别为授予期权总量的 33%、

33%与34%。首次实施时授予股票期权的业绩条件为：公司2007年度比2006年度净利润增长率不低于20%（包括20%），且不低于公司前三年的平均增长率以及行业前三年的平均增长率；净资产收益率不低于7%，且不低于行业平均水平。行权条件为：首次计划有效期内公司每年平均的净利润增长率不低于14%（包括14%），且不低于行业的平均增长率；净资产收益率不低于8%，且不低于行业平均水平。同行业样本公司由董事会按照相关行业划分方法确定，在年度考核过程中行业样本公司主营业务若发生重大变化，将由董事会在年终考核时剔除或更换样本。

表4－1　　　　　　　　　HX公司股票期权激励计划实施进程

2008年11月19日	董事会审议通过《公司股票期权激励计划（草案）》，并经Q市国资委批准、国务院国资委备案
2009年4月24日	根据中国证监会的审核意见，董事会审议通过《公司股票期权激励计划》（修订稿），并经中国证监会备案无异议
2009年5月12日	临时股东大会审议通过《HX公司股份有限公司股票期权激励计划》
2009年5月31日	董事会审议通过了《关于股权激励计划授予的议案》
2011年6月14日	董事会临时会议审议通过《关于调整股权激励行权价格和数量的议案》《关于调整股权激励对象及数量的议案》《关于股权激励符合行权条件的议案》《关于股权激励计划一期行权安排的议案》
2011年7月16日	公司发布《股权激励一期行权结果暨新增股份上市公告》
2012年8月29日	董事会审议通过《关于调整股权激励行权价格和数量的议案》《关于股权激励符合行权条件的议案》《关于股权激励计划二期行权安排的议案》
2012年9月15日	公司发布《股权激励二期行权结果暨新增股份上市公告》
2013年11月10日	董事会临时会议审议通过《关于调整股票期权行权价格的议案》《关于调整激励对象及其股票期权数量的议案》《关于股权激励符合行权条件的议案》《关于股权激励三期行权安排的议案》等相关议案
2013年11月29日	公司发布《股权激励三期行权结果暨新增股份上市公告》

资料来源：根据巨潮咨询网公司公告自行整理。

（三）案例问题

国内外经验研究表明，股权激励是一把"双刃剑"，既能够成为协调股东与经理人之间代理冲突的有效手段，也可能沦为经理人汲取私利的一种工具。特别是，在公司治理机制弱化、管理层对公司财务和经营决策具有较强控制权力的情形下，作为被激励的对象，管理层有动力也有能力通过影响股票期权契约的制定和实施过程来实现自身利益最大化。行权价格是股票期权激励契约的一个基本要素，其高低直接影响了管理层股票期权激励预期收益。在我国，上市公司股票期权激励计划中的行权价格必须依据股权激励计划草案公布前一天和前一个月的股价来确定，并可根据股票期权有效期内发生资本公积转增股本、派发股票红利、股份拆细或缩股、配股、向老股东定向增发新股等事宜进行调整。因此，管理层可以通过股票期权激励计划推出时点的机会主义选择，或者股票期权激励计划推出前相机盈余管理，甚至，更为直接地通过股利分配等方案的择时推出，来达到影响行权价格的目的。案例公司是一家国资控股上市公司，具有国资控股公司共有的典型治理缺陷——"所有者缺位"从而内部人控制问题严重，管理层拥有公司财务与经营决策的实质控制权力，有能力也有动力影响股票期权激励契约的制定和实施过程。那么，在案例公司股票期权激励计划制订和实施中是否存在管理层基于私利的机会主义择时行为？管理层是否会通过股票期权激励计划推出时点的机会主义选择来获得一个较低的行权价格？管理层是否会通过股利分配等方案的择时推出来降低行权价格？股票期权激励计划推出前后是否存在相机盈余管理行为？接下来将通过对该案例的深入剖析来寻求答案。

三、案例分析与发现

（一）股票期权激励计划草案的择时推出与行权价格设定

如前所述，国外相关文献研究股权激励授予是否存在机会主义择时的一个主要方法，是分析股权激励授予日前后累计超额收益率（CAR）的分布特征，即股票期权授予日前是否存在显著的负累积超额收益而股票期权授予日后是否存在正累积超额收益，若股权激励授予日前后累计超额收益模式存在上述特征，则表明管理层为了获得一个较低的行权价格对股权激励授予实施了机会主义择时（耶迈克，1997；厄鲍迪和凯斯尼克，2000；等）。根据《上市公司股权激励管理办法》和《国有控股上市公司（境内）实施股权激励试行办法》的规定，我国上市公司股权激励计划中的行权价格不能低于下列价格的较高者：股权激励计划草案摘要公布前 1 个交易日的公司标的股票收盘价与前 30 个交易日内的公司标的股票平均收盘价。也就是说，与美国不同，对于我国上市公司而言，股权激励计划草案公布日期是一个重要时点；并且，要想获得一个较低的行权价格，不仅需要股权激励计划草案公告前 1 个交易日的股价较低，而且需要股权激励计划草案公告前 30 个交易日的股价都相对低。这使得通过分析股票期权激励计划草案公布前后累积超额收益的分布特征来判断推出股权激励计划是否存在机会主义择时行为，需要至少 30 个交易日的窗口期。伯切克等（Bebchuk et al.，2009）在研究机会主义股票期权授予与公司治理之间的关系时，通过考察评价期权授予日的股价是否在授予月份股价的底部，来判断股票期权授予是否存在机会主义择时；黄和卢（Huang and Lu，2010）在研究 2002 年《萨班斯法案》、股票期权回签丑闻和 2006 年薪酬披露新规则对机会主义择时行为影响时，也采取了同样的方法。有鉴于此，我们除了通过考察股票期权激励计划草案公布前后较长窗口累积超额收益率的分布特征以外，还采用直接分析股票期权激励计划草案公布前 30 个交易日的平均股价是否最低的方法，来检验案例公司推出股权激励计划草案是否存在机会主义择时。

1. 基于股票期权激励计划草案公告日前后累积超额收益率分布特征的分析

借鉴耶迈克与厄鲍迪和凯斯尼克的研究，我们采用市场模型法估算案例公司的日超额收益率。其中，以案例公司股票期权激励计划草案公告日 2008 年 11 月 20 日为事件日，以该事件日前后 30 个交易日为事件期间，使用案例公司在股票期权激励计划草案公告日前 300 ~ 31 个交易日共计 270 个日作为估计期间，从 RESSET 数据库获取案例公司的个股日收益率和等权平均市场日收益率数据。图 4 - 2 为案例公司股票期权激励计划草案公告日前后 30 个交易日的累积超额收益率走势。可以看到，案例公司股票期权激励计划草案公告日（2008 年 11 月 20 日）之前的 30 个交易日内，公司股票累积超额收益率虽然负值不多，但总体处于较低水平，而草案公告日后 30 个交易日的累积超额收益率显著为正并处于较高水平。特别是从草案公告日前 10 个交易日开始，累积超额收益率下降趋势明显，到草案公告日前 1 ~ 2 个交易日达到最低，而在草案公告日后陡然飙升。从超额收益率走势上看，草案公告日前 5 个交易日的超额收益率均显著为负，并且处于最低水平。考虑到我国相关规定行权价格应该以股权激励计划草案公告前 30 个交易日股价为基础确定，案例公司股票期权激励计划草案公告日前后 30 个交易日累积超额收益率模式基本符合机会主义择时的累积超额收益模式的特征，这表明，为了达到降低行权价格，案例公司管理层在股票期权激励计划草案推出环节存在机会主义择时行为。

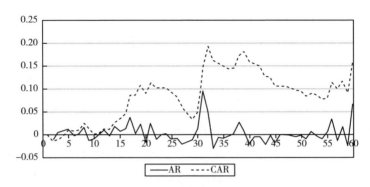

图 4 - 2　HX 公司股票期权激励计划草案公告日前后
30 个交易日累积超额收益率走势

资料来源：根据 RESSET 数据库公司相关数据计算绘制。

2. 基于股票期权激励计划草案公告日前后股价走势的分析

我们从 RESSET 数据库获取了 2007 年 1 月 1 日～2009 年 12 月 31 日期间案例公司的每日收盘价和上证指数数据，并绘制成股价走势图 4 - 3 和图 4 - 5 以及上证指数走势图 4 - 4，以观察案例公司推出股票期权激励计划草案前 30 个交易日的股价是否处于 2007～2009 年期间的最低水平。图 4 - 3 是案例公司 2007 年 1 月 1 日～2009 年 12 月 31 日的股价走势。可以看到，2007 年案例公司股价总体上呈上涨趋势，在 2007 年 9 月 20 日股价达到最高点 14.24 元；2008 年股价总体上明显呈下跌趋势，从 2008 年 1 月 18 日 14.92 元股价最高点一直跌至 2008 年 10 月 27 日的最低点 5.16 元；2009 年股价总体上呈明显上涨趋势，并在 12 月 29 日达到 26.11 元的最高价。从 2007～2009 年期间股价整体走势来看，2008 年是案例公司股价逐步走低的一年，到 2008 年第四季度股价达到 2007 年以来的最低水平。与图 4 - 4 同期上证指数走势相比较，不难发

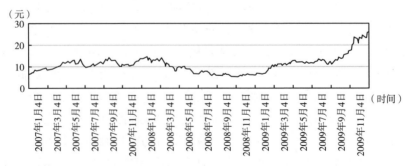

图 4 - 3　2007 年 1 月 1 日～2009 年 12 月 31 日 HX 公司股价走势

资料来源：根据 RESSET 数据库数据自行绘制。

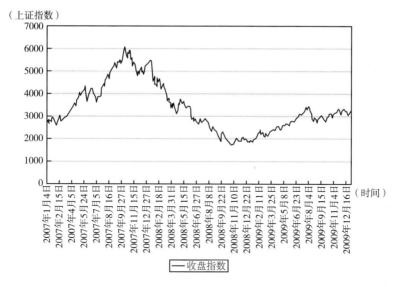

图 4 - 4　2007 年 1 月 1 日 ~ 2009 年 12 月 31 日期间上证指数走势

资料来源：根据 RESSET 数据库数据自行绘制。

现，案例公司股价走势主要受大盘影响，上证指数在 2007 年 9 月 27 日前后达到最高点，2008 年 10 月底达到最低点，随后一路攀升。众所周知，该期间上证指数这一走势实际上是受到了 2008 年爆发于美国的金融危机的影响，整个中国股市行情处于走低态势。不过，我们也知道，当上证指数在 2008 年四季度跌破 2000 点以后，人们开始普遍预期政府将会救市，① 大盘将会止跌并逐步走强。因此，在此背景之下，选择在股价水平最低的 2008 年第四季度公告股权激励预案，应该不是案例公司的随机行为，更可能是案例公司管理层深思熟虑、审时度势后的有意之举。从图 4 – 5 可以进一步发现，2008 年伊始，案例公司股价由 2008 年 1 月 18 日的最高点 14.92 元一路下跌，2008 年 8 月 8 日跌入"6 元区间"，2008 年 10 月 9 日开始进入股价的"5 元区间"，2008 年 10 月 27 日达到最低点 5.16 元，此后股价开始缓慢爬升，但直到股权激励计划草案公告日（2008 年 11 月 20 日）之前，案例公司的股价几乎没有超过 6.00 元（除公告日前第 2 个交易日即 2008 年 11 月 14 日的股价曾达到 6.09 元以外），从股权激励计划草案公告日开始公司股价才重新回升至"6 元区间"并继续攀升。经计算，股权激励计划草案公告日前 30 个交易日（即 2008 年 10 月 7 日 ~ 11 月 18 日）的平均收盘价为 5.59 元，公告日后 30 个交易日（即 2008

① 2008 年 10 ~ 12 月我国陆续出台了一系列旨在"救市"的财政和货币政策，包括众所周知的 4 万亿元投资的经济刺激计划。

年 11 月 20 日~12 月 31 日）的平均收盘价为 6.45 元，公告日前 30 个交易日
至公告日前 60 个交易日（即 2008 年 8 月 18 日~10 月 6 日）的平均收盘价是
6.27 元。可见，股权激励计划草案公告日前 30 个交易日的平均收盘价低于前
后相同区间的平均收盘价。特别是，公司股价"5 元区"开始于 2008 年 10 月
9 日，终止于股权激励计划草案公告日前 1 个交易日 2008 年 11 月 18 日，股权
激励计划草案公告日前 30 个交易日涵盖了整个股价"5 元区"，并且 5.16 元
的股价最低点几乎处于其中间点，最终导致公告日前 30 个交易日的平均收盘
价显著较低（见图 4-6）。显然，这种情况不能由"纯属巧合"来加以解释，
我们更倾向于认为案例公司股权激励计划草案推出的时点是被机会主义选择
的，目的是在设定股票期权激励计划行权价格时，能够得到 1 个较低的行权价
格。因为根据中国证监会和国务院国资委的相关规定，行权价格不能低于下列
价格的较高者：股权激励计划草案摘要公布前 1 个交易日的公司标的股票收盘
价与前 30 个交易日内的公司标的股票平均收盘价。

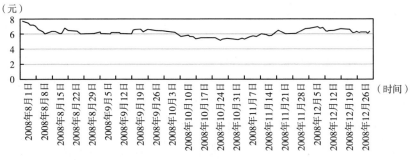

图 4-5   2008 年 8 月 1 日~12 月 31 日 HX 公司股价走势

资料来源：根据 RESSET 数据库数据自行绘制。

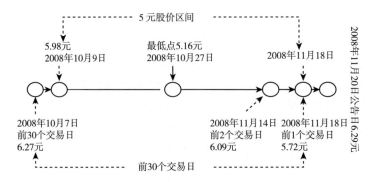

图 4-6   HX 公司股权激励计划草案公告前 30 个交易日与 5 元股价区间关系

资料来源：根据 RESSET 数据库数据自行绘制。

因此，通过对案例公司股票期权激励计划草案公告前后 1～2 年长窗口的股价走势的考察，可以发现，选择在 2008 年 11 月 20 日公告其股票期权激励计划草案不是一个随机行为，而是在公司管理层暨被激励对象主导下精心谋划的择时之举，旨在降低股票期权激励计划中的行权价格，以最大化其股票期权激励预期收益。

（二）股利分配择机与行权价格调整

根据我国相关规定，股票期权有效期内发生派发股票红利、资本公积转增股本、股份拆细或缩股、配股、向老股东定向增发新股等事宜，股权激励预案中设定的行权价格将做相应调整。因此，为了获取较低的授予价格，除了择时推出股权激励预案以外，公司管理层还可以通过择时推出派息或资本公积转增股本等股利分配方案来实现。配股、向老股东定向增发新股、股份拆细或缩股等事宜，需要相关监管部门审批，手续麻烦，"成本"较高；而派息或资本公积转增股本，只需股东大会通过即可，在"一股独大"的情况下，董事会实质上就能决定股利分配，特别是在国资控股公司，是否分配以及分配多少股利，基本上是由公司内部人决定的，因此，相比之下，"成本"较低。派息或资本公积转增股本时，行权价格具体调整方法是：派息 $P = P_0 - V$，P_0 为调整前的行权价格，V 为每股的派息额；资本公积金转增股本 $P = P_0/(1+n)$，P_0 为调整前的行权价格，n 为每股的资本公积金转增股本。显然，增加派息额或资本公积转增股本数会降低授予价格。当然，正常的股利分配系公司经营的需要，是无可厚非的，然而如果案例公司公告股权激励预案以后各年度的派息额或资本公积转增股本数，相对于以前各年度以及同行业有异常的增加，则表明公司管理层存在通过股利分配择机推出以达到降低授予价格的机会主义行为。

我们从 RESSET 数据库下载了案例公司自上市以来到 2013 年为止股利分配和资本公积金转增股本的数据，从新浪财经—股票—行业中获取案例公司所属行业的公司名录，并从 RESSET 数据库得到每家公司自上市以来到 2013 年为止股利分配和资本公积金转增股本的数据，对案例公司股权激励预案公告前后派息和资本公积金转增股本情况进行了纵向和横向比较。从表 4-2 可以发现，2008 年 11 月 20 日案例公司公告股权激励计划草案以前各年度（1997～2007 年）的派息或资本公积转增股本不仅数额小而且频率少，年均分别只有 0.39 元/10 股和 0.36 元/10 股，而股权激励计划草案公告后各年度（2008～2013 年）的派息和资本公积转增股本不仅数额明显提高，而且频率也显著增加，年均分别是 2.04 元/10 股和 1.67 元/10 股。表 4-3～表 4-6 给出的是

1997~2013年家电行业派发现金股利和资本公积金转增股本情况的横向比较，其中，表4-3、表4-4剔除了2008年及以后上市的公司，而表4-5、表4-6没有剔除2008年及以后上市的公司。[①] 从表4-3可以看出，案例公司股权激励计划草案公告前后，年均每股现金股利的行业均值分别是0.141和0.120，而案例公司年均每股现金股利分别为0.039元和0.204元。在股权激励计划草案公告前，案例公司年均每股现金股利明显低于行业均值，而在股权激励计划草案公告后，案例公司年均每股现金股利却显著高于行业均值。表4-4显示，

表4-2   HX公司1997~2013年利润分配情况

年度	每10股送息数（含税）（元）	资本公积转增股本每10股转股数（股）	授予价格调整为：（元/股）
1997	0.00	0.00	
1998	0.00	4.00	
1999	0.00	0.00	
2000	1.05	0.00	
2001	0.00	0.00	
2002	0.00	0.00	
2003	0.00	0.00	
2004	1.00	0.00	
2005	0.00	0.00	
2006	1.00	0.00	
2007	1.20	0.00	
合计	4.25	4.00	
年均	0.39	0.36	
2008	1.38	0.00	5.72
2009	1.50	5.00	5.58
2010	2.00	0.00	3.62
2011	0.00	5.00	3.42
2012	3.70	0.00	2.28
2013	3.65	0.00	1.91
合计	12.23	10.00	
年均	2.04	1.67	

资料来源：根据RESSET数据库相关数据自行整理。

---

① 之所以剔除2008年后上市的公司，是为了能够在进行横向比较时，也能够同时进行纵向比较。

在资本公积金转增股本上，股权激励计划草案公告前，案例公司年均每股资本公积金转增股本（0.036 股）明显低于行业均值（0.089 股），而在股权激励计划草案公告后，案例公司年均每股资本公积金转增股本（0.167 股）显著高于行业均值（0.067 股）。表 4 - 5、表 4 - 6 是没有剔除 2008 年及以后上市的公司的结果，除表 4 - 5 中呈现出股权激励计划草案公告后案例公司年均每股现金股利（0.204 元）接近而不是高于行业均值（0.222 元）外，其他结果与表 4 - 3、表 4 - 4 的结果一致。纵向和横向比较的结果表明，案例公司在股权激励计划草案公告后，不论派发现金股利还是资本公积金转增股本都异常增加。这种异常增加的目的是什么？

　　进一步分析可以发现，随着股权激励计划草案公告后各年度的派息和资本公积转增股本，案例公司股权激励计划中行权价格不断被调低。具体调整情况

表 4 - 3　　　　　　　1997～2013 年家电行业派发现金股利情况比较

（剔除 2008 年及以后上市公司）

序号	公司名称	2008 年前年均每股股利（元）	2008 年后年均每股股利（元）	序号	公司名称	2008 年前年均每股股利（元）	2008 年后年均每股股利（元）
1	深康佳 A	0.197	0.017	13	合肥三洋	0.1025	0.095
2	TCL 集团	0.026	0.025	14	春兰股份	0.353	0.003
3	小天鹅 A	0.164	0.150	15	厦华电子	0.027	0.000
4	美菱电器	0.048	0.035	16	山水文化	0.000	0.000
5	万家乐	0.023	0.027	17	阳光照明	0.153	0.212
6	佛山照明	0.476	0.235	18	澳柯玛	0.060	0.000
7	格力电器	0.353	0.683	19	青岛海尔	0.225	0.290
8	海信科龙	0.024	0.000	20	四川长虹	0.059	0.013
9	德豪润达	0.250	0.017	21	HX 公司	0.039	0.204
10	苏泊尔	0.150	0.280	合计		2.953	2.52
11	华帝股份	0.175	0.167	公司数量		21	
12	雪莱特	0.050	0.067	行业均值		0.141	0.12

　　注：2008 年前年均每股股利的计算年度包括公司上市时间至 2007 年，2008 年后年均每股股利的计算年度包括 2008 至 2013 年。2008 年以前上市的公司 21 家，2008 年又上市 2 家，2008 年以后又上市 11 家。

　　资料来源：根据 RESSET 数据库相关数据和新浪财经有关家电行业名录自行整理。

如下：2009 年 5 月 12 日公司 2009 年第 1 次临时股东大会审议通过授予价格为
5.72 元；2009 年 7 月 3 日实施 2008 年度利润分配方案（即 10 派 1.38），授予
价格相应调整为 5.582 元；2010 年 5 月 14 日实施 2009 年度利润分配方案（即
10 派 1.5 转 5），授予价格相应调整为 3.62 元；2011 年 6 月 3 日实施 2010 年
度利润分配方案（即 10 派 2），授予价格相应调整为 3.42 元；2012 年 7 月 6
日实施 2011 年度利润分配方案（即 10 转 5），授予价格相应调整为 2.28 元；
2013 年 5 月 24 日实施 2012 年度利润分配方案（即 10 派 3.7），授予价格相
应调整为 1.91 元。经过一系列"不失时机"的派息和转增，案例公司股权激
励计划中的行权价格由初始的 5.72 元，最终被调低至 1.91 元，降幅达 67%之
多。虽然，行权价格被调低的同时，股利分配当时的股价也相应调低，然而，
由于填权效应的存在，特别是股权激励被认为是利好的情况下，股利分配后的
股价往往不会同比例下降，甚至不降反升。因此，行权价格被调低 67%意味

表 4 - 4　　　　　1997~2013 年家电行业资本公积金转增股本情况比较

（剔除 2008 年及以后上市公司）

序号	公司名称	2008 年前平均转增比（股）	2008 年后平均转增比（股）	序号	公司名称	2008 年前平均转增比（股）	2008 年后平均转增比（股）
1	深康佳 A	0.075	0.000	13	合肥三洋	0.000	0.050
2	TCL 集团	0.000	0.200	14	春兰股份	0.030	0.000
3	小天鹅 A	0.058	0.000	15	厦华电子	0.039	0.000
4	美菱电器	0.000	0.033	16	山水文化	0.000	0.067
5	万家乐	0.000	0.000	17	阳光照明	0.000	0.167
6	佛山照明	0.100	0.067	18	澳柯玛	0.000	0.167
7	格力电器	0.192	0.083	19	青岛海尔	0.020	0.167
8	海信科龙	0.000	0.000	20	四川长虹	0.000	0.125
9	德豪润达	0.400	0.000	21	HX 公司	0.036	0.167
10	苏泊尔	0.325	0.067	合计		1.876	1.409
11	华帝股份	0.000	0.050	公司数量		21	
12	雪莱特	0.400	0.000	行业均值		0.089	0.067

　　注：2008 年前平均转增比的计算年度包括公司上市时间至 2007 年，2008 年后平均转增比的计算年
度包括 2008 至 2013 年。

　　资料来源：根据 RESSET 数据库相关数据和新浪财经有关家电行业名录自行整理。

着，每份期权给高管带来的预期收益将因这一调整而增加大约 67%。另外，按照相关规定，行权价格在根据资本公积转增股本调低的同时，授予对象所获授股票期权数量将相应调增。很显然，当行权时公司股价超过行权价格时，高管所获预期收益将因这一调整而更多。至此，我们不难看出，案例公司股权激励计划推出后，利润分配方案的适时跟进，其一个重要目的在于降低行权价格，让管理层能够通过股权激励计划获得更多的预期收益。

表 4 - 5　　　　　1997～2013 年家电行业派发现金股利情况比较
（不剔除 2008 年及以后上市公司）

序号	公司名称	2008 年前平均每股股利（元）	2008 年后平均每股股利（元）	序号	公司名称	2008 年前平均每股股利（元）	2008 年后平均每股股利（元）
1	深康佳 A	0.197	0.017	19 *	兆驰股份	0.000	0.175
2	TCL 集团	0.026	0.025	20 *	圣莱达	0.000	0.145
3 *	美的集团	0.000	2.000	21 *	老板电器	0.000	0.325
4	小天鹅 A	0.164	0.150	22 *	万和电气	0.000	0.250
5	美菱电器	0.048	0.035	23 *	奥马电器	0.000	0.165
6	万家乐	0.023	0.027	24 *	浙江美大	0.000	0.300
7	佛山照明	0.476	0.235	25 *	奋达科技	0.000	0.250
8	格力电器	0.353	0.683	26	合肥三洋	0.1025	0.095
9	海信科龙	0.024	0.000	27	山水文化		
10	德豪润达	0.250	0.017	28	阳光照明	0.153	0.212
11	苏泊尔	0.150	0.280	29	澳柯玛	0.060	0.000
12	华帝股份	0.175	0.167	30	青岛海尔	0.225	0.290
13	雪莱特	0.050	0.067	31	四川长虹	0.059	0.013
14 #	九阳股份	0.000	0.522	32	春兰股份	0.353	0.003
15 #	伊立浦	0.000	0.067	33	厦华电子	0.027	0.000
16 *	禾盛新材	0.000	0.120	34	HX 公司	0.039	0.204
17 *	爱仕达	0.000	0.100		合计	2.953	7.557
18 *	日出东方	0.000	0.620		行业均值	0.141	0.222

注：2008 年前年均每股股利的计算年度包括公司上市时间至 2007 年，2008 年后年均每股股利的计算年度包括 2008 至 2013 年。2008 年以前上市的公司 21 家，2008 年上市 2 家（序号右上角标#），2008 年以后又上市 11 家（序号右上角标 *）。

资料来源：根据 RESSET 数据库相关数据和新浪财经有关家电行业名录自行整理。

表 4 - 6　　　　　1997~2013 年家电行业资本公积金转增股本情况比较

（不剔除 2008 年及以后上市公司）

序号	公司名称	2008 年前平均转增比（股）	2008 年后平均转增比（股）	序号	公司名称	2008 年前平均转增比（股）	2008 年后平均转增比（股）
1	深康佳 A	0.075	0.000	19*	兆驰股份	0.000	0.375
2	TCL 集团	0.000	0.200	20*	圣莱达	0.000	0.250
3*	美的集团	0.000	1.500	21*	老板电器	0.000	0.213
4	小天鹅 A	0.058	0.000	22*	万和电气	0.000	0.275
5	美菱电器	0.000	0.033	23*	奥马电器	0.000	0.000
6	万家乐	0.000	0.000	24*	浙江美大	0.000	0.000
7	佛山照明	0.100	0.067	25*	奋达科技	0.000	0.333
8	格力电器	0.192	0.083	26	合肥三洋	0.000	0.050
9	海信科龙	0.000	0.000	27	山水文化	0.000	0.067
10	德豪润达	0.400	0.000	28	阳光照明	0.000	0.167
11	苏泊尔	0.325	0.067	29	澳柯玛	0.000	0.167
12	华帝股份	0.200	0.050	30	青岛海尔	0.020	0.167
13	雪莱特	0.400	0.000	31	四川长虹	0.000	0.125
14#	九阳股份	0.000	0.233	32	春兰股份	0.030	0.000
15#	伊立浦	0.000	0.050	33	厦华电子	0.039	0.000
16*	禾盛新材	0.000	0.240	34	HX 公司	0.036	0.167
17*	爱仕达	0.000	0.000		合计	1.876	4.878
18*	日出东方	0.000	0.000		行业均值	0.089	0.143

注：2008 年前平均转增比的计算年度包括公司上市时间至 2007 年，2008 年后平均转增比的计算年度包括 2008 至 2013 年。2008 年以前上市的公司 21 家，2008 年上市 2 家（序号右上角标#），2008 年以后又上市 11 家（序号右上角标*）。

资料来源：根据 RESSET 数据库相关数据和新浪财经有关家电行业名录自行整理。

（三）股票期权激励计划草案公告前后的相机盈余管理

根据前面分析可以知道，案例公司管理层为了降低股票期权激励计划中的行权价格，会有意选择公司股价较低点时公告股权激励计划草案，并且在股权激励计划实施后适时推出派发现金股利和资本公积金转增股本方案。这种围绕行权价格设定的机会主义行为提前锁定了被激励对象的最低收益，降低了公司未来股价波动给管理层带来的风险，不过，却降低了股票期权激励的预期效果。特别是当管理层可以通过盈余管理等手段影响授权和行权业绩条件的时候，股票期权激励计划的激励性将大大降低，激励管理层的目的将难以达到。根据案例公司股票期权激励计划，首次实施时授予股票期权的业绩条件为公司2007年度相比2006年度，净利润增长率不低于20%（包括20%），且不低于公司前三年的平均增长率以及行业前三年的平均增长率；净资产收益率不低于7%，且不低于行业平均水平。行权条件为首次计划有效期内公司每年平均的净利润增长率不低于14%（包括14%），且不低于行业的平均增长率；净资产收益率不低于8%，且不低于行业平均水平。可见，案例公司股票期权激励计划不仅对行权业绩条件作出了具体规定，而且对授权业绩条件也进行了详细设定。很显然，适时派发现金股利不仅能够直接降低行权价格，而且能够减少净资产从而提高净资产收益率，进而达到行权业绩条件。如果行权有效期内案例公司管理层还通过其他盈余管理手段增加净利润，那么，实现行权业绩条件将非常容易，但是这也将使得股票期权激励效果大打折扣。同时，如果在股权激励计划推出之前，实施向下盈余管理，则可以通过消极地影响投资者预期而抑制公司股价，从而降低行权价格；由于行权业绩条件的设定通常是建立在股权激励计划推出前会计业绩的基础之上，因此，股权激励计划推出前向下实施盈余管理，可以使管理层在制订股权激励计划的行权业绩条件时处于有利的谈判地位。案例公司在股票期权激励有效期内会为了实现行权业绩条件而进行向上盈余管理吗？为了降低行权价格并使管理层在制订股权激励计划的行权业绩条件时处于有利的谈判地位，案例公司在股票期权激励计划推出前会实施向下盈余管理吗？下面是我们所作的进一步分析。

我们从国泰安财经研究数据库中下载了案例公司和家电行业各公司2006～2013年的净利润、经营现金净流量，并根据净利润和经营现金净流量计算出应计利润，结果如表4-7所示。根据案例公司股票期权激励计划，2009年5月27日是股票期权授予日，行权限制期2年，行权有效期3年，2011年5月27日～2012年5月27日为第一个可行权期，2012年5月27日～2013年5月27日为第二个可行权期，2013年5月27日～2014年5月27日为第三个可行权期。第一期可行权的业绩考核年度是2009～2010年，第二期可行权的业绩考核年度是2009～2011年，第三期可行权的业绩考核年度为2009～2012年。从表4-7和图4-7中2006～2013年应计利润分布来看，2009年股权激励计划正式通过并实施后，案例公司应计利润持续增长，普遍高于家电行业均值，2012年高达13.97亿元，远高于家电行业均值-4.16亿元，2013年开始回落至3.08亿元。从表4-8案例公司2001～2013年应收账款结构及坏账准备情况可以看到，2008年以前，1年账龄的应收账款占总应收账款比例平均达

90% 以上，而 2008 年以后这一比例开始大幅度下降，2009 年 1 年账龄的应收账款占总应收账款比例仅为 7%，2009 年以后平均只有 30% 多。2008 年以后 1 年账龄的应收账款占总应收账款比例的大幅度下降，意味着 1 年以上账龄的应收账款占总应收账款比例的大幅度上升，相应地，公司总应收账款余额计提的坏账准备率应该有较大程度的提高。然而，表 4 - 8 显示，总应收账款余额计

表 4 - 7　　　　　　　　HX 公司与家电行业 2006 ~ 2013 年应计利润

项　　目		2006 年	2007 年	2008 年	2009 年	2010 年	2011 年	2012 年	2013 年
HX 公司	净利润（亿元）	1.40	2.12	2.11	5.02	8.39	17.12	16.31	16.23
	经营净现金流（亿元）	1.85	1.74	2.17	3.65	5.59	7.95	2.34	13.15
	应计利润（亿元）	- 0.44	0.38	- 0.06	1.37	2.80	9.16	13.97	3.08
	应计利润/净利润	- 0.32	0.18	- 0.03	0.27	0.33	0.54	0.86	0.19
行业平均	净利润（亿元）	- 0.99	1.66	1.86	3.77	4.64	5.92	6.26	10.76
	经营净现金流（亿元）	3.23	2.29	3.51	6.99	3.49	3.77	10.42	14.04
	应计利润（亿元）	- 4.22	- 0.64	- 1.66	- 3.22	1.16	2.15	- 4.16	- 3.28
	应计利润/净利润	4.26	- 0.38	- 0.89	- 0.85	0.25	0.36	- 0.66	- 0.30

注：应计利润 = 净利润 - 经营现金净流量。
资料来源：根据国泰安财经研究数据库相关数据自行整理。

表 4 - 8　　　　　案例公司 2001 ~ 2013 年应收账款结构及坏账准备情况

时　　间	应收账款余额（元）	提取坏账准备（元）	坏账准备率（%）	1 年账龄应收账款占总应收账款比例（%）	1 年账龄应收账款坏账准备率（%）
2013 年 12 月 31 日	1467580000	77432900	5.28	35.45	5.00
2012 年 12 月 31 日	1310020000	66487100	5.08	39.78	5.00
2011 年 12 月 31 日	1104250000	62518900	5.66	36.71	5.00
2010 年 12 月 31 日	874106000	52401800	5.99	39.33	5.00
2009 年 12 月 31 日	675185000	41217100	6.10	7.01	8.72
2008 年 12 月 31 日	554669000	39108400	7.05	59.05	5.00
2007 年 12 月 31 日	794080000	44927000	5.66	92.80	4.87
2006 年 12 月 31 日	497431000	30300000	6.09	89.27	5.00
2005 年 12 月 31 日	444629000	26404800	5.94	92.31	5.00
2004 年 12 月 31 日	352087000	20057700	5.70	97.18	5.00
2003 年 12 月 31 日	249177000	14520300	5.83	93.68	5.00
2002 年 12 月 31 日	277606000	15390100	5.54	94.95	5.00
2001 年 12 月 31 日	180125000	11256200	6.25	84.47	5.00

资料来源：根据国泰安财经研究数据库相关数据自行整理。

提的坏账准备率2001～2013年期间没有明显变化，基本保持在5%多一些的水平，与1年账龄应收账款坏账准备率相差不多。表4-8的数据表明，2008年以后，案例公司应收账款的质量在显著下降，但计提的坏账准备却没有相应增加，存在明显的向上盈余管理现象。综合2008年以后应计利润增长趋势和应收账款结构特征，不难得出，案例公司在股权激励计划推出以后存在明显的向上盈余管理，目的显然是为了达到行权业绩条件。

案例公司股票期权激励计划还规定，"在行权限制期内，各年度归属于公司股东的净利润以及归属于公司股东的扣除非经常性损益的净利润，均不低于授予日前最近三个会计年度的平均水平，且不为负。"同时规定，授予股票期权的业绩条件为公司2007年度相比2006年度，净利润增长率不低于20%（包括20%），且不低于公司前三年的平均增长率以及行业前三年的平均增长率；净资产收益率不低于7%，且不低于行业平均水平。这两项规定意味着，案例公司2006年、2007年和2008年的净利润不能太高，而由于2007年是授权业绩考核期，故2007年的净利润不能太低。表4-7显示，2006年和2008年案例公司应计利润均为负值，2007年在家电行业均值为负值的情况下，案例公司应计利润却为正值但金额不高，案例公司2006～2008年应计利润的分布特征"非常吻合"股票期权激励计划的上述两项规定，如果没有相应的盈余管理应该难以产生这样的"效果"。此外，对股票期权激励计划公告前的2006～2008年作向下的盈余管理，还能够起到影响投资者预期、抑制股价的"效应"，而这正是管理层想获得一个较低行权价格所需要的。也就是说，案例公司股票期权激励计划公告前后的相机盈余管理，配合了管理层围绕行权价格设定的机会主义行为，使得股权激励变成了内部人谋取福利的工具，而非解决代理问题的有效手段。

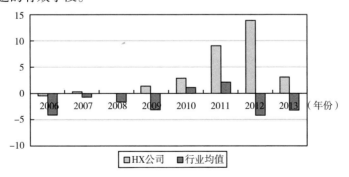

图4-7　HX公司应计利润与行业均值比较

资料来源：根据国泰安财经研究数据库相关数据自行绘制。

四、研究结论与总结

行权价格是高管股票期权激励契约的基本要素，其设定合理与否直接影响股票期权激励的效果。美国的实践经验表明，公司管理层会通过授予日择时和相关信息择时披露等机会主义行为来影响行权价格的设定，以最大化自己的股票期权价值，致使股票期权激励有效性大打折扣。与美国不同，在我国，行权价格的定价基础是股权激励计划草案摘要公布前30个交易日公司股票平均收盘价，并且可以随着股利分配而进行后续调整，加之我国上市公司特有的治理特征和制度环境，这些意味着，我国上市公司股票期权激励行权价格设定中的机会主义择时行为应该具有自己的特点。以HX公司为案例对象，本章从股票期权激励计划草案公告时点的选择、股利分配方案的择机推出以及股权激励计划公告前后相机盈余管理三个方面，对国有控股公司股票期权激励行权价格设定中的机会主义择时行为进行了分析。研究发现，案例公司管理层为了降低股票期权激励计划中的行权价格，以最大化股票期权预期收益，会有意选择公司股价较低点时公告股权激励计划草案，并且在股权激励计划实施后适时推出派发现金股利和资本公积金转增股本方案，以调低行权价格，从而获取超额利益。这种围绕行权价格设定的机会主义择时行为提前锁定了被激励对象的最低收益，降低了公司未来股价波动给管理层带来的风险，抵消了股票期权激励的预期效果。研究还发现，股票期权激励公告前，案例公司存在向下盈余管理，而股票期权激励公告后，存在向上盈余管理。这种相机盈余管理策略配合了上述围绕行权价格设定的机会主义择时行为，使得股票期权激励成为公司内部人谋取福利的手段，而难以成为解决管理层代理问题的有效机制。

本部分研究的不足之处在于，个案研究不一定具有普适性，可能会在一定程度上影响研究结论的推广和应用。因此，对于股票期权计划草案推出环节的机会主义择时行为，还需要进一步的大样本实证研究。

第二节　机会主义授权择时存在性的大样本实证研究

第一节我们以HX公司为案例对象，对股票期权激励计划草案公告环节的机会主义择时行为进行了研究。结果发现，为了降低股票期权激励计划中的行权价格，公司管理层会有意选择公司股价较低点时公告股权激励计划草案，并且围绕股票期权激励计划草案公告，案例公司会实施相机盈余管理，以配合上述机会主义择时行为。案例研究可以加深我们对上市公司机会主义授权择时行为的认识，但是个案研究不一定具有普适性，需要大样本实证研究的进一步验证。

一、理论分析与研究假设

（一）理性经济人与机会主义授权择时的内在动机

经济学的一个基本假设是理性经济人假设，认为追逐私利是每个人的本性，每个人都会在经济活动中追求自我利益最大化。股票期权激励制度安排的初衷旨在通过赋予公司管理层一定数量的股票期权，使其能够分享公司的剩余索取权，从而激励其为最大化股东财富而努力工作。根据股票期权激励的制度设计，公司管理层努力工作，从而增加公司业绩、提升公司股价，最终使得自己行权所得股票价格最大化，最大化股东财富，实现了激励相容、股东与经理层共赢。然而，股票期权激励预期收益来源于未来行权后出售股票时的收入减去股票期权行权价格后的差额，作为理性经济人的公司管理层，为了最大化股票期权激励预期收益，除了按照股票期权激励制度设计及股东所希望的那样，通过不断努力工作来提增公司业绩、促进股价上升以外，还可以采取相对更容易的"低成本"方法来实现，即通过机会主义择时方式最小化股票期权的行权价格。根据中国证监会的相关规定，行权价格的定价基础是股票期权激励计划草案摘要公告前 30 个交易日的平均股价与公告前 1 个交易日的股价二者的较高者，很显然，股票期权激励计划草案摘要公告日的选择至关重要，其直接影响了行权价格的确定。对于公司管理层来说，选择在股价较低时推出股票期权激励草案，可能比努力工作提升未来行权后的股价，更容易最大化股票期权激励预期收益，并且风险也比较低。因此，不难预期，作为理性经济人，公司管理层在推出股票期权激励草案环节应该存在机会主义低点择时的内在动机。

（二）管理层权力与机会主义授权择时的操控能力

薪酬激励契约是公司最基本的契约，体现了股东与经理层之间的委托代理关系。在现代企业制度中，董事会是决策和监督机构，具有选聘管理层并确定其薪酬契约的权力；同时，肩负监督管理层薪酬激励契约执行的职责。根据最优契约理论，董事会只有忠实地代表股东独立地与管理层进行谈判，才能保证经理层薪酬激励契约的有效性。然而，正如管理层权力理论（伯切克，弗里德和沃克，2003）所指出的那样，由于公司管理层能够影响董事（包括独立董事）的选聘，导致董事常常在薪酬激励契约制定和执行中不愿意"为难"对自己选聘有重要影响的管理层，因此，对薪酬激励契约制定起关键作用的董事会往往难以保持足够的独立性，不可能完全代表股东的利益，签订公平议价的管理层薪酬激励契约（Arm-length Bargaining Contract）。此外，当董事自身不是公司管理层时，由于信息不对称，即使他们有签订公平议价的管理层薪酬激励契约的意愿，实际上往往也难以真正做到。其结果是，在管理层薪酬激励契约制定和执行过程中，董事会被公司管理层所"俘获"，独立性不高，不能作为股东代表忠实有效地监督公司管理层，公司管理层实质上拥有了影响自己薪酬的能力；而且，公司管理层往往会运用这种权力在薪酬激励契约制定与执行过程中谋求自身的私利，获取"不劳而获"的不合理薪酬。

根据中国证监会《上市公司股权激励管理办法（试行）》的规定，上市公司董事会应当下设薪酬与考核委员会，由薪酬与考核委员会负责拟定股权激励计划草案，并提交董事会审议。可见，董事会下设的薪酬与考核专门委员会负有拟定管理层股权激励契约的职责。为了确保薪酬与考核委员会所拟订的股权激励契约忠实代表了股东利益，证监会的管理办法还规定，独立董事应当就股权激励计划是否有利于上市公司的持续发展、是否存在明显损害上市公司及全体股东利益发表独立意见。董事会下设的薪酬与考核委员会认为必要时，可以要求上市公司聘请独立财务顾问，对股权激励计划的可行性、是否有利于上市公司的持续发展、是否损害上市公司利益以及对股东利益的影响发表专业意见。此外，为了确保薪酬与考核委员会的独立性，《上市公司治理准则》明确指出，薪酬与考核委员会成员应该全部由董事组成，且独立董事应占多数并担任召集人。从相关制度规范不难看出，在保证董事会独立性、确保管理层股权激励与考核符合股东利益方面，独立董事被赋予了重要使命。

然而，现实中，存在着独立董事不独立和薪酬与考核委员会运作机制不完善的现象。根据《上市公司治理准则》，独立董事应独立于所受聘的上市公司及其主要股东，应独立履行职责，不受公司主要股东、实际控制人以及其他与上市公司存在利害关系的单位或个人的影响。但是，独立董事往往是公司管理层选聘的，并且从公司领取独立董事津贴，这使得独立董事在履行职责时很难做到真正的独立，特别是在决定管理层薪酬与考核中，更难做到"铁面无私"。其结果往往是，公司管理层对股票期权激励契约的制定与执行具有重要影响力。无论是行权价格等股票期权激励具体要素的确定，还是股票期权激励草案披露时间节点等实施过程，公司管理层都具有实质上的影响力。此外，公司管理层还掌控着公司其他信息披露和应计项目会计处理的自由裁量权。根据《上市公司股权激励管理办法》，股票期权激励基本要素行权价格的定价基础是股权激励计划草案摘要公布前 1 个交易日公司股价与股权激励计划草案摘要公布前 30 个交易日内公司平均股价的较高者。为了获得一个较低的行权价格，公司管理层可以利用自身的权力，影响股票期权激励计划的实施程序和信息披露，使股票期权激励草案在公司股价较低的时点公布。同时，还可以在股票期权激励草案公告前进行选择性信息披露，如提前披露坏消息、推迟披露好消息；或者围绕股票期权激励草案公告实施相机盈余管理，如公告前向下盈余管理或减少向上盈余管理，公告后再作反转处理。通过上述信息披露择时和相机盈余管理，影响市场预期，从而抑制公司股价，最小化行权价格。

（三）公司治理不完善与机会主义授权择时的外在条件

我国目前公司内部治理机制的不完善和外部制度环境的不健全，为公司管理层实施机会主义授权择时提供了有利的外部条件。

在公司内部治理方面，我国上市公司已经建立由股东大会、董事会、监事会和经理层组成的法人治理结构，独立董事制度和各类董事会专门委员会也成为上市公司常设的内部治理机构；然而，由于现代企业制度的建设历史较短，我国上市公司上述内部治理机制仍不够健全，对公司管理层机会主义行为的监督和制约作用尚未充分发挥。这表现在，由于股权集中度较高，股东大会往往成为大股东的大会，中小股东的利益诉求在股东大会层面并没有得到很好保障。由于"所有者缺位"，国有控股上市公司存在严重的内部人控制；因为"一股独大"，民营上市公司往往出现家族控制现象。上述产权结构特征导致董事会制度功能难以充分发挥，加之独立董事往往由管理层选聘而不完全独立，致使作为股权激励对象的管理层对包括股权激励在内的公司财务与经营决策拥有实质上的控制权。根据公司治理规则，监事会对公司董事和高管层具有监督的权力，然而，在实践中，由于监事会成员大都来自公司内部，级别较低，又缺乏专业知识，使得监事会往往不能有效地发挥其应有的监督作用。上述公司内部治理机制的不完善，为公司管理层在股票期权激励计划授予环节实施机会主义择时行为提供了外部条件。

在外部制度环境方面，虽然经过二十多年的建设，我国资本市场取得了长足发展，但是，由于建设时间短，加上新兴转型经济固有的障碍，使得我国资本市场仍欠完善，市场有效程度不高。由于市场有效性不强，资本市场的价值发现功能被弱化，"劣质"公司和"不称职"管理层不容易被识别出来，公司控制权市场和经理人市场难以发挥制约公司管理层机会主义行为的外部治理力量。资本市场有效性不强还表现在，资本市场治理主要依靠证监会等部门的行政监管，缺少市场机制的制衡手段，这使得包括信息披露在内的上市公司各种违规行为很难得到有效制约。此外，尽管我国已经构建起了规范上市公司信息披露的相关法律法规，这些法律法规涵盖了行政责任、民事责任以及刑事责任，在形式上比较系统、全面；然而，在实践操作中，存在执行力不够、监督不到位的情况，致使上市公司信息披露违规违法的成本很低，在某种程度上甚至助长了上市公司信息披露违规等行为。上述外部制度环境的不完善为公司管理层在股票期权激励草案推出环节实施机会主义择时以及选择性信息披露、相机盈余管理等创造了有利条件。

综上所述，我国上市公司管理层在股票期权激励计划授权环节存在为了最小化行权价格而低点择时的动机。由于公司管理层对股票期权激励契约制定和执行过程拥有实质的影响力，以及对相关信息披露和应计项目会计处理具有自由裁量权，加之目前公司治理的内部机制和外部制度环境不健全，缺乏有效的监督体系，使授权环节机会主义择时行为往往在所难免。

（四）研究假设

根据上述理论分析，在股票期权激励计划草案推出阶段，公司管理层有动机为了最小化行权价格而实施机会主义低点择时行为，并且围绕股票期权激励计划草案公告，公司管理层还会实施机会主义信息披露择时以及相机盈余管理，以配合上述机会主义低点择时。也就是说，在股票期权激励计划草案推出阶段，公司管理层实施的机会主义择时行为包括三种具体方式：一是股票期权激励计划草案公告时点的机会主义选择，二是围绕股票期权激励计划草案公告实施机会主义信息披露，三是围绕股票期权激励计划草案公告实施相机盈余管理。三种方式相互联系又有所区别。第一种方式是根据公司股价走势，结合公司内外部情况的研判，机会主义选择一个有利于公司管理层的股票期权激励计划草案公告时点；第二种方式是在股票期权激励计划草案公告日期大致确定的情况下，围绕股票期权激励计划草案公告，实施机会主义的选择性信息披露，通过有意识地影响市场预期，以达到一个有利的股价水平；第三种方式是在股票期权激励计划草案公告日期大致确定的情况下，围绕股票期权激励计划草案公告，结合机会主义信息披露择时，实施相机盈余管理，通过有意识地影响信息披露、影响市场预期，从而达到一个有利的股价水平。实践中，三种方式往往会被综合运用，以达到最小化股票期权激励行权价格这一最终目的（见图4-8）。

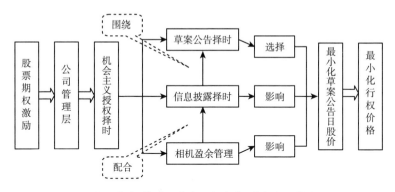

图4-8　股票期权激励机会主义授权择时方式及其作用机制

据此，我们提出以下研究假设。

假设1：在股票期权激励计划草案推出环节，上市公司管理层存在机会主义低点择时行为，即上市公司股票期权激励计划草案更可能在公司股价低点时被公告。

假设2：围绕股票期权激励计划草案公告，上市公司管理层会实施机会主义选择性信息披露，即在股票期权激励计划草案公告前，上市公司管理层倾向于披露坏消息，而草案公告后倾向于披露好消息。

假设3：围绕股票期权激励计划草案公告，上市公司管理层会实施相机盈余管理，即在股票期权激励计划草案公告前，倾向于实施向下盈余管理或减少向上盈余管理，而草案公告后倾向于实施向上盈余管理或减少向下盈余管理。

二、研究设计

（一）样本选取与数据来源

1. 样本选取

本部分以2006年1月1日~2015年12月31日期间A股上市公司第一条股票期权激励草案披露事件为研究对象，即以CSMAR财经研究数据库中股权激励方案表中首次公告股票期权激励计划草案的事件为研究对象，剔除方案取消以及首次公告后再次调整的样本、采用市场模型估计累积超额收益时缺少股票收益率数据的样本，得到研究样本471个。之所以采用第一条股票期权激励草案披露事件作为研究对象，是因为根据中国证监会《上市公司股权激励管理办法（试行）》和国务院国资委《国有控股上市公司（境内）实施股权激励试行办法》的规定，股票期权激励行权价格的定价基准是第一条股票期权激励草案公布前30个交易日内的公司标的股票平均收盘价，与草案公布前1个交易日的公司标的股票收盘价，二者的较高者。此外，上市公司股权激励模式除了股票期权以外，还有限制性股票和股票增值权。由于中国证监会《上市公司股权激励管理办法（试行）》只对股票期权激励行权价格的定价基准作出明确限定，没有涉及限制性股票和股票增值权，因此本书以股票期权激励模式为对象来研究股权激励授权阶段的机会主义择时行为。

2. 数据来源

研究数据主要来源于 CSMAR 财经研究数据库和 RESSET 金融数据库，部分数据通过巨潮资讯网查询。其中，第一条股票期权激励计划草案公告日期、股票代码、股权激励标的物等相关信息来自 CSMAR 财经研究数据库中的股权激励方案文件。计算股票期权激励计划草案公告日及其最近一期报表披露日前后超额累积收益率所使用的个股日收益率、等权平均市场收益率等数据来源于 RESSET 数据库。围绕股票期权激励计划草案公告的信息披露特征和相机盈余管理研究所使用的季度报告披露日期、季度净利润及其增长率、季度营业收入、季度应收账款、季度固定资产和总资产等相关数据来源于 RESSET 数据库单季财务指标和单季财务数据子库，部分数据通过巨潮资讯网查询。公司所属行业分类等其他数据来源于 CSMAR 财经研究数据库，使用 STATA12 统计软件和 Excel 2007 进行数据计算与处理。

（二）研究方法

为了检验前文所提研究假说，我们借鉴了耶迈克（1997）研究股票期权授予机会主义择时，厄鲍迪和凯斯尼克（2000）研究股票期权授予前后公司自愿性信息披露的机会主义择时问题，以及列（2005）、赫柔恩和列（2009）、程等（2008）和拉喏亚南和瑟乎恩（2007，2008）研究股票期权授予日回签问题时，检验机会主义择时存在性的基本方法。也就是考察股票期权授予前后累积超额收益率模式的特征，即是否存在股票期权授予前负累积超额收益率而股票期权授予后正累积超额收益率。我们的检验方法与他们唯一不同的是，本研究考察上市公司第一条股票期权激励计划草案公布日前后累积超额收益率的分布特征，而不是股票期权授予日前后累积超额收益率的分布特征。原因在于，我国股票期权激励行权价格的定价基准日是第一条股票期权激励计划草案公布日，而不是美国的股票期权授予日。

同时，借鉴厄鲍迪和凯斯尼克以及耶迈克在进一步分析时所采用的方法，通过分析股票期权授予日前后披露的最接近一期季报信息特征，来考察公司是否存在围绕股票期权授予实施机会主义信息披露择时和相机盈余管理，以配合对股票期权授予日的机会主义择时。具体方法如下。

1. 公司是否存在围绕股票期权激励计划草案公布日实施机会主义信息披露择时的检验方法。分析股票期权激励计划草案公布日前后披露的最接近一期季报的信息特征，考察股票期权激励计划草案公布日前公司管理层是否更倾向于披露坏消息，而好消息更可能被推迟到股票期权激励计划草案公布日后披露。也就是说，股票期权激励计划草案公布日前是否披露的坏消息更多，而股票期权激励计划草案公布日后是否披露的好消息更多。坏消息的定义是，季度净利润同比和环比增长率是否为负，以及净利润增长率同比和环比增减变动是否为负。好消息的定义是，季度净利润同比和环比增长率是否为正，以及净利润增长率同比和环比增减变动是否为正。另外，还借鉴了蔡宁（2012）在研究解禁股交易中大股东择时问题时对好消息、坏消息的定义，即股票期权激励计划草案公布日前后最近一期季报披露日前后1个交易日窗口的累积超额收益为负的，定义为坏消息；为正的，定义为好消息。

2. 公司是否存在围绕股票期权激励计划草案公布日实施相机盈余管理的检验方法。分析股票期权激励计划草案公布日前后披露的最接近一期季报的操控性应计利润分布特征，考察股票期权激励计划草案公布日前公司管理层是否更倾向于向下盈余管理，或者减少向上盈余管理；而股票期权激励计划草案公布日后公司管理层是否更倾向于向上盈余管理，或者减少向下盈余管理。也就是说，股票期权激励计划草案公布日前是否操控性应计利润更可能为负，或者操控性应计利润虽为正，但程度在降低；而股票期权激励计划草案公布日后是否操控性应计利润更可能为正，或者操控性应计利润虽为负，但程度在降低。我们采用经过行业调整的截面 Jones 模型和修正的截面 Jones 模型，来分别估算样本公司的操控性应计利润。

三、股票期权激励计划草案公告前后累积超额收益率分布特征分析

（一）累积超额收益率的计算方法

借鉴耶迈克与厄鲍迪和凯斯尼克的研究方法，本部分采用市场模型法估算上市公司的日超额收益率（Abnormal Return，缩写为 AR），具体计算过程

如下。

1. 以上市公司第一条股票期权激励计划草案公布日为 0 日，使用上市公司 i 在股票期权激励计划草案公布前 300~31 个交易日共计 270 个日个股收益率 R_{it} 和市场收益率 $R_{market,t}$，运用下面模型（1）回归计算得到上市公司 i 的 $\hat{\alpha}_i$ 和 $\hat{\beta}_i$。

$$R_{it} = \hat{\alpha}_i + \hat{\beta}_i \times R_{market,t} + \varepsilon, t = (-300, -299, \cdots, -32, -31) \tag{1}$$

2. 将上述 $\hat{\alpha}_i$ 和 $\hat{\beta}_i$，以及股票期权激励计划草案公布日前后 T 个交易日的市场日收益率 $R_{market,t}$ 带入下面公式（2），计算得到上市公司 i 在第 t 个交易日的预期收益率 $\hat{R}_{it}$。

$$\hat{R}_{it} = \hat{\alpha}_i + \hat{\beta}_i \times R_{market,t}, t = (-T, \cdots, -1, 0, 1, \cdots, T) \tag{2}$$

3. 将上市公司 i 在第 t 个交易日的实际收益率 R_{it} 减去当日的预期收益率 $\hat{R}_{it}$，得出上市公司 i 在第 t 个交易日的超额收益率 AR_{it}。

$$AR_{it} = R_{it} - \hat{R}_{it}, t = (-T, \cdots, -1, 0, 1, \cdots, T) \tag{3}$$

4. 将上市公司 i 自股票期权激励计划草案公布日前后 T 个交易日的日超额收益率 AR_{it} 累加，得到（-T，T）窗口期上市公司 i 的股票累积超额收益率 $CAR(-T, T)$。

$$CAR_i(-T, T) = \sum_{t=-T}^{T} AR_{it} \tag{4}$$

此外，为了比较，我们按照上述程序，分别计算了（-30，30）、（-25，25）和（-15，15）三个窗口期的累积超额收益率 $CAR(-30, 30)$、$CAR(-25, 25)$ 和 $CAR(-15, 15)$。

（二）股票期权激励计划草案公告前后累积超额收益率的分布

图 4-9 呈现的是股票期权激励计划草案公告日前后 30 个交易日的平均日超额收益率和累积平均超额收益率的分布走势。从该图中可以非常直观地看出，股票期权激励计划草案公告日前 30 个交易日的累积平均超额收益率显著为负，而股票期权激励计划草案公告日后 30 个交易日的累积平均超额收益率显著为正。这非常符合耶迈克与厄鲍迪和凯斯尼克等国外学者在研究股票期权激励机会主义授权择时时发现的，机会主义低点授权择时所具有的典型累积超额收益率模式特征，即在股票期权激励授予日前存在显著负的累积超额收益

率，而授予日后存在显著正的累积超额收益率。由于我国证监会规定，行权价格的定价基准是，股票期权激励计划草案公告日前 1 个交易日股价与前 30 个交易日平均股价的较高者，因此，在我国上市公司该模式表现为，在股票期权激励计划草案公告日前存在显著负的累积超额收益率，而在草案公告日后存在显著正的累积超额收益率。这种典型的累积超额收益率模式说明，股票期权激励计划草案公告日前 30 个交易日公司股价是相对较低的，股票期权激励计划草案公告日是公司管理层机会主义选择的结果，目的在于最小化股票期权激励计划中的初始行权价格，从而最大化股票期权激励预期收益。

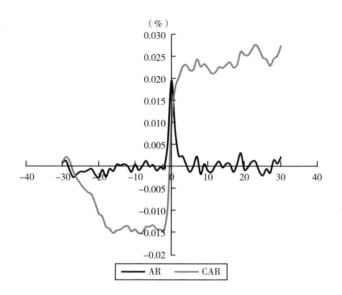

图 4 -9　股票期权激励计划草案公告日前后 30 个交易日的累积平均超额收益（N =471）

表 4 -9 进一步列示了股票期权激励计划草案公告日前后 30 个交易日的平均日超额收益率、累积平均超额收益率及统计检验值。从该表中可以看到，股票期权激励计划草案公告日前 30 个交易日内，累积平均超额收益率全部为负，其中，草案公告日前 8 个交易日至前 23 个交易日共计 16 个交易日的累积平均超额收益率均显著为负。股票期权激励计划草案公告日后 30 个交易日内，累积平均超额收益率全部为正，其中，草案公告日后 1 个交易日至 10 个交易日的累积平均超额收益率均显著为正。因此，总体而言，从股票期权激励计划草案公告日前后 30 个交易日的累积平均超额收益率分布特征上看，上市公司股票期权激励计划草案更可能是在公司股价低点时被披露，这表明，在股票期权激励计划草案推出环节，上市公司管理层存在机会主义低点择时行为。由此，研究假设 1 得以通过检验。

表4-9　　　　股票期权激励计划草案公告日前后30个交易日的
累积平均超额收益（N=471）　　　　单位：%

窗口	AR	T	CAR（-30，30）	T	CAR（1，30）	T
-30	0.0008	0.5695	0.0008	0.5694		
-29	0.0013	1.1200	0.0021	1.0390		
-28	-0.0008	-0.6679	0.0012	0.4848		
-27	-0.0024	-1.9734**	-0.0012	-0.3832		
-26	-0.0017	-1.4285*	-0.0028	-0.8241		
-25	-0.0011	-0.9880	-0.0040	-1.0376		
-24	-0.0012	-0.9955	-0.0051	-1.2133		
-23	-0.0008	-0.6449	-0.0059	-1.2871*		
-22	-0.0005	-0.4184	-0.0064	-1.3122*		
-21	-0.0018	-1.5706*	-0.0083	-1.5788*		
-20	-0.0025	-2.2114**	-0.0107	-1.9353**		
-19	-0.0007	-0.5740	-0.0114	-1.9205**		
-18	-0.0023	-1.9922**	-0.0137	-2.1546**		
-17	-0.0005	-0.3909	-0.0142	-2.0881**		
-16	-0.0010	-0.3909	-0.0152	-2.0822**		
-15	0.0005	0.4322	-0.0146	-1.8892**		
-14	0.0003	0.2219	-0.0144	-1.7727**		
-13	0.0006	0.4449	-0.0138	-1.6041*		
-12	0.0001	0.1117	-0.0136	-1.5262*		
-11	-0.0012	-1.0139	-0.0148	-1.5930*		
-10	0.0005	0.3814	-0.0144	-1.4771*		
-9	-0.0008	-0.7247	-0.0152	-1.5077*		
-8	0.0001	0.1175	-0.0151	-1.4330*		
-7	0.0013	1.0292	-0.0138	-1.2546		
-6	0.0000	-0.0244	-0.0138	-1.2017		
-5	0.0004	0.3797	-0.0134	-1.1233		
-4	-0.0009	-0.7339	-0.0143	-1.1645		
-3	-0.0001	-0.1073	-0.0144	-1.1373		
-2	-0.0003	-0.2382	-0.0147	-1.1142		
-1	0.0054	3.7654***	-0.0093	-0.6835		
0	0.0195	10.8467***	0.0095	0.6794		
1	0.0083	4.4923***	0.0178	1.2128	0.0083	4.4923***

续表

窗口	AR	T	CAR（-30，30）	T	CAR（1，30）	T
2	0.0024	1.4889*	0.0202	1.3113*	0.0107	3.7849***
3	0.0024	1.4802*	0.0226	1.4005*	0.0131	3.5130***
4	0.0005	0.3197	0.0231	1.3734*	0.0136	2.9941***
5	-0.0012	-0.8534	0.0219	1.2524	0.0124	2.3359***
6	0.0001	0.0738	0.0220	1.2147	0.0125	2.0912**
7	0.0023	1.7318**	0.0244	1.2978*	0.0148	2.2392**
8	-0.0017	-1.2159	0.0227	1.1686	0.0131	1.8153**
9	0.0006	0.4353	0.0233	1.1583	0.0137	1.7475**
10	-0.0009	-0.6635	0.0224	1.0793	0.0128	1.5079*
11	-0.0012	-0.8563	0.0212	0.9910	0.0116	1.2793
12	0.0002	0.1220	0.0214	0.9677	0.0118	1.2063
13	0.0012	0.8766	0.0226	0.9974	0.0131	1.2588
14	-0.0002	-0.1849	0.0224	0.9627	0.0130	0.5161
15	0.0007	0.5803	0.0231	0.9717	0.0136	1.1727
16	0.0006	0.4711	0.0237	0.9734	0.0142	1.1649
17	-0.0012	-0.9670	0.0225	0.9015	0.0130	1.0215
18	0.0006	0.4703	0.0231	0.9015	0.0135	1.0193
19	0.0031	2.2043**	0.0261	0.9950	0.0166	1.1909
20	-0.0007	-0.5189	0.0254	0.9475	0.0159	1.0965
21	-0.0001	-0.0804	0.0253	0.9259	0.0158	1.0506
22	0.0011	0.9165	0.0265	0.9495	0.0169	1.0887
23	0.0012	0.9324	0.0277	0.9738	0.0181	1.1269
24	-0.0009	-0.7490	0.0267	0.9234	0.0172	1.0357
25	-0.0020	-1.5090*	0.0248	0.8364	0.0152	0.8819
26	-0.0005	-0.3538	0.0243	0.8059	0.0147	0.8299
27	-0.0014	-1.0870	0.0229	0.7459	0.0134	0.7285
28	0.0015	1.2338	0.0245	0.7838	0.0149	0.7910
29	0.0007	0.5698	0.0252	0.7921	0.0157	0.8054
30	0.0022	1.5924*	0.0274	0.8448	0.0178	0.8893

注：***、**、*分别表示在1%、5%、10%的水平上统计显著，下同。

图4-10和图4-11呈现的是股票期权激励计划草案公告日前后25个和15个交易日的平均日超额收益率和累积平均超额收益率的分布走势。表4-10和表4-11进一步列示了股票期权激励计划草案公告日前后25个和15个交易

日的平均日超额收益率、累积平均超额收益率及其统计检验值。可以看到，股票期权激励计划草案公告日前后 25 个和 15 个交易日的累积平均超额收益率分布特征与 30 个交易日的基本一致，研究假设 1 得到进一步支持。

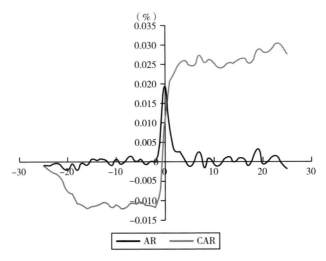

图 4 - 10　股票期权激励计划草案公告日前后 25 个交易日的累积平均超额收益（N = 471）

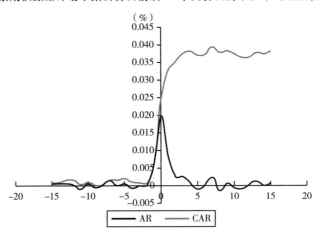

图 4 - 11　股票期权激励计划草案公告日前后 15 个交易日的累积平均超额收益（N = 471）

表 4 - 10　　　股票期权激励计划草案公告日前后 25 个交易日的
累积平均超额收益（N = 471）　　　　　单位:%

窗口	AR	T	CAR（-25, 25）	T	CAR（1, 25）	T
-25	- 0.0011	- 0.9880	- 0.0011	- 0.9880		
-24	- 0.0012	- 0.9955	- 0.0023	- 1.3509 *		
-23	- 0.0008	- 0.6449	- 0.0031	- 1.3257 *		

续表

窗口	AR	T	CAR（−25，25）	T	CAR（1，25）	T
− 22	− 0.0005	− 0.4184	− 0.0036	− 1.3031 *		
− 21	− 0.0018	− 1.5706 *	− 0.0054	− 1.6882 **		
− 20	− 0.0025	− 2.2114 **	− 0.0079	− 2.2114 **		
− 19	− 0.0007	− 0.5740	− 0.0086	− 2.1546 **		
− 18	− 0.0023	− 1.9922 **	− 0.0109	− 2.4702 ***		
− 17	− 0.0005	− 0.3909	− 0.0114	− 2.3396 ***		
− 16	− 0.0010	− 0.8134	− 0.0123	− 2.3134 **		
− 15	0.0005	0.4322	− 0.0118	− 2.0131 **		
− 14	0.0003	0.2219	− 0.0115	− 1.8310 **		
− 13	0.0006	0.4449	− 0.0109	− 1.6052 *		
− 12	0.0001	0.1117	− 0.0108	− 1.4977 *		
− 11	− 0.0012	− 1.0139	− 0.0120	− 1.5723 *		
− 10	0.0005	0.3814	− 0.0115	− 1.4296 *		
− 9	− 0.0008	− 0.7247	− 0.0124	− 1.4659 *		
− 8	0.0001	0.1175	− 0.0122	− 1.3762 *		
− 7	0.0013	1.0292	− 0.0109	− 1.1681		
− 6	0.0000	− 0.0244	− 0.0110	− 1.1105		
− 5	0.0004	0.3797	− 0.0105	− 1.0225		
− 4	− 0.0009	− 0.7339	− 0.0115	− 1.0696		
− 3	− 0.0001	− 0.1073	− 0.0116	− 1.0383		
− 2	− 0.0003	− 0.2382	− 0.0119	− 1.0145		
− 1	0.0054	3.7654 ***	− 0.0065	− 0.5335		
0	0.0195	10.8467 ***	0.0124	0.9812		
1	0.0083	4.4923 ***	0.0207	1.5573 *	0.0083	4.4923 ***
2	0.0024	1.4889 *	0.0231	1.6466 *	0.0107	3.7849 ***
3	0.0024	1.4802 *	0.0255	1.7257 **	0.0131	3.5130 ***
4	0.0005	0.3197	0.0260	1.6782 **	0.0136	2.9941 ***
5	− 0.0012	− 0.8534	0.0248	1.5325 *	0.0124	2.3359 ***
6	0.0001	0.0738	0.0249	1.4788 *	0.0125	2.0912 **
7	0.0023	1.7318 **	0.0272	1.5575 *	0.0148	2.2392 **
8	− 0.0017	− 1.2159	0.0255	1.4083 *	0.0131	1.8153 **
9	0.0006	0.4353	0.0261	1.3883 *	0.0137	1.7475 **

续表

窗口	AR	T	CAR（-25，25）	T	CAR（1，25）	T
10	-0.0009	-0.6635	0.0252	1.2966*	0.0128	1.5079*
11	-0.0012	-0.8563	0.0240	1.1964	0.0116	1.2793
12	0.0002	0.1220	0.0242	1.1652	0.0118	1.2063
13	0.0012	0.8766	0.0254	1.1903	0.0131	1.2588
14	-0.0002	-0.1849	0.0252	1.1481	0.0128	1.1679
15	0.0007	0.5803	0.0260	1.1523	0.0136	1.1727
16	0.0006	0.4711	0.0266	1.1488	0.0142	1.1649
17	-0.0012	-0.9670	0.0253	1.0687	0.0130	1.0215
18	0.0006	0.4703	0.0259	1.0646	0.0135	1.0193
19	0.0031	2.2043**	0.0290	1.1583	0.0166	1.1909
20	-0.0007	-0.5189	0.0283	1.1049	0.0159	1.0965
21	-0.0001	-0.0804	0.0282	1.0786	0.0158	1.0506
22	0.0011	0.9165	0.0293	1.0998	0.0169	1.0887
23	0.0012	0.9324	0.0305	1.1218	0.0181	1.1269
24	-0.0009	-0.7490	0.0296	1.0663	0.0172	1.0357
25	-0.0020	-1.5090*	0.0276	0.9723	0.0152	0.8819

注：***、**、*分别表示在1%、5%、10%的水平上统计显著，下同。

表4-11   **股票期权激励计划草案公告日前后15个交易日的**
累积平均超额收益（N=471）   单位：%

窗口	AR	T	CAR（-15，15）	T	CAR（1，15）	T
-15	0.0005	0.4322	0.0005	0.4322		
-14	0.0003	0.2219	0.0008	0.4130		
-13	0.0006	0.4449	0.0014	0.5631		
-12	0.0001	0.1117	0.0015	0.5036		
-11	-0.0012	-1.0139	0.0003	0.0970		
-10	0.0005	0.3814	0.0008	0.2027		
-9	-0.0008	-0.7247	0.0000	-0.0078		
-8	0.0001	0.1175	0.0001	0.0236		
-7	0.0013	1.0292	0.0014	0.2643		
-6	0.0000	-0.0244	0.0014	0.2370		
-5	0.0004	0.3797	0.0018	0.2907		

续表

窗口	AR	T	CAR（－15，15）	T	CAR（1，15）	T
－4	－0.0009	－0.7339	0.0009	0.1307		
－3	－0.0001	－0.1073	0.0007	0.1024		
－2	－0.0003	－0.2382	0.0005	0.0591		
－1	0.0054	3.7654 ***	0.0058	0.7003		
0	0.0195	10.8467 ***	0.0247	2.8106 ***		
1	0.0083	4.4923 ***	0.0330	3.4583 ***	0.0083	4.4923 ***
2	0.0024	1.4889 *	0.0354	3.4266 ***	0.0107	3.7849 ***
3	0.0024	1.4802 *	0.0378	3.3785 ***	0.0131	3.5130 ***
4	0.0005	0.3197	0.0383	3.2063 ***	0.0136	2.9941 ***
5	－0.0012	－0.8534	0.0371	2.9268 ***	0.0124	2.3359 ***
6	0.0001	0.0738	0.0372	2.7842 ***	0.0125	2.0912 **
7	0.0023	1.7318 **	0.0395	2.8214 ***	0.0148	2.2392 **
8	－0.0017	－1.2159	0.0379	2.5802 ***	0.0131	1.8153 **
9	0.0006	0.4353	0.0384	2.5048 ***	0.0137	1.7475 **
10	－0.0009	－0.6635	0.0375	2.3484 ***	0.0128	1.5079 *
11	－0.0012	－0.8563	0.0364	2.1906 **	0.0116	1.2793
12	0.0002	0.1220	0.0365	2.1154 **	0.0118	1.2063
13	0.0012	0.8766	0.0378	2.1136 **	0.0131	1.2588
14	－0.0002	－0.1849	0.0375	2.0323 **	0.0128	1.1679
15	0.0007	0.5803	0.0383	2.0091 **	0.0136	1.1727

注：***、**、*分别表示在1%、5%、10%的水平上统计显著。

（三）股票期权激励计划草案公告前后累积超额收益率的差额比较

前一部分是基于样本总体的股票期权激励计划草案公告前后累积超额收益率的分析，为了进一步检验研究假设1，本部分基于单个样本对股票期权激励计划草案公告日前后不同窗口期的累积平均超额收益率的差额进行比较分析。具体方法是：对每个样本公司，分别计算股票期权激励计划草案公告日前30个、25个和15个交易日的累积平均超额收益率，草案公告日后30个、25个和15个交易日的累积平均超额收益率，以及二者之间的差额，然后对其进行统计分析与比较。表4－12列示了股票期权激励计划草案公告前后累积平均超额收益率差额的描述性统计，表4－13列示了股票期权激励计划草案公告前后累积平均超额收益率差额的T检验结果，表4－14列示了股票期权激励计划草

案公告前后累积平均超额收益率差额为负值的统计结果。其中，ACAR
（-30，-1）、ACAR（-25，-1）和 ACAR（-15，-1）分别表示草案公告
日前 30 个、25 个和 15 个交易日的累积平均超额收益率，ACAR（1，30）、
ACAR（1，25）和 ACAR（1，15）分别表示草案公告日后 30 个、25 个和 15
个交易日的累积平均超额收益率；Difference30 是 ACAR（-30，-1）减 ACAR
（1，30）的差额，Difference25 为 ACAR（-25，-1）减 ACAR（1，25）的差
额，Difference15 系 ACAR（-15，-1）减 ACAR（1，15）的差额。

　　表 4-12 和表 4-13 结果显示，草案公告日前 30 个、25 个和 15 个交易日
累积平均超额收益率，减去草案公告日后 30 个、25 个和 15 个交易日累积平
均超额收益率，其差额的均值均显著为负。这表明，研究样本中，大多数上市
公司在股票期权激励计划草案公告日前的累积平均超额收益率显著小于草案公
告日后的累积平均超额收益率。表 4-14 关于股票期权激励计划草案公告前后
累积平均超额收益率差额为负值的统计结果进一步显示，在研究样本中，草案
公告日前的累积平均超额收益率小于草案公告日后的累积平均超额收益率的样
本，三个窗口期均超过一半，占大多数。也就是说，总体上看，公告股票期权
激励计划草案前，大多数上市公司的股价处于相对较低水平。表 4-12 和
表 4-13 还显示，草案公告日前 30 个和 25 个交易日累积平均超额收益率的均
值都显著为负，而草案公告日后 30 个和 25 个交易日累积平均超额收益率的均
值都显著为正；草案公告日前 15 个交易日累积平均超额收益率的均值为正，
但不显著，而草案公告日后 15 个交易日累积平均超额收益率的均值都显著为
正。这说明，总体而言，公告股票期权激励计划草案前，公司股价是在下降，

表 4-12　　　股票期权激励计划草案公告前后累积平均超额收益率差额的
描述性统计

Variable	N	Mean	Median	Std. dev	Min	Max
ACAR（-30，-1）	471	-0.0102	-0.0073	0.1525	-1.9214	1.3786
ACAR（1，30）	471	0.0141	0.0026	0.2500	-1.9909	4.2726
Difference30	471	-0.0243	-0.0168	0.1933	-2.8940	0.6263
ACAR（-25，-1）	471	-0.0092	-0.0066	0.1187	-1.3644	1.3172
ACAR（1，25）	471	0.0117	0.0040	0.1813	-1.3014	2.9463
Difference25	471	-0.0209	-0.0095	0.1427	-1.6291	0.6190
ACAR（-15，-1）	471	0.0012	0.0009	0.0928	-0.8450	1.1394
ACAR（1，15）	471	0.0077	0.0001	0.0905	-0.4773	1.1352
Difference15	471	-0.0065	-0.0019	0.0937	-0.5873	0.3394

在临近股票期权激励计划草案公告日时达到最低点，而公告股票期权激励计划草案后，公司股价是在上升。很显然，在推出股票期权激励计划草案环节，公司管理层存在机会主义低点择时行为。因此，研究假设 1 得到进一步印证。

表 4 – 13　股票期权激励计划草案公告前后累积平均超额收益率差额的 T 检验

Variable	N	Mean	T 值	P 值
ACAR（−30，−1）	471	−0.0102	−1.4445 *	0.0746
ACAR（1，30）	471	0.0141	1.2255	0.1105
Difference30	**471**	**−0.0243**	**−2.7246 *****	**0.0033**
ACAR（−25，−1）	471	−0.0092	−1.682 **	0.0466
ACAR（1，25）	471	0.0117	1.4034 *	0.0806
Difference25	**471**	**−0.0209**	**−3.1816 *****	**0.0008**
ACAR（−15，−1）	471	0.0012	0.2909	0.3856
ACAR（1，15）	471	0.0077	1.8516 **	0.0324
Difference15	**471**	**−0.0065**	**−1.4999 ***	**0.0672**

注：*** 、 ** 、 * 分别表示在1%、5%、10%的水平上统计显著。

表 4 – 14　股票期权激励计划草案公告前后累积平均超额收益率差额为
负值的统计结果

变量	为负值的样本	总样本	占比（%）
Difference30	272	471	57.75
Difference25	263	471	55.84
Difference15	241	471	51.17

（四）本部分研究总结

通过对股票期权激励计划草案公告日前后累积超额收益率分布特征的分析，我们发现，股票期权激励计划草案公告日前 30 个交易日内的累积平均超额收益率显著为负，而股票期权激励计划草案公告日后 30 个交易日内的累积平均超额收益率显著为正，完全符合机会主义低点授权择时所具有的典型累积超额收益率模式特征（耶迈克，1997；厄鲍迪和凯斯尼克，2000）。基于单个样本的股票期权激励计划草案公告日前后累积平均超额收益率差额的比较分析还发现，草案公告日前 30 个、25 个和 15 个交易日累积平均超额收益率，减去草案公告日后 30 个、25 个和 15 个交易日累积平均超额收益率的差额的均值均显著为负；三个窗口期，草案公告日前的累积平均超额收益率小于草案公告日后的累积平均超额收益率的样本，占总样本的比重均超过50%。这说明，在研究样本中，大多数样本公司在股票期权激励计划草案公告前股价处于最低水平。研究结果表明，在股票期权激励计划草案推出环节，上市公司管理层存在机会主义低点择时行为。因此，研究假设1得到验证。

四、股票期权激励计划草案公告日前后信息披露特征分析

前文关于股票期权激励计划草案公告日前后累积超额收益率分布特征的分析结果表明，为了最小化行权价格，公司管理层在推出股票期权激励计划草案环节存在机会主义低点择时行为。本部分将进一步分析股票期权激励计划草案公告日前后信息披露特征，考察公司管理层是否围绕股票期权激励计划草案公告，实施机会主义信息披露择时，来配合上述机会主义低点择时行为，以检验研究假设2。基本方法是，分析股票期权激励计划草案公布日前后披露的最接近一期季报的信息特征，考察股票期权激励计划草案公布日前公司管理层是否更倾向于披露坏消息，而好消息更可能被推迟到股票期权激励计划草案公布日后披露。对于好消息与坏消息的界定，我们将采用以下三种方法。

（一）好消息与坏消息的界定

1. 基于市场反应的界定

借鉴蔡宁（2012）的研究，以股票期权激励计划草案公布日前后最接近一期季报披露的短窗口市场反应为基础，[①] 来界定好消息与坏消息。短窗口市场反应为负的，界定为坏消息；短窗口市场反应为正的，界定为好消息。短窗口市场反应以股票期权激励计划草案公布日前后最接近一期季报披露日前后1个交易日窗口内的累积超额收益率来衡量，累积超额收益率为负，则短期市场反应为负；累积超额收益率为正，则短期市场反应为正。累积超额收益率的估算采用市场模型，以股票期权激励计划草案公告日前后最接近一期季报披露日前272个至2个交易日区间，作为估算预期日收益率计算参数的窗口期。

---

① 国内外有些研究以业绩预告为基础来界定信息披露的好坏性质。由于业绩预告在我国不是经常性披露报告，加之本研究样本规模并大，使得本研究无法以业绩预告为基础来判定信息披露性质。

2. 基于季度净利润增减变动的界定

以股票期权激励计划草案公告日前后，最接近一期季报中季度净利润的增减变动为基础，分别按同比和环比两个口径，来界定好消息与坏消息。若季度净利润同比增加的，即草案公告日前后最接近一期季报中的季度净利润，相对于上一年同期增加的，界定为好消息；反之，界定为坏消息。若季度净利润环比增加的，即草案公告日前后最接近一期季报中的季度净利润相对于该季度的上一季度增加的，界定为好消息；反之，界定为坏消息。

3. 基于季度净利润增长率增减变动的界定

以股票期权激励计划草案公告日前后，最接近一期季报中季度净利润增长率的增减变动为基础，分别按同比和环比两个口径，来界定好消息与坏消息。若季度净利润增长率同比增加的，即草案公告日前后最接近一期季报中的季度净利润同比增长率相对于上一年同期季度净利润同比增长率增加的，界定为好消息；反之，界定为坏消息。若季度净利润增长率环比增加的，即草案公告日前后最接近一期季报中的季度净利润环比增长率相对于该季度的上一季度净利润环比增长率增加的，界定为好消息；反之，界定为坏消息。

（二）基于市场反应的信息披露特征分析

表4－15和表4－16是股票期权激励计划草案公告日前后最接近一期季报披露日前后1个交易日累积超额收益率CAR（－1，1）的描述性统计和均值T检验结果。可以看出，股票期权激励计划草案公告日前最接近一期季报披露日前后1个交易日的累积超额收益率显著为负，这说明，平均而言，样本公司在股票期权激励计划草案公告日前披露的最接近一期季报，对于市场而言，是坏消息。股票期权激励计划草案公告日后最接近一期季报披露日前后1个交易日的累积超额收益率为负，但不显著；草案公告日后最接近一期季报披露日前1个交易日的累积超额收益率为正，这说明，平均意义上，样本公司在股票期权激励计划草案公告日前披露的最接近一期季报，对于市场而言，是好、坏差不多。

表4－17是股票期权激励计划草案公告日前后基于市场反应的信息披露特征统计结果。结果显示，在股票期权激励计划草案公告日前，有更多的坏消息被披露，占比达54.90%。而在股票期权激励计划草案公告日后，被披露的坏消息比好消息略多一些，但总体差不多。这与上面描述性统计结果相互印证。总体上看，基于市场反应的信息披露特征分析表明，股票期权激励计划草案公布日前公司管理层更倾向于披露坏消息，而好消息更可能被推迟到股票期权激

励计划草案公布日后披露。研究假设 2 得到支持。

表 4 - 15　　　　　　　草案公告日前后最接近一期季报披露日前后
CAR（-1，1）的描述性统计

Variable	N	Mean	Median	Std. Dev	Min	Max
公告日前 *CAR*（-1，1）	**459**	**- 0. 0044407**	**- 0. 0022000**	**0. 0650149**	**- 1. 1844000**	**0. 1243000**
公告日前 *CAR*（-1，0）	452	- 0. 0035406	0. 0000000	0. 0476106	- 0. 7847000	0. 1538000
公告日前 *CAR*（-1，-1）	459	- 0. 0005813	0. 0002000	0. 0297514	- 0. 3334000	0. 0904000
公告日后 *CAR*（-1，1）	**459**	**- 0. 0012624**	**- 0. 0020003**	**0. 0372121**	**- 0. 2462000**	**0. 1966715**
公告日后 *CAR*（-1，0）	450	- 0. 0038979	- 0. 0019528	0. 0312747	- 0. 1433000	0. 0978000
公告日后 *CAR*（-1，-1）	459	0. 0009499	- 0. 000000125	0. 0270025	- 0. 1119040	0. 1452457

表 4 - 16　　　　　　　草案公告日前后最接近一期季报披露日前后
CAR（-1，1）均值的 T 检验

Variable	N	Mean	Std. Err.	T 值	P 值
公告日前 *CAR*（-1，1）	459	- 0. 0044407	0. 0030346	- 1. 4633000	0. 0720000
公告日后 *CAR*（-1，1）	459	- 0. 0012624	0. 0017369	- 0. 7268000	0. 2339000

表 4 - 17　股票期权激励计划草案公告日前后基于市场反应的信息披露特征统计

类型		样本量	占比（%）	类型		样本量	占比（%）
公告日前	坏消息	252	54. 90	公告日后	坏消息	231	50. 33
	好消息	207	45. 10		好消息	228	49. 67
合计		459	100	合计		459	100

（三）基于季度净利润增减变动的信息披露特征分析

表 4 - 18 是股票期权激励计划草案公告日前后最接近一期季报中季度净利润增减变动的描述性统计结果。从中可以看出，草案公告前季度净利润环比增减变动的中位数为 - 8. 83735% ，是坏消息；而草案公告后季度净利润环比增减变动的中位数为 15. 7718% ，是好消息。这说明，从环比口径看，股票期权激励计划草案公告日前，平均而言，披露的是坏消息；而在股票期权激励计划草案公告日后，平均而言，披露的是好消息。描述性统计结果还显示，草案公告前后季度净利润同比增减变动的中位数均为正数，都属于好消息，但草案公告前季度净利润同比增减变动的中位数要小于草案公告后季度净利润同比

增减变动的中位数，也就是说，相对于草案公告前，草案公告后披露的信息更好。

表 4 - 19 和表 4 - 20 是基于季度净利润同比和环比增减变动的信息披露特征统计结果。可以看到，环比口径上，股票期权激励计划草案公告日前，披露的坏消息更多，占比达 57.96%；而股票期权激励计划草案公告日后，披露的好消息占比达 60.31%，显著更多。在同比口径上，股票期权激励计划草案公告日前后，披露的好消息都更多，但股票期权激励计划草案公告日后，披露的好消息占比更高。因此，综合起来，基于季度净利润增减变动的信息披露特征分析表明，股票期权激励计划草案公布日前公司管理层更倾向于披露坏消息，而股票期权激励计划草案公布日后更倾向于披露好消息。研究假设 2 得以支持。

表 4 - 18　草案公告日前后最接近一期季报中季度净利润增减变动的描述性统计

项　　目	N	Median	Mean	Std. Dev	Min	Max
草案公告前季度净利润环比（%）	382	- 8.8374	76.8943	1199.2670	- 4300.8400	22507.7500
草案公告前季度净利润同比（%）	422	11.3339	10.6024	631.3665	- 8429.3700	4421.0000
草案公告后季度净利润环比（%）	383	15.7718	1195.9540	18467.8600	- 2970.4550	359305.5000
草案公告后季度净利润同比（%）	423	19.8640	194.0408	2420.2710	- 13142.6400	45655.8900

注：由于草案公告日前后时间跨度和同比环比口径因素的影响，表中四个方面的季度净利润数据缺失程度不同，导致样本数量存在差异。为了保证样本规模，未作统一性处理。另外，表中净利润增减变动是两个比较期净利润变动额除以比较基期净利润，即该期净利润增长率。

表 4 - 19　　　　　基于季度净利润同比增减变动的信息披露特征统计

类型		样本量	占比（%）	类型		样本量	占比（%）
公告前	坏消息	146	34.52	公告后	坏消息	135	31.91
	好消息	277	65.48		好消息	288	68.09
合计		423	100	合计		423	100

表 4 - 20　　　　　基于季度净利润环比增减变动的信息披露特征统计

类型		样本量	占比（%）	类型		样本量	占比（%）
公告前	坏消息	222	57.96	公告后	坏消息	152	39.68
	好消息	161	42.04		好消息	231	60.31
合计		383	100	合计		383	100

（四）基于季度净利润增长率增减变动的信息披露特征分析

表 4 - 21 是股票期权激励计划草案公告日前后最接近一期季报中季度净利润增长率增减变动的描述性统计结果。从表中可以看出，草案公告前季度净利润增长率环比增减变动的中位数为 - 5.1829，是坏消息；而草案公告后季度净利润增长率环比增减变动的中位数为 3.3741，属好消息。这说明，从环比口径看，股票期权激励计划草案公告日前，平均而言，披露的是坏消息；而在股票期权激励计划草案公告日后，平均而言，披露的是好消息。描述性统计结果还显示，草案公告前后季度净利润增长率同比增减变动的中位数均为负数，都属于坏消息，但草案公告前季度净利润增长率同比增减变动的中位数要明显小于草案公告后季度净利润增长率同比增减变动的中位数，也就是说，相对于草案公告后，草案公告前披露的信息更坏。同时，草案公告前季度净利润增长率同比增减变动的均值为负数，是坏消息，而草案公告后季度净利润增长率同比增减变动的均值为正数，属于好消息。尽管净利润增长率同比增减变动的均值相对于中位数更容易受极端值影响，但结合起来，还是能够在一定程度上说明问题。

表 4 - 21　　草案公告日前后最接近一期季报中季度净利润增长率
增减变动的描述性统计

项　　目	N	Median	Mean	Std. Dev	Min	Max
草案公告前季度净利润增长率环比变动	382	- 5.1829	- 11701.9600	231149.6000	- 4517464.0000	33930.0000
草案公告前季度净利润增长率同比变动	417	- 10.3166	- 1551.4390	31053.8400	- 633806.3000	12357.0200
草案公告后季度净利润增长率环比变动	383	3.3741	1135.2340	18450.2200	- 3311.1440	358968.6000
草案公告后季度净利润增长率同比变动	421	- 5.0120	96.8263	2556.0620	- 13962.0600	45752.1600

注：由于草案公告日前后时间跨度和同比环比口径因素的影响，表中四个方面的季度净利润数据缺失程度不同，导致样本数量存在差异。为了保证样本规模，未作统一性处理。另外，表中净利润增长率增减变动是指两个比较期净利润增长率的差额。

表 4 - 22 和表 4 - 23 是基于季度净利润增长率同比和环比增减变动的信息披露特征统计结果。可以看到，不论环比还是同比口径，股票期权激励计划草案公告日前，披露的坏消息都更多，占比分别达 55.87% 和 57.38%；而股票

期权激励计划草案公告日后，环比口径上，披露的好消息更多，占比达53.79%，而在同比口径上，披露的坏消息更多一些。总体而言，基于季度净利润增长率增减变动的信息披露特征分析表明，股票期权激励计划草案公布日前公司管理层更倾向于披露坏消息，而股票期权激励计划草案公布日后更倾向于披露好消息。研究假设2得以进一步验证。

表4-22　　　基于季度净利润增长率环比增减变动的信息披露特征统计

类型		样本量	占比（%）	类型		样本量	占比（%）
公告前	坏消息	214	55.87	公告后	坏消息	177	46.21
	好消息	169	44.13		好消息	206	53.79
合计		383	100	合计		383	100

表4-23　　　基于季度净利润增长率同比增减变动的信息披露特征统计

类型		样本量	占比（%）	类型		样本量	占比（%）
公告前	坏消息	241	57.38	公告后	坏消息	222	52.86
	好消息	179	42.62		好消息	198	47.14
合计		420	100	合计		420	100

（五）本部分研究总结

基于股票期权激励计划草案公告前后最接近一期报告披露，从市场反应、季度净利润和净利润增长率增减变动三个方面界定好消息和坏消息，本部分对股票期权激励计划草案公告日前后的信息披露特征进行了研究。研究结果表明，在股票期权激励计划草案公布日以前，公司管理层更倾向于披露坏消息，延迟好消息的披露，而股票期权激励计划草案公布日后更可能披露好消息。这说明，为了配合机会主义低点择时行为，公司管理层围绕股票期权激励计划草案公告，实施了机会主义的选择性信息披露。因此，研究假设2得到验证。

五、股票期权激励计划草案公告前后盈余管理特征分析

为了检验研究假设3，本部分对股票期权激励计划草案公告前后盈余管理特征进行了分析，以考察上市公司管理层是否会围绕股票期权激励计划草案公告，实施相机盈余管理。也就是说，在股票期权激励计划草案公告前，上市公司管理层是否更倾向于实施向下盈余管理或减少向上盈余管理，而草案公告后

是否更倾向于实施向上盈余管理或较少向下盈余管理。

（一）盈余管理的计量方法

夏立军（2003）对多个盈余管理计量模型在我国股票市场的使用效果进行了分析比较，研究表明，使用截面数据并分行业估计的 Jones 模型经过一定调整后能够较好地揭示出我国上市公司的盈余管理程度。因此，我们采用经过行业调整的截面 Jones 模型和经过行业调整的截面修正的 Jones 模型来估算样本公司的季度操控性应计利润，并以此来计量季度盈余管理程度。具体估算过程如下。

1. 根据经过不同行业分组的季度数据，运用下面模型（1）回归得到行业特征参数 a_1、a_2、a_3 的 OLS 估计值 α_1、α_2、α_3。其中，$GA_{i,t}$ 是公司 i 第 t 期的扣除营业外收支前总应计利润，即 $GA_{i,t} = EBXI_{i,t} - CFO_{i,t}$，$EBXI_{i,t}$ 为公司 i 第 t 期的营业利润，$CFO_{i,t}$ 为公司 i 第 t 期的经营活动现金流量净额，$\Delta REV_{i,t}$ 是公司 i 第 t 期主营业务收入变化额，$PPE_{i,t}$ 是公司 i 第 t 期末厂房、设备等固定资产原值，A_{t-1} 是公司 i 第 $t-1$ 期末的总资产。

$$GA_{i,t}/A_{i,t-1} = \alpha_1(1/A_{i,t-1}) + \alpha_2(\Delta REV_{i,t}/A_{i,t-1}) + \alpha_3(PPE_{i,t}/A_{i,t-1}) + \varepsilon_{i,t} \quad (1)$$

2. 将上步骤得到的行业特征参数 a_1、a_2、a_3 带入下面公式（2）和公式（3），分别计算得到 $NDA_{i,t}$ 和 $NDAadj_{i,t}$。其中，$NDA_{i,t}$ 是经过 $t-1$ 期末总资产调整后的公司 i 的非操控性应计利润，$NDAadj_{i,t}$ 是经过 $t-1$ 期末总资产调整后公司 i 的修正的非操控性应计利润；$\Delta REC_{i,t}$ 是公司 i 第 t 期应收账款变化额。

$$NDA_{i,t} = a_1(1/A_{i,t-1}) + a_2(\Delta REV_{i,t}/A_{i,t-1}) + a_3(PPE_{i,t}/A_{i,t-1}) \quad (2)$$

$$NDAadj_{i,t} = a_1(1/A_{i,t-1}) + a_2[(\Delta REV_{i,t} - \Delta REC_{i,t})/A_{i,t-1}] + a_3(PPE_{i,t}/A_{i,t-1}) \quad (3)$$

3. 运用下面公式（4）和公式（5），分别计算得到操控性应计利润 $DA_{i,t}$ 和修正的操控性应计利润 $DAadj_{i,t}$。其中，$TA_{i,t}$ 是公司 i 第 t 期末的总应计利润，即 $TA_{i,t} = NI_{i,t} - CFO_{i,t}$，$NI_{i,t}$ 为公司 i 第 t 期的净利润。

$$DA_{i,t} = TA_{i,t}/A_{i,t-1} - NDA_{i,t} \quad (4)$$

$$DAadj_{i,t} = TA_{i,t}/A_{i,t-1} - NDAadj_{i,t} \quad (5)$$

（二）股票期权激励计划草案公告前后操控性应计利润分布特征分析

表 4-24 和表 4-25 是股票期权激励计划草案公告前后非修正和修正的操

控性应计利润的描述性统计结果；其中，Q-1 表示股票期权激励计划草案公告前最接近股票期权激励计划草案公告日的一期季报，Q-2 表示 Q-1 前一期季报；Q1 表示股票期权激励计划草案公告后最接近股票期权激励计划草案公告日的一期季报，Q2 表示 Q1 后一期季报。

表 4-24　　　　股票期权激励计划草案公告前后非修正的操控性
应计利润的描述性统计

Quarter	N	Mean	Median	Std. dev	Min	Max
Q-2	409	0.0128	0.0067	0.0558	-0.1451	0.3682
Q-1	435	0.0087	0.0032	0.0607	-0.3130	0.3003
Q1	443	0.0062	0.0029	0.1051	-1.5273	0.9128
Q2	444	0.0069	0.0025	0.0506	-0.2055	0.4559

注：由于部分样本公司上市不久，加之估算操纵性应计利润需要上一期总资产数据，导致不同季度操纵性应计利润数据缺失程度不同，因而样本数量存在差异。为了保证样本规模，未作统一性处理。下同。

表 4-25　　　　股票期权激励计划草案公告前后修正的操控性
应计利润的描述性统计

Quarter	N	Mean	Median	Std. dev	Min	Max
Q-2	405	0.0139	0.0070	0.0594	-0.1235	0.5346
Q-1	428	0.0098	0.0043	0.0632	-0.3148	0.3022
Q1	439	0.0060	0.0032	0.1032	-1.5539	0.8175
Q2	432	0.0074	0.0030	0.0494	-0.1725	0.4610

　　表中结果显示，股票期权激励计划草案公告前最接近一期季报中的操控性应计利润，不论是非修正的，还是修正的，都为正数但均在下降。这表明，股票期权激励计划草案公告前，上市公司向上盈余管理程度在减少。股票期权激励计划草案公告后最接近一期季报中的操控性应计利润，不论是非修正的，还是修正的，都为正数并继续在下降，但在随后的一期开始上升。这说明，在股票期权激励计划草案公告后，上市公司先是继续减少向上盈余管理程度，然后开始增加向上盈余管理程度。图 4-12 和图 4-13 更加直观地反映了这一走势。股票期权激励计划草案公告前后季度操控性应计利润的这一走势，虽然不能说明在股票期权激励计划草案公告前上市公司管理层更倾向于实施向下盈余管理，但是，基本上能够说明在股票期权激励计划草案公告前上市公司管理层更倾向于减少向上盈余管理，而草案公告后倾向于实施向上盈余管理。因此，

对股票期权激励计划草案公告前后盈余管理特征的分析表明，上市公司管理层会围绕股票期权激励计划草案公告，实施一定程度的相机盈余管理，以配合机会主义授权择时和信息披露择时。研究假设 3 得到验证。

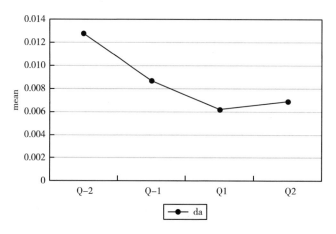

图 4 – 12   股票期权激励计划草案公告前后非修正的操控性应计利润的走势

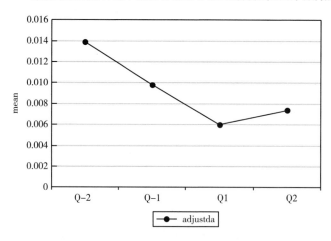

图 4 – 13   股票期权激励计划草案公告前后修正的操控性应计利润的走势

六、本节研究结论与总结

众所周知，公司管理层通过股票期权激励所获的预期收益取决于股票期权行权后出售股票的收入减去行权价格后的差额。作为理性经济人，公司管理层本能地具有最大化股票期权激励所获预期收益的激励；而要想最大化股票期权激励所获预期收益，要么最大化股票期权行权后出售股票的收入，要么最小化行权价格。在股票期权激励授予阶段，对于公司管理层来说，股票期权未来行权后的股票价格是不确定的，所以最大化股票期权激励所获预期收益的唯一途径，便是最小化行权价格。根据中国证监会的规定，行权价格的定价基础是股票期权激励计划草案公告日前 1 个交易日股价与前 30 个交易日平均股价的较高者。因此，作为理性经济人，公司管理层在股票期权激励计划授权环节存在为了最小化行权价格而低点择时的动机。由于公司管理层对股票期权激励契约制定和执行过程拥有实质的影响力，以及对相关信息披露和应计项目会计处理具有自由裁量权，加之目前公司治理的内部机制和外部制度环境不健全，缺乏有效的监督体系，使得授权环节机会主义择时行为往往在所难免。

本节以 2006 年 1 月 1 日～2015 年 12 月 31 日期间 A 股上市公司首条股票期权激励草案披露事件为研究对象，对股票期权激励计划草案公告环节是否存在机会主义择时行为进行了理论分析和实证检验，得到以下研究发现。

首先，股票期权激励计划草案公告日前后累积超额收益率分布符合机会主义低点授权择时的典型特征。股票期权激励计划草案公告日前 30 个和 25 个交易日内的累积平均超额收益率均显著为负，而股票期权激励计划草案公告日后 30 个和 25 个交易日内的累积平均超额收益率均显著为正，完全符合机会主义低点授权择时所具有的典型累积超额收益率模式特征（耶迈克，1997；厄鲍迪和凯斯尼克，2000）。研究还发现，草案公告日前 30 个、25 个和 15 个交易日累积平均超额收益率，减去草案公告日后 30、25 和 15 个交易日累积平均超额收益率，其差额的均值均显著为负；三个窗口期内，草案公告日前的累积平均超额收益率小于草案公告日后的累积平均超额收益率的样本，占总样本的比重均超过 50%。研究结果表明，股票期权激励计划草案公告前，上市公司股价更可能处于最低水平，也就是说，在股票期权激励计划草案推出环节，上市公司管理层存在机会主义低点择时行为。

其次，围绕股票期权激励计划草案公布，存在机会主义选择性信息披露。基于股票期权激励计划草案公告前后最接近一期报告披露，从基于市场反应、基于季度净利润和净利润增长率增减变动三个方面，对股票期权激励计划草案公告日前后的信息披露特征进行研究的结果表明，在股票期权激励计划草案公布日以前，公司管理层更倾向于披露坏消息，延迟好消息的披露，而股票期权激励计划草案公布日后更可能披露好消息。这说明，为了配合机会主义低点择时行为，公司管理层围绕股票期权激励计划草案公告，实施了机会主义的选择性信息披露。

最后，围绕股票期权激励计划草案公布，存在相机盈余管理行为。股票期权激励计划草案公告前后操控性应计利润分布特征基本上能够说明，在股票期权激励计划草案公告前，上市公司管理层更倾向于减少向上盈余管理，而草案公告后倾向于实施向上盈余管理。因此，上市公司管理层围绕股票期权激励计划草案公告，实施了一定程度的相机盈余管理，以配合机会主义授权择时和信息披露择时。

第三节   机会主义授权择时的影响因素研究

根据第二节的研究我们可以知道，上市公司管理层在股票期权激励计划授权阶段存在机会主义低点择时行为，旨在最小化初始行权价格的设定，从而最大化股票期权激励预期收益。这种机会主义低点择时行为降低了股票期权激励的有效性，并对公司信息披露和应计项目会计处理产生了负面影响。那么，什么样的因素会对这种机会主义低点择时行为产生影响以及产生怎样的影响？本节将依据激励理论和代理理论等，从激励契约要素、公司治理机制和外部制度环境三个层面，对此展开理论分析和实证研究。

一、理论分析与研究假设

（一）股票期权激励契约基本要素的影响分析

股票期权激励计划本质上是公司股东与管理层之间订立的长期激励契约，很显然，该激励契约基本要素的设定会影响被激励对象公司管理层的机会主义择时行为。股票期权激励契约基本要素主要包括激励总强度、高管人员激励强度、等待期、行权有效期等。

首先，激励强度是影响机会主义择时行为的股票期权激励契约的基本要素。激励强度包括激励总强度和高管人员激励强度，其中，激励总强度是指股票期权激励计划所授予的激励总数占公司股本的比重，高管人员激励强度是指高管人员所授予的激励总数占股票期权激励计划所授予激励总数的比重。根据笔者依据 CSMAR 财经研究数据库所做的股权激励授予明细的统计，我国上市公司所推出股权激励计划中"本次授予激励数量占总股本比例"的均值是 1.900502%，标准差为 1.756895%，中位数为 1.49%，最小值 0.005%，最大值 10%。可见，不同公司股权激励契约所设定的激励总强度存在较大差异。同时，"本次授予高管权益占本次授予激励数量比例"的均值是 0.2547333%，标准差为 0.273415%，最小值 0%，最大值 1%。因此，授予高管权益的占比在不同公司也存在显著差别。激励强度越大，管理层所授激励份额越多，从而单位行权价格的边际降低所带来的预期激励总收益就会越多。因此，作为个人效用最大化的理性经济人，公司管理层实施机会主义低点择时的动机就会愈加强烈。据此，提出以下研究假设：

研究假设 1a：股票期权激励计划所设定的激励总强度越高，公司管理层机会主义低点择时的程度就越大；

研究假设 1b：股票期权激励计划所设定的高管人员激励强度越高，公司管理层机会主义低点择时的程度就越大。

其次，激励有效期也是影响机会主义择时行为的股票期权激励契约的基本要素。根据中国证监会 2006 年实施的《上市公司股权激励管理办法（试行）》，股票期权的有效期从授权日计算不得超过 10 年，股票期权授权日与获授股票期权首次可以行权日之间的间隔（即等待期）不得少于 1 年。国务院国资委 2006 年的《国有控股上市公司（境内）实施股权激励试行办法》进一步指出，在股权激励计划有效期内，每期授予的股票期权，均应设置行权限制期和行权有效期，并按设定的时间表分批行权，其中，行权限制期原则上不得少于 2 年，行权有效期不得低于 3 年。在限制期内不可以行权，行权有效期内原则上采取匀速分批行权办法；超过行权有效期的，其权利自动失效，并不可追溯行使。根据笔者依据 CSMAR 财经研究数据库所做的股权激励授予明细的统计，实践中，上市公司所设定的股票期权激励有效期均值是 4.984891 年，中位数为 5 年，最小值 3 年，最大值 10 年；等待期均值为 1.227515 年，中位数为 1 年，最小值 1 年，最大值 3 年；首次行权期均值 3.348055 年，中位数为 3 年，最小值 2 年，最大值 9 年。由此可见，激励有效期实际上是由等待期和行权有效期两个部分组成。然而，等待期和行权有效期对机会主义择时行为的影响是不同的。由于等待期（或称行权限制期）内不可以行权，因此，等待期越长，发生不可预知事件的可能性越大，股价变动的范围就越大，公司管理层股票期权预期收益的不确定性就越大，为此公司管理层越有动机实施机会主义低点择时，以最大化股票期权预期收益，从而平衡这种可能的风险。与等待期不同，行权有效期内公司管理层可以分期行权，这使得公司管理层的股票期权预期收益可以通过分期行权而逐步得以实现。行权有效期越长，公司管理层所获授股票期权分期行权的择机窗口越长，所获授股票期权预期收益不能完全实现的可能性就越小，从而公司管理层基于最大化股票期权激励预期收益而实施机会主义低点择时的动机就越小。据此，我们提出以下研究假设：

研究假设 2a：股票期权激励计划所设定的等待期越长，公司管理层机会主义低点择时的程度就越大；

研究假设 2b：股票期权激励计划所设定的行权有效期越长，公司管理层机会主义低点择时的程度就越小。

（二）公司治理机制的影响分析

股票期权激励契约基本要素直接决定了公司管理层通过股票期权激励计划所获得预期收益的大小，因此是影响机会主义择时行为的内在动因，而公司治理机制则是影响机会主义择时行为的外在条件，公司治理机制弱化会为公司管理层实施机会主义择时行为创造有利机会。在公司治理机制中，股权结构的优化安排是基础，董事会独立性是核心，如何激励和约束管理层是关键。

1. 股权结构的影响分析

股权结构有性质和数量两个维度，包括股权的所有制结构和股权集中度两个方面。在股权的所有制结构上，我国上市公司股权结构的一大特点是国有股权的广泛存在。由于国有股权"所有者缺位"的天然缺陷，使得国有控股公司具有"行政干预下的内部人控制"的基本治理特征（吴敬琏，1995；张春霖，1995），而这种"内部人控制"治理特征为国有控股公司内部人公司管理层实施机会主义择时行为创造了有利条件。股票期权激励协调股东与公司管理层之间代理冲突的有效手段，不过，同时也增强了公司管理层利用股票期权激励过程，谋取个人私利的激励。如果相关内部治理机制没有跟进配套，股票期权激励可能会沦为代理问题来源（伯切克和弗里德，2003；吕长江等，2009）。内在激励的强化和外部治理机制的弱化必然增加了国有控股公司管理层实施机会主义择时的可能性。因此，我们预期，相对于非国有控股公司，国有控股公司管理层更可能实施机会主义择时行为。在股权集中度方面。既有研究证据表明，大股东的存在有利于加强对公司管理层的监督，从而解决内部人控制问题（施莱弗和维什尼，1986；等等）。第一大股东持股比例越高，其自身利益与公司价值之间的联系就越紧密，大股东就越有动力去监督公司管理层，从而避免出现由于中小投资者"搭便车"行为所引起的对公司管理层监督不力问题；同时，随着持股比例的增加，大股东因为拥有足够的投票权而能够直接参与公司经营决策，从而降低了其与公司管理层之间的信息不对称，监督公司管理层的单位成本就会相应下降。也就是说，股权集中是解决内部人控制问题的一种公司治理手段，第一大股东持股比例越高，监督与约束公司管理层机会主义行为的动机和能力就越强，因此，我们预期，随着股权集中度的提高，公司管理层实施机会主义择时的程度将会下降。据此，提出以下研究假设：

研究假设 3a：相对于非国有控股公司，国有控股公司管理层实施机会主义择时行为的程度更大；

研究假设 3b：股权集中度越高，公司管理层实施机会主义择时行为的程度越大。

2. 董事会独立性的影响分析

在由股东大会、董事会、监事会和经理层四部分组成的公司法人治理结构中，董事会是决策和监督机构，一方面，具有制定公司的经营方针和战略决策、选聘管理层并确定其薪酬契约的权力；另一方面，还肩负着监控公司管理层机会主义行为、最大化企业价值的责任。董事会在公司治理中的作用发挥，其核心问题是如何在保证决策效率的情况下尽可能保持独立性。只有具有自主权、独立性的董事会，才更能独立地站在公司股东的立场考虑问题，以股东利益最大化为目标，制定激励相容的管理层薪酬激励契约，并对其执行发挥有效的监督作用，激励高管层努力工作。独立董事是保障董事会独立性的一项重要制度安排，独立董事的设立会降低董事和高管共谋租金的可能性（法马，1980），以实现董事会适度的权力平衡，防止董事会被某个人或极少数人操纵［科伊尔（Coyle），2007］。独立董事在董事会中的占比越高，董事会的独立性相对越强，高管层更难对董事会形成控制，公司管理层机会主义行为被监督和制约的可能性和程度就越大。因此，我们预期，董事会独立性越强，公司管理层实施机会主义择时行为的程度就会越小。据此，提出以下研究假设：

研究假设 4：董事会独立性越强，公司管理层实施机会主义择时行为的程度就会越小。

3. 管理层权力的影响分析

所谓管理层权力，就是管理层对公司财务和经营决策的控制程度。既有研究表明，董事长与总经理二职由一人兼任，会导致管理层对公司财务和经营决策的控制力度更大，管理层权力更大；而董事长与总经理二职由两人分任，有助于增强董事会内部的相互牵制作用，一定程度上制约管理层权力（权小峰等，2010）。此外，管理层持股比例也常常成为衡量管理层权力大小的指标（吕长江和赵宇恒，2008）。当管理层持有公司股份时，管理层就兼有股东身份，具有股东的投票表决权，这使得其对公司的财务和经营决策的影响和控制程度会更大，而且随着管理层持股比例的增加，管理层权力会更大。管理层权力的膨胀使得管理层具有利用其掌握的权力获取私人利益的可能性，而股票期权激励计划安排则会诱发管理层实施机会主义行为的内在动机。正如管理层权力论所指出的那样，由于管理层权力的膨胀，董事会在薪酬激励契约制定与执行过程中失去了应有的独立性，加之经理人市场等约束机制往往不能有效地发挥作用，最终致使股权激励沦为管理层寻租的工具，不再是解决代理问题的有效手段，而成为代理问题的来源（伯切克、弗里德和沃克，2003）。由于我国上市公司治理机制尚处于健全与完善之中，管理层权力的膨胀应该会诱发其实施机会主义择时行为。因此，我们预期，管理层权力大的公司，机会主义择时行为的程度会更大。据此，提出以下研究假设：

研究假设 5a：相对于董事长与总经理二职分置的公司，董事长与总经理二职兼任的公司管理层实施机会主义择时行为的程度更大；

研究假设 5b：随着高管层持股比例的增加，公司管理层实施机会主义择时行为的程度增大。

（三）外部制度环境的影响分析

机会主义择时程度不仅会受内部治理机制的影响，还会受到来自公司所处的外部制度环境因素的影响，而且外部制度环境因素对机会主义择时程度的影响，往往是通过公司内部治理机制来发挥作用。"新兴加转型"是我国目前经济的基本特征，而市场化进程则是上市公司所处外部制度环境的一个重要因素，其很大程度上决定了公司控制权市场、经理人市场等外部公司治理机制的有效性。由于资源禀赋、地理位置、国家政策等因素的不同，我国各地区的市场化进程存在显著的不平衡，特别是东部沿海省份和西部地区，公司所处地区的市场化程度差别非常大（樊纲、王小鲁和朱恒鹏，2011）。在沿海省份，市场竞争和价格机制已日益成为经济资源配置的主导力量；而在西部地区，经济资源配置中非市场手段仍占有非常重要的地位。从公司控制权市场看，处于市场化程度高的地区，市场竞争和价格机制是支配公司控制权市场的主导力量，目标公司的发现和公司控制权定价等主要依靠市场机制，管理层代理成本高的公司更可能成为并购对象，这时，公司控制权市场成为一种较为有效的约束管理层机会主义行为的外部公司治理机制；市场化程度低的地区，支配公司控制权市场的主导力量是非市场因素，代理成本高、经营不善的公司因为政府干预而不能成为被并购对象，使得公司控制权市场难以成为一种约束管理层机会主义行为的外部公司治理力量。从经理人市场看，市场化程度的提高会增加人力资源流通的开放性，管理层人力资本定价更加市场导向，不称职的管理层更容易被市场识别出来，而给予较低的市场定价，此时，经理人市场会成为约束管理层机会主义行为的一种外部公司治理机制；而在市场化程度低的地区，经理人市场的这种约束管理层机会主义行为的治理作用将难以发挥。因此，我们预期，所处地区市场化程度低的公司，其管理层实施机会主义择时行为的程度会更大。据此，提出以下研究假设：

研究假设 6a：相对于所处地区市场化程度高的公司，所处地区市场化程度低的公司管理层实施机会主义择时行为的程度会更大；

研究假设 6b：市场化程度低会强化公司治理机制和股票期权激励基本要素对公司管理层机会主义择时程度的影响。

二、研究设计

（一）样本选取及数据来源

1. 样本选取

本部分以 2006 年 1 月 1 日～2015 年 12 月 31 日期间 A 股上市公司第一条股权激励草案披露事件为研究对象，即以 CSMAR 财经研究数据库中股权激励方案表中，首次公告股票期权激励计划草案的事件为研究对象，剔除方案取消以及首次公告后再次调整的样本、采用市场模型估计累积超额收益时缺少股票收益率数据的样本，得到研究样本 471 个；再剔除缺失股票期权激励基本要素和公司治理特征数据的样本，最后得到 453 个有效研究样本。

2. 数据来源

本部分有关股权激励方案及其基本要素相关数据来源于 CSMAR 财经研究数据库，个股收益率、市场收益率、收益波动率、财务指标等数据来自 RESSET 金融数据库，实际控制人、市值比率以及其他财务数据来自 CSMAR 财经研究数据库，地区市场化程度数据取自樊纲、王小鲁和朱恒鹏编制的《中国市场化指数——各地区市场化相对进程 2011 年报告》中市场化指数总得分。①

（二）回归模型及变量定义

1. 回归模型

为了验证研究假设，本部分在借鉴弗瑞德若赤等（Friederich et al.，2002）、曾庆生（2008）、蔡宁（2011）等关于内部人交易择时的研究方法基础上，构建以下回归模型：

---

① 由于该报告只计算截止到 2009 年各地区市场化相对进程的数据，对于 2009 年以后各地区市场化相对进程的数据，我们以 2009 年的数据替代。

$$Diffacar = \beta_0 + \beta_1 Protleuq + \beta_2 Executvrat + \beta_3 Moratorium + \beta_4 Excisperiod$$
$$+ \beta_5\ Volatility\ + \beta_6 P/B + \beta_7 ROE + \beta_8 Totassrat + \beta_9 Equmul$$
$$+ \beta_{10}\ Stckvalue\ + \beta_{11} Year + \beta_{12} Indu + \varepsilon \quad (1)$$

$$Diffacar = \beta_0 + \beta_1\ Stateown + \beta_2\ Shrcr1 + \beta_3\ Excuhldr + \beta_4\ Indepnbd$$
$$+ \beta_5\ Duality + \beta_6\ Protleuq + \beta_7\ Executvrat\ + \beta_8\ Validity$$
$$+ \beta_9\ Volatility + \beta_{10} P/B + \beta_{11} ROE + \beta_{12} Totassrat\ + \beta_{13} Equmul$$
$$+ \beta_{14} Stckvalue\ + \beta_{15} Year + \beta_{16} Indu + \varepsilon \quad (2)$$

其中，第 1 个模型用来检验有关股票期权激励契约基本要素影响方面的研究假设，第 2 个模型用来检验有关公司治理机制影响方面的研究假设。为了检验市场化程度对机会主义择时的影响，本书将研究样本按是否大于或小于市场化程度变量的均值划分为低市场化程度组和高市场化程度组，分别执行模型 2，通过对比检验假设。

2. 变量定义

（1）被解释变量。

*Diffacar*15：机会主义择时程度，用股票期权激励计划草案公告日后 15 个交易日累积平均超额收益减去草案公告日前 15 个交易日累积平均超额收益的差额来衡量。这种衡量机会主义择时程度的方法借鉴了弗瑞德若赤等（Friederich et al.，2002）、曾庆生（2008）、蔡宁（2011）关于内部人交易择时的研究。由于内部人交易择时考察焦点为是否在股票价格高点时出售股票、交易前后股票累积超额收益模式为前正后负，所以，上述研究在衡量择时程度时使用交易前累积超额收益减交易后累积超额收益的差额。本书研究公司管理层是否基于最小化初始行权价格而低点择时推出股票期权激励草案，其累积超额收益模式为前负后正，因此，我们采用草案公告后累积超额收益减草案公告前累积超额收益的差额来衡量择时程度。为了使检验结果更加可靠有说服力，我们在稳健检验中还采用以下两种衡量机会主义择时程度的方法：一是以股票期权激励计划草案公告日后 15 个交易日累积超额收益减去草案公告日前 15 个交易日累积超额收益（*Diffcar*15）；二是股票期权激励计划草案公告日后 25 个交易日累积平均超额收益减去草案公告日前 25 个交易日累积平均超额收益（*Diffacar*25）。

（2）解释变量。

①有关股票期权激励契约基本要素方面的变量。

Protleuq：股票期权激励强度，即该激励方案授予股票期权激励数量除以公司总股本。该变量数值越大，表明股票期权激励强度就越大，根据前文理论分析，该变量预期符号为正。

Executvrat：高管股票期权激励强度，即该激励方案授予公司高管人员股票期权激励数量除以该激励方案授予股票期权激励数量。该变量数值越大，说明高管人员股票期权激励强度就越大，根据前文理论分析，该变量预期符号为正。

Validity：激励有效期，即股票期权授权日与获授股票期权失效日之间的期限。根据前文理论分析，激励有效期越长，能否行权以及股票期权预期收益的不确定性越大，公司管理层更有可能实施低点行权择时，以平衡股票期权预期收益不确定的风险。也就是说，该变量预期符号为正。

Moratorium：等待期，也称行权限制期，即股票期权授权日与获授股票期权首次可以行权日之间的间隔期。根据前文理论分析，等待期越长，股票期权预期收益的不确定性越大，公司管理层更有可能实施低点行权择时。也就是说，该变量预期符号为正。

Excisperiod：股票期权激励首次行权有效期，即首次可行权日至股票期权失效日止的期限。根据前文理论分析，行权有效期越长，行权择时的空间和自由度越大，股票期权预期收益不确定的程度越小，公司管理层实施机会主义择时行为的动机就越小，故该变量预期符号为负。

②有关公司治理机制方面的变量。

Stateown：产权性质，哑变量，国有资本最终控股的，取值为1；否则为0。根据前文理论分析，国有控股公司存在严重的内部人控制问题，这为其管理层实施机会主义择时行为提供了有利条件，故该变量预期符号为正。

*Shrcr*1：股权集中度，公司第一大股东持股比例。根据前文理论分析，该变量数值越大，股权集中度越高，大股东越有激励监督公司管理层机会主义择时行为。因此，该变量符号预期为负。

Indepnbd：董事会独立性，独立董事人数/董事会人数。该变量数值越大，董事会独立性越高，根据前文理论分析，董事会越能肩负起监督管理层行为的职责，因此，该变量符号预期为负。

Excuhldr：高管持股比例，高管持股数量/公司总股本数量，用来衡量管理层权力大小。根据前文理论分析，高管层持有公司股票比例越大，表明其权力越大，从而越有能力实施机会主义择时行为，因此，该变量符号预期为正。

Duality：二职兼任，哑变量，董事长与总经理二职由一人兼任的，取值为1；否则为0，用来衡量管理层权力大小。根据前文理论分析，董事长与总经理二职由一人兼任的，表明管理层权力越大，从而越有能力实施机会主义择时行为，因此，该变量符号预期为正。

Indxmarket：市场化程度，以樊纲、王小鲁和朱恒鹏（2011年）编制的中

国市场化指数总得分来衡量。其中，2006～2009 年的市场化指数数据直接来源于樊纲、王小鲁和朱恒鹏编制的《中国市场化指数：各地区市场化相对进程 2011 年报告》，2010～2015 年的市场化指数数据以 2009 年的数据替代。

③有关公司特征方面的变量。

Volatility：股票收益波动率，根据股票日收益数据计算的历史波动率，即股票日收益率的标准差，用来控制股票风险对公司管理层机会主义择时行为的影响。股票收益波动率越大，股票期权预期收益的不确定性越大，公司管理层期望的风险溢价就越高，实施低点择时的动机就越强。故该变量预期符号为正。

Stckvalue：股票总市值，以股票总市值的自然对数衡量，用来控制公司规模对机会主义择时行为的影响。

P/B：市净率，以每股股价/每股净资产衡量，用来控制公司成长能力对机会主义择时行为的影响。

ROE：净资产收益率，以净利润/净资产衡量，用来控制公司盈利能力对机会主义择时行为的影响。

Equmul：权益乘数，以资产总额/股东权益总额衡量，用来控制公司财务风险对机会主义择时行为的影响。

Totassrat：总资产周转率，以营业收入/资产总额衡量，用来控制公司运营能力对机会主义择时行为的影响。

Year：年度哑变量。样本期间涵盖 2006～2015 年期间共 10 个年度，故设置 9 个年度哑变量，以控制经济周期因素对机会主义择时行为的影响。

Indu：行业哑变量。按中国证监会 2001 年的行业分类标准（其中，制造业样本过多，按次大类划分，其他行业以大类为准），共有 22 个行业。剔除金融行业，最后设置 20 个行业哑变量，以控制行业因素对机会主义择时行为的影响。

以上所有变量及定义见表 4-26。

表 4-26　　　　　　　　　　　　变量定义

变量类型	变量名称	变量含义	变量定义
被解释变量	Diffacar15	机会主义择时程度	股票期权激励计划草案公告日后 15 个交易日 ACAR（1，15）减草案公告日前 15 个交易日 ACAR（-15，-1）的差额
	Diffcar15		股票期权激励计划草案公告日后 15 个交易日 CAR（1，15）减草案公告日前 15 个交易日 CAR（-15，-1）的差额
	Diffacar25		股票期权激励计划草案公告日后 25 个交易日 ACAR（1，25）减草案公告日前 25 个交易日 ACAR（-25，-1）的差额

续表

变量类型	变量名称	变量含义	变量定义
解释变量	*Protleuq*	激励强度	激励总数占总股本比重
	Executvrat	高管激励强度	高管人员被授予股票期权激励数量占激励总数的比重
	Validity	激励有效期	股票期权授权日与获授股票期权失效日之间的期限
	Moratorium	等待期	行权限制期，股票期权授权日与获授股票期权首次可以行权日之间的间隔期
	Excisperiod	行权有效期	股票期权激励首次行权有效期，即首次可行权日至股票期权失效日止的期限
	Stateown	产权性质	国有资本最终控股的，取值为1；否则为0
	*Shrcr*1	股权集中度	公司第一大股东持股比例
	Excuhldr	高管持股比例	高管持股数量/公司总股本数量
	Indepnbd	董事会独立性	独立董事人数/董事会人数
	Duality	二职兼任	董事长与总经理二职由一人兼任的，取值为1；否则为0
	Indxmarket	市场化程度	樊纲、王小鲁和朱恒鹏（2011年）编制的中国市场化指数总得分，其中，2009年以后的数据用2009年数据替代
	Indxmrktmean		哑变量，高于*Indxmarket*变量均值的，取值为1，低于*Indxmarket*变量均值的，取值为0
控制变量	*Volatility*	股票收益波动率	股票日收益率的标准差，数据取自RESSET数据库
	Stckvalue	股票总市值	股票总市值的自然对数
	P/B	市净率	每股股价/每股净资产
	ROE	净资产收益率	净利润/净资产
	Equmul	权益乘数	资产总额/股东权益总额
	Totassrat	总资产周转率	营业收入/资产总额
	Year	年度哑变量	属于该年度的，取值为1，否则取值0
	Indu	行业哑变量	属于该行业的，取值为1，否则取值0

三、实证分析

(一) 变量的描述性统计

表 4 - 27 呈现的是虚拟变量描述性统计结果。可以看出，在研究样本中，由国有控股的样本有 73 个，占总样本的 16.11%，表明在推出股票期权激励计划草案的样本公司中，非国有控股公司占大多数，占比达 83.89%。董事长与总经理两职由同一人兼任的样本，占总研究样本的 35.76%，这说明在公告股票期权激励计划草案的样本公司中，有超过 1/3 样本公司其管理层对公司董事会的影响力较大。统计结果还显示，有 62.47% 样本公司所处地区的市场化程度高于均值，表明市场化程度高的地区，推出股票期权激励计划草案的样本公司数量也较多，这意味着，外部制度环境是影响股票期权激励契约制定与执行的一个重要因素。

表 4 - 27　　　　　　　　　　　虚拟变量描述性统计

变量	N	取值为 1 样本数量	取值为 1 样本数量占总样本比例（%）
Stateown	453	73	16.11
Duality	453	162	35.76
Indxmrktmean	453	283	62.47

表 4 - 28 是连续型变量的描述性统计结果。从中可以发现，机会主义择时程度变量（*Diffacar*15）的均值为 0.0064749，中位数是 0.0019，说明大多数样本公司股票期权激励草案公告前的平均累积超额收益小于股票期权激励草案公告前的平均累积超额收益，这不仅再次验证了样本公司存在机会主义择时行为的假设，而且说明总体上样本公司机会主义择时程度较高。该变量的标准差为 0.0936893，最大值是 0.5873，最小值为 - 0.3394，说明机会主义择时程度的离散程度较大，不同样本公司的机会主义择时程度存在显著差异。衡量机会主义择时程度的另外两个变量（*Diffcar*15）和（*Diffacar*25）的均值也都大于零，并且离散程度更大。总体上看，三个刻画机会主义择时程度的变量具有类似的统计特征。

激励强度变量（*Protleuq*）的均值为 3.284967，说明样本公司首次授予的股票期权激励数量占总股本的比重平均为 3.284967%，标准差是 2.329208，意味着不同样本公司之间激励强度离散程度较大。高管激励强度变量（*Ex-ecutvrat*）的均值为 23.45835%，即样本公司首次授予的股票期权激励数量中平均有 23.45835% 的授予对象是公司高管人员，核心技术人员被授予了平均 76.54% 的激励数量。统计结果显示，样本公司推出的首次股票期权激励方案的激励有效期（Validity）平均为 4.964604 年，其中，等待期（Moratorium）平均为 1.220618 年，行权有效期（Excisperiod）平均为 3.336245 年；等待期（Moratorium）的离散程度相对较小，而行权有效期（Excisperiod）的标准差相对较大。

表 4 – 28　　　　　　　　　　连续型变量描述性统计

Variable	N	Mean	Median	Std	Min	Max
Diffacar15	453	0.0064749	0.0019000	0.0936893	– 0.3394000	0.5873000
Diffcar15	453	0.0077274	– 0.0024000	0.1712844	– 0.6464000	1.4187000
Diffacar25	453	0.0209240	0.0095000	0.1427267	– 0.6190000	1.6291000
Protleuq	453	3.2849670	2.8068500	2.3292080	0.0400000	10.7800000
Executvrat	453	0.2345835	0.1849204	0.2074726	0.0000000	1.0000000
Validity	453	4.9646040	5.0000000	1.3326570	3.0000000	10.0000000
Moratorium	453	1.2206180	1.0000000	0.4298219	1.0000000	3.0000000
Excisperiod	453	3.3362450	3.0000000	0.7717926	2.0000000	9.0000000
Shrcr1	453	35.0383500	32.8177000	14.9555500	6.4820000	81.8510000
Excuhldr	453	0.1172665	0.0136989	0.1761657	0.0000000	0.7954250
Indepnbd	453	0.3760730	0.3571429	0.0583365	0.2857143	0.6666667
Indxmarket	453	9.6057330	10.2500000	1.6955060	3.2500000	11.8000000
Volatility	453	0.0322378	0.0293850	0.0102084	0.0151530	0.0726940
Stckvalue	453	22.6474100	22.5174900	1.1059120	20.5334600	26.2501700
P/B	453	4.3844290	3.3936310	3.7917270	0.2059480	41.5865800
ROE	453	10.4843500	9.6275000	9.6326800	– 61.1168000	108.1362000
Equmul	453	1.8997870	1.5817290	1.0639610	1.0075780	12.0872600
Totassrat	453	0.7705926	0.6342000	0.5460513	0.1036000	4.6165000

公司治理特征方面的统计结果表明，第一大股东持股比例（Shrcr1）的均值达 35.0383500%，股权集中度相对较高，同时，不同样本公司之间的差异较大，第一大股东持股比例最大的，达到 81.8510000%，而最小的只有 6.4820000%。高管层持股比例（Excuhldr）总体而言并不高，均值为 11.7266500%，中位数只有 1.3698900%，不过不同公司差异很大。董事会独立性（Indepnbd）的均值是 0.3760730，就是说，样本公司董事会成员中平均有 37.6% 的独立董事，标准差为 0.0583365，意味着不同公司间存在一定的差异。市场化程度（Indxmarket）

的均值是 9.6057330，不同公司所处地区市场化程度差异比较显著，其标准差为 1.6955060，最小值是 3.2500000，而最大值达 11.8000000。

在公司特征变量方面，样本公司股票收益波动率（*Volatility*）的均值是 0.0322378，即个股日收益率的标准差达 3.2237800%，波动幅度比较可观，股票收益波动率（*Volatility*）的标准差为 0.0102084，意味着不同公司间的离散程度较大。此外，样本公司平均市值的自然对数（*Stckvalue*）为 22.6474100，市净率（*P/B*）平均为 4.3844290，净资产收益率（*ROE*）平均 10.4843500%，权益乘数（*Equmul*）平均为 1.8997870 倍，总资产周转率（*Totassrat*）平均达 77%。总体而言，推出股票期权激励草案公司的成长性、盈利能力、偿债能力、运营能力等相对较好。

（二）多元回归分析

1. 股票期权激励契约基本要素影响的回归分析

表 4－29 是股票期权激励契约基本要素对机会主义择时程度影响的多元回归分析结果。被解释变量是机会主义择时程度（*Diffacar*15），解释变量是股票期权激励契约基本要素变量激励强度（*Protleuq*）、高管激励强度（*Executvrat*）、等待期（*Moratorium*）和行权有效期（*Excisperiod*）。为了排除股票期权激励契约基本要素之间可能的相互影响，回归时将其分别放入回归模型；同时，表中所有回归模型的变量均执行了 VIF 方差膨胀因子检验，所有变量方差膨胀因子均不超过 5（基于简略，未在文中报告），说明变量之间不存在多重共线性。

模型一~模型四的结果显示，激励强度变量（*Protleuq*）的系数均显著为正，除模型二外，其余三个模型中的显著性水平均为 5%，这表明激励强度变量（*Protleuq*）与机会主义择时程度（*Diffacar*15）正相关，即首次公告的股票期权激励计划草案的激励强度越大，公司管理层实施机会主义择时的程度就越大。模型四的结果表明，高管激励强度（*Executvrat*）与机会主义择时程度（*Diffacar*15）在 10% 显著性水平上正相关，说明激励方案所授予的激励总数中高管层获授的比重越高，高管层激励强度越大，机会主义低点择时的程度就越大。经济学的理性经济人假说在这里得到了再次验证，激励强度增大会增强高管人员机会主义择时的动机；由于高管层对公司财务与经营决策的影响力，在股票期权激励草案推出环节实施机会主义择时在所难免。研究假设 1a 和假设 1b 得以验证，即股票期权激励计划所设定的激励总强度越高，公司管理层机会主义低点择时的程度就越大；股票期权激励计划所设定的高管人员激励强度越高，公司管理层机会主义低点择时的程度就越大。

表 4 – 29　　　　　　　股票期权激励契约基本要素影响的回归结果

变量	预期符号	被解释变量 Diffacar15			
		模型一	模型二	模型三	模型四
Protleuq	+	0.0042869 ** (1.96)	0.0038090 * (1.78)	0.0049172 ** (2.20)	0.0049794 ** (2.23)
Executvrat	+				0.0450222 * (1.77)
Moratorium	+	0.0256284 ** (2.38)		0.0223095 ** (2.00)	0.0223626 ** (2.01)
Excisperiod	—		− 0.0104437 * (− 1.71)	− 0.0089559 + (− 1.47)	− 0.0090597 + (− 1.49)
Volatility	+	1.4181120 * (1.65)	1.8035620 ** (1.98)	1.7692290 * (1.96)	1.8213600 ** (2.02)
P/B	+	0.0036080 ** (2.27)	0.0027820 * (1.72)	0.0032956 ** (2.04)	0.0029933 * (1.85)
ROE	—	− 0.0007683 + (− 1.59)	− 0.0006770 + (− 1.38)	− 0.0006804 + (− 1.40)	− 0.0006380 + (− 1.31)
Totassrat	?	0.0075482 (0.75)	0.0117070 (1.17)	0.0075122 (0.73)	0.0074319 (0.73)
Equmul	+	− 0.0083251 * (− 1.84)	− 0.0081469 * (− 1.78)	− 0.0082065 * (− 1.80)	− 0.0090085 ** (− 1.98)
Stckvalue	?	− 0.0059769 (− 1.07)	− 0.0049265 (− 0.85)	− 0.0049548 (− 0.86)	− 0.0035876 (− 0.62)
Cons	?	0.0637696 (0.45)	0.1278534 (0.87)	0.0707419 (0.48)	0.0245236 (0.17)
Year		控制			
Indu		控制			
F		1.95 ***	1.79 ***	1.93 ***	1.97 ***
Adj R-sq		0.0706	0.0610	0.0730	0.0778
N		453	453	453	453

注：*** 、 ** 和 * 分别表示在1%、5%和10%的水平上显著（双尾检验），+表示单尾检验显著，下同。

模型一、模型三和模型四中等待期变量（*Moratorium*）的系数均在5%水平上显著为正，说明首次公告的股票期权激励计划草案所设定的等待期越长，公司管理层实施机会主义低点择时的程度就越大。正如前面理论分析的那样，等待期越长，股票期权激励预期收益的不确定性越大，为了平衡风险，公司管理层越有激励通过在激励草案推出环节实施机会主义低点择时以最小化初始行权价格从而尽可能提前锁定一定程度的股票期权激励预期收益。从模型二的回归结果可以看到，行权有效期变量（*Excisperiod*）的系数在10%水平上显著为负，这表明行权有效期（*Excisperiod*）与机会主义择时程度（*Diffacar15*）负相关，即行权有效期越长，公司管理层实施机会主义择时的程度就越小。行权有效期变量（*Excisperiod*）的系数符号在模型三和模型四中均为负，但显著性水平不高，只通过单尾检验。综合起来看，研究假设2a和假设2b得到了印证，即股票期权激励计划所设定的等待期越长，公司管理层机会主义低点择时的程度就越大；股票期权激励计划所设定的行权有效期越长，公司管理层机会主义低点择时的程度就越小。

从控制变量的回归结果看，股票收益波动率（*Volatility*）的系数均显著为正，表明股票价格变动风险越大，公司管理层期望的风险溢价就越高，其基于最小化初始行权价格而实施机会主义低点择时的程度就越大。市净率（*P/B*）的系数均显著为正，说明成长性与公司管理层实施机会主义择时程度呈正相关关系；权益乘数（*Equmul*）的系数均显著为负，表明机会主义择时程度与公司财务风险大小呈负相关。

2. 公司治理机制影响的回归分析

表4-30列示的是公司治理机制对机会主义择时程度影响的多元回归分析结果。被解释变量是机会主义择时程度（*Diffacar15*），解释变量是公司治理机制变量产权性质（*Stateown*）、股权集中度（*Shrcr1*）、董事会独立性（*Indepn-bd*）、高管持股比例（*Excuhldr*）、二职兼任（*Duality*），以及包括股票期权激励契约基本要素变量激励强度（*Protleuq*）、高管激励强度（*Executvrat*）和激励有效期（*Validity*）。为了排除公司治理机制变量之间的可能相互影响，回归时将其分别放入回归模型。表中所有回归模型的变量均执行了VIF方差膨胀因子检验，所有变量方差膨胀因子均不超过5（基于简略，未在文中报告），说明变量之间不存在多重共线性。

模型一至模型五的结果显示，产权性质（*Stateown*）的系数均显著为正，表明公司的产权性质与机会主义择时程度呈正相关，也就是说，相对于非国有控股公司，国有控股公司管理层实施机会主义择时的程度更大。正如前文理论分析所言，国有产权存在"所有者缺位"的天然缺陷，致使国有控股公司在公司治理上存在严重的内部人控制问题，这为公司管理层的机会主义行为提供了较为有利的"土壤"。股权激励强化了公司管理层实施机会主义择时的动机，

表 4 - 30　　　　　　　　　　公司治理机制影响的回归结果

变量	预期符号	被解释变量 Diffacar15				
		模型一	模型二	模型三	模型四	模型五
Stateown	+	0. 0244246 * (1. 66)	0. 0266357 * (1. 86)	0. 0258213 * (1. 77)	0. 0276374 ** (1. 96)	0. 0296663 ** (2. 10)
Shrcr1	—	0. 0001293 (0. 41)	0. 0001032 (0. 32)	0. 0000835 (0. 26)	0. 0001323 (0. 42)	
Duality	+	− 0. 0167955 (− 1. 46)	− 0. 0108821 (− 1. 12)			
Excuhldr	+	0. 0259802 (0. 79)		0. 0025092 (0. 09)		
Indepnbd	—	− 0. 1297607 * (− 1. 65)	− 0. 1194570 * (− 1. 50)	− 0. 1395097 * (− 1. 74)	− 0. 1299771 * (− 1. 66)	− 0. 1256370 * (− 1. 64)
Protleuq	+	0. 0051824 ** (2. 28)	0. 0048054 ** (2. 13)	0. 0044429 ** (1. 98)	0. 0040650 * (1. 83)	0. 0042951 * (1. 95)
Executvrat	+	0. 0577524 ** (2. 26)	0. 0517832 ** (2. 07)	0. 0576097 ** (2. 27)	0. 0475482 * (1. 90)	0. 0536064 ** (2. 17)
Validity	—	− 0. 0021576 (− 0. 55)	− 0. 0028384 (− 0. 74)	− 0. 0032652 (− 0. 84)	− 0. 0043255 (− 1. 15)	− 0. 0038068 (− 1. 02)
Volatility	+	1. 1813550 + (1. 33)	1. 0889020 (1. 24)	1. 2284800 + (1. 38)	1. 2058190 + (1. 38)	1. 0529190 (1. 22)
P/B	+	0. 0567166 * (1. 87)	0. 0637594 ** (2. 17)	0. 0588612 ** (1. 96)	0. 0029249 * (1. 80)	0. 0644516 ** (2. 24)
ROE	—	− 0. 0009183 * (− 1. 84)	− 0. 0009773 * (− 1. 94)	− 0. 0009826 * (− 1. 95)	− 0. 0008776 * (− 1. 79)	− 0. 0010454 ** (− 2. 11)
Totassrat	?	0. 0017170 (0. 16)	0. 0022505 (0. 22)	0. 0035884 (0. 35)	0. 0024291 (0. 24)	0. 0042344 (0. 43)
Equmul	—	− 0. 0043481 (− 0. 79)	− 0. 0053896 (− 0. 98)	− 0. 0053627 (− 1. 04)	− 0. 0106794 ** (− 2. 33)	− 0. 0059792 (− 1. 17)
Stckvalue	?	− 0. 0012085 (− 0. 21)	− 0. 0016807 (− 0. 30)	− 0. 000718 (− 0. 13)	− 0. 0016558 (− 0. 29)	− 0. 0005225 (− 0. 10)
Cons	?	0. 0683406 (0. 47)	0. 0934136 (0. 66)	0. 0665658 (0. 46)	0. 0672545 (0. 46)	0. 0756971 (0. 54)
Year		控制				
Indu		控制				
F		1. 82 ***	1. 85 ***	1. 83 ***	1. 88 ***	1. 98 ***
Adj R-sq		0. 0736	0. 0737	0. 0733	0. 0742	0. 0799
N		453	453	453	453	453

注： *** 、**和 * 分别表示在1% 、5%和10%的水平上显著（双尾检验），+表示单尾检验显著，下同。

其结果必然是，公司管理层在股票期权激励方案推出环节实施机会主义低点择时的程度会更大。因此，研究假设 3a 得以支持。模型一～模型五中董事会独立性（Indepnbd）的系数均显著为负（模型二的显著性水平相对不高，只有单尾检验通过），说明董事会独立性与机会主义择时程度负相关。也就是说，董事会独立性越强，其在管理层薪酬激励契约制定与执行过程中越能够发挥应有的监督职责，在股票期权激励计划推出环节公司管理层实施机会主义低点择时的程度就越可能被抑制，所以，研究假设 4 得到印证。模型一～模型四中股权集中度（Shrcr1）的系数均不显著，表明股权集中度与公司管理机会主义择时程度之间不存在相关性，或者说，股权集中度不影响股票期权激励方案推出环节公司管理机会主义择时程度，研究假设 3b 没有得到支持。这意味着，由于种种原因，第一大股东在我国上市公司股权激励契约制定和执行过程中没有充分发挥人们所期望的监督与制约作用。从刻画管理层权力的两个变量的回归结果看，二职兼任（Duality）和高管持股比例（Excuhldr）的系数，不论是单独纳入回归模型，还是共同放入回归模型，结果均不显著，这说明，二职兼任（Duality）和高管持股比例（Excuhldr）这两个变量与机会主义择时程度之间没有相关性。研究假设 5a 和研究假设 5b 没有得以验证。可能的原因是，这两个变量的计量存在一定的噪音。

同时，从股票期权激励契约基本要素变量的回归结果来看，激励强度（Protleuq）和高管激励强度（Executvrat）的系数均显著为正，这表明，在控制公司治理机制因素以后，激励方案所设定的激励强度和高管激励强度仍然与公司管理层机会主义择时程度之间呈正相关。激励有效期（Validity）的回归结果显示，该变量的符号为负，但均不显著，原因可能在于，激励有效期具体是由等待期和行权有效期组成，而等待期和行权有效期对机会主义择时程度的影响是相反的。总体来看，相对于独立检验股票期权激励契约基本要素影响的回归结果，纳入公司治理机制因素后的回归结果，刻画股票期权激励契约基本要素的主要变量仍然符合预期，并且模型的拟合度还有所提高；这说明，公司管理层机会主义择时程度不仅受股票期权激励契约基本要素的影响，而且，还受公司治理层面的因素影响。

此外，股票收益波动率（Volatility）、市净率（P/B）、权益乘数（Equmul）等控制变量的回归结果，与前文回归结果基本一致，不再赘述。

3. 外部制度环境影响的回归分析

表 4 - 31 是外部制度环境对机会主义择时程度影响的多元回归分析结果。由于外部制度环境对公司管理层机会主义择时行为的影响，是通过公司内部治

理机制来发挥作用的，因此，为了检验外部制度环境的影响，我们将研究样本按照是否高于市场化程度变量（*Indxmarket*）的均值，划分为高市场化程度组与低市场化程度组（即变量 *Indxmrktmean* 取值为 1 的，为高市场化程度组；变量 *Indxmrktmean* 取值为 0 的，为低市场化程度组）；然后，运用前文公司治理机制影响的回归模型，进行多元回归分析。具体而言，被解释变量是机会主义择时程度（*Diffacar*15），解释变量是公司治理机制变量产权性质（*Stateown*）、股权集中度（*Shrcr*1）、董事会独立性（*Indepnbd*）、高管持股比例（*Excuhldr*）、二职兼任（*Duality*），以及包括股票期权激励契约基本要素变量激励强度（*Protleuq*）、高管激励强度（*Executvrat*）和激励有效期（*Validity*）。为了排除公司治理机制变量之间的可能相互影响，与前文一样，回归时将公司治理机制变量分别纳入回归模型。另外，表中所有回归模型的变量我们均执行了 VIF方差膨胀因子检验，所有变量方差膨胀因子均不超过 5（基于简略，未在文中报告），说明变量之间不存在多重共线性。

表 4-31　　　外部制度环境影响的回归结果（被解释变量 *Diffacar*15）

变量	预期符号	模型一		模型二		模型三	
		低市场化程度组	高市场化程度组	低市场化程度组	高市场化程度组	低市场化程度组	高市场化程度组
Stateown	+	0.0486051 * (1.87)	0.0149964 (0.73)	0.0445005 ** (2.11)	0.0140322 (0.71)	0.0467018 ** (2.00)	0.0163959 (0.82)
*Shrcr*1	—	-0.0004949 (-0.79)	0.0005278 + (1.35)	-0.0003321 (-0.61)	0.0004950 (1.32)		
Duality	+	-0.0312894 (-1.38)	-0.0156418 (-1.12)				
Excuhldr	+	0.0559382 (0.79)	0.0360424 (0.92)				
Indepnbd	—	-0.4924318 *** (-3.04)	-0.0497743 (-0.51)	-0.4870572 *** (-3.56)	-0.0381134 (-0.41)	-0.4804097 *** (-3.21)	-0.0228962 (-0.25)
Protleuq	+	0.009817 ** (2.41)	0.0027421 (0.91)	0.0060887 * (1.77)	0.0019344 (0.67)	0.0080167 ** (2.16)	0.0019976 (0.68)
Executvrat	+	0.0697911 + (1.44)	0.006726 (0.20)	0.0181906 (0.43)	0.0054819 (0.17)	0.0681000 + (1.52)	0.0025277 (0.08)
Validity	—	-0.007017 (-0.81)	-0.0039335 (-0.82)	-0.0089308 (-1.23)	-0.0044665 (-0.97)	-0.009572 (-1.22)	-0.0039349 (-0.85)

续表

变量	预期符号	模型一		模型二		模型三	
		低市场化程度组	高市场化程度组	低市场化程度组	高市场化程度组	低市场化程度组	高市场化程度组
Volatility	+	− 2.7093870 ⁺	2.5698410 **	− 3.5718500 **	2.9938010 ***	− 2.6287910 ⁺	2.4513920 **
		(− 1.51)	(2.37)	(− 2.37)	(2.79)	(− 1.56)	(2.34)
P/B	+	0.1677955 ***	0.0045723	0.0233800 ***	0.0013946	0.1593430 ***	0.0066458
		(2.98)	(0.12)	(6.06)	(0.78)	(3.13)	(0.18)
ROE	—	− 0.0029341 **	− 0.0003766	− 0.0017025	− 0.0002814	− 0.0028269 **	− 0.0004820
		(− 2.23)	(− 0.67)	(− 1.54)	(− 0.52)	(− 2.29)	(− 0.90)
Totassrat	?	0.0031356	0.0055716	− 0.0046005	0.0061684	0.0004549	0.0102092
		(0.16)	(0.42)	(− 0.27)	(0.49)	(0.02)	(0.83)
Equmul	—	− 0.0072343	− 0.0056996	− 0.0096055	− 0.0059892	− 0.0110380	− 0.0058809
		(− 0.50)	(− 0.91)	(− 1.07)	(− 1.09)	(− 1.01)	(− 0.97)
Stckvalue	?	0.0147283	− 0.0062014	− 0.0003285	− 0.0056363	0.0138088	− 0.0057888
		(1.19)	(− 0.90)	(− 0.03)	(− 0.80)	(1.23)	(− 0.87)
Cons	?	− 0.0403513	0.1401256	0.1994304	0.1173670	0.0215602	0.1372696
		(− 0.14)	(0.77)	(0.81)	(0.64)	(0.08)	(0.78)
Year		控制					
Indu		控制					
F		1.78 ***	1.10	3.08 ***	1.15	2.08 ***	1.12
Adj R-sq		0.1704	0.0148	0.3358	0.0216	0.2037	0.0166
N		170	283	170	283	170	283

注：***、** 和 * 分别表示在 1%、5% 和 10% 的水平上显著（双尾检验），+ 表示单尾检验显著，下同。

　　表 4 - 31 的回归结果显示，模型一~模型三的低市场化程度组中，产权性质变量（Stateown）的系数均显著为正，而在高市场化程度组中，该变量的系数均不再显著，这说明，市场化程度低强化了国有产权的公司治理缺陷，为公司内部人实施机会主义择时行为提供了更为有利的条件，致使公司管理层的机会主义择时程度更严重。模型一~模型三低市场化程度组中的董事会独立性变量（Indepnbd）的系数均显著为负，但在高市场化程度组中，该变量的系数均不再显著，这意味着，在市场化程度低的地区，董事会独立性的提高能够更加有助于抑制公司管理层机会主义择时行为，从而降低其程度。回归结果还显示，在模型一~模型三的低市场化程度组中，激励强度变量（Protleuq）的系

数均显著为正，而该变量的系数在高市场化程度组中均不再显著，这表明，在市场化程度低的地区，激励强度越大，公司管理层实施机会主义择时的程度就越大，也就是说，市场化程度低强化了激励强度对机会主义择时行为的影响。高管激励强度变量（*Executvrat*）在模型一和模型三的低市场化程度组回归中，系数符号为正，只在 10% 显著性水平上通过单尾检验，但在高市场化程度组的回归中，该变量的系数均不显著，也就是说，有较弱的证据表明，市场化程度低强化了高管激励强度对机会主义择时程度的正向影响。刻画公司治理机制的股权集中度（*Shrcr*1）、高管持股比例（*Excuhldr*）、二职兼任（*Duality*），以及作为股票期权激励契约基本要素之一的激励有效期（*Validity*），在回归中，均不显著，这与前文公司治理机制影响的回归分析结果一致。值得关注的是，相对于前文公司治理机制影响的回归，模型一 ~ 模型三的拟合度都大幅度提高，由 0.0733 ~ 0.0799 提升至 0.1704、0.2037 和 0.3358，这说明，低市场化程度这一外部制度环境是影响公司管理层机会主义择时程度的一个比较重要因素。综合起来看，市场化程度低地区，公司控制权市场和经理人市场等公司外部治理机制和制度因素难以成为制约公司管理层机会主义行为的力量，使得公司管理层实施机会主义择时行为的程度会增加；同时，市场化程度低还会通过影响其他公司治理机制，进而强化国有产权公司治理缺陷和董事会独立性与机会主义择时行为之间的相关关系，以及市场化程度低会强化股票期权激励强度与公司管理层机会主义择时程度之间的正相关关系。因此，研究假设 6a 和假设 6b 得以验证。

四、稳健性检验

（一）股票期权激励契约基本要素影响的进一步检验

表 4 - 32 是通过改变被解释变量的计量对股票期权激励契约基本要素影响模型进行的稳健性检验。其中，模型一的被解释变量是 *Diffcar*15，即股票期权激励计划草案公告日后 15 个交易日累积超额收益 CAR（1，15）减草案公告日前 15 个交易日累积超额收益 CAR（-15，-1）的差额；模型二的被解释变量是 *Diffacar*25，即股票期权激励计划草案公告日后 25 个交易日平均累积超额收益 ACAR（1，25）减草案公告日前 25 个交易日平均累积超额收益 ACAR（-25，-1）的差额。解释变量和控制变量与前文股票期权激励契约基本要素影响的基本回归模型一致。同样，表中所有回归模型的变量均执行了 VIF 方差膨胀因子检验，所有变量方差膨胀因子均不超过 5（基于简略，未在文中报

告），说明变量之间不存在多重共线性。

表 4 - 32　　　　股票期权激励契约基本要素影响的稳健性检验结果

变量	预期符号	模型一 被解释变量 Diffcar15	模型二 被解释变量 Diffacar25
Protleuq	+	0.0088035 ** (2.15)	0.0061992 * (1.80)
Executvrat	+	0.0519999 (1.12)	0.0354201 (0.91)
Moratorium	+	0.0366358 * (1.79)	0.0134041 (0.78)
Excisperiod	—	-0.0091312 (-0.81)	-0.0172655 * (-1.83)
Volatility	+	2.2006490 + (1.33)	2.9245880 ** (2.10)
P/B		-0.1018411 * (-1.96)	-0.0713058 * (-1.65)
ROE	—	-0.0015846 * (-1.74)	-0.0002849 (-0.37)
Totassrat	?	-0.0002530 (-0.01)	-0.0113041 (-0.72)
Equmul	?	0.0003461 (0.04)	0.0031836 (0.41)
Stckvalue	?	-0.0114036 (-1.14)	-0.0052183 (-0.62)
Cons	?	0.0847421 (0.32)	0.1351086 (0.61)
Year		控制	
Indu		控制	
F		1.67 ***	1.78 ***
Adj R-sq		0.0551	0.0635
N		453	453

注：***、** 和 * 分别表示在1%、5%和10%的水平上显著（双尾检验），+表示单尾检验显著，下同。

检验结果显示，激励强度变量（*Protleuq*）的系数在模型一和模型二中均显著为正，表明股票期权激励计划所设定的激励强度与公司管理层实施机会主义择时程度正相关，这进一步支持了研究假设 1a。高管激励强度变量（*Executvrat*）的系数符号在模型一和模型二中均为正，但不显著。等待期变量（*Moratorium*）系数在模型一中显著为正，但在模型二中虽然符号为正却不显著；行权有效期变量（*Excisperiod*）的系数在模型二中显著为负，而在模型一中虽符号为负但不显著，研究假设 2 得到一定程度的进一步印证。总体来看，除了研究假设 1b 即高管激励强度与机会主义择时程度正相关没有通过进一步检验以外，其他有关股票期权激励契约基本要素的研究假设都得到了进一步验证，即股票期权激励计划所设定的激励总强度越高，公司管理层机会主义低点择时的程度就越大；股票期权激励计划所设定的等待期越长，公司管理层机会主义低点择时的程度就越大；股票期权激励计划所设定的行权有效期越长，公司管理层机会主义低点择时的程度就越小。因此，稳健型检验的结果进一步支持了前文有关股票期权激励契约基本要素影响的基本回归分析结论。

（二）公司治理机制影响的进一步检验

表 4 – 33 是通过改变被解释变量的计量对公司治理机制影响模型所进行的稳健性检验。模型的被解释变量是 *Diffcar*15，即股票期权激励计划草案公告日后 15 个交易日累积超额收益 CAR（1，15）减草案公告日前 15 个交易日累积超额收益 CAR（– 15，– 1）的差额。解释变量和控制变量与前文公司治理机制影响的基本回归模型一致。同样，表中所有回归模型的变量均执行了 VIF 方差膨胀因子检验，所有变量方差膨胀因子均不超过 5（基于简略，未在文中报告），说明变量之间不存在多重共线性。

检验结果显示，产权性质变量（*Stateown*）的系数均显著为正，不过显著性水平不太高，只在 10% 水平上通过单尾检验。董事会独立性变量（*Indepnbd*）的系数在两个模型中均显著为负，这与前文基本回归结果相同。此外，与前文公司治理机制影响的基本回归结果一样，激励强度变量（*Protleuq*）的系数均显著为正，不过，与前文公司治理机制影响的基本回归结果不同的是，高管激励强度变量（*Executvrat*）的回归结果没有通过显著性水平检验。综合起来看，对公司治理机制影响所进行的稳健性检验，进一步验证了研究假设 3a、研究假设 4 和研究假设 1a，即相对于非国有控股公司，国有控股公司管理层实施机会主义择时行为的程度更大；董事会独立性越强，公司管理层实施机会主义择时行为的程度就会越小；股票期权激励计划所设定的激励总强度越高，公司管理层机会主义低点择时的程度就越大。

表 4-33　　　　公司治理机制影响的稳健性检验结果

变量	预期符号	被解释变量 *Diffcar*15	
		模型一	模型二
Stateown	+	0.0353543 [+] (1.36)	0.0322913 [+] (1.31)
*Shrcr*1	—	−0.0000339 (−0.06)	
Indepnbd	—	−0.3297562 ** (−2.29)	−0.3301172 ** (−2.31)
Protleuq	+	0.0068359 * (1.68)	0.0068297 * (1.70)
Executvrat	+	0.0510733 (1.12)	0.0510282 (1.13)
Validity	—	−0.0004215 (−0.06)	−0.0004786 (−0.07)
Volatility	+	1.7567570 (1.10)	1.7763440 (1.13)
P/B	+	0.1186237 ** (2.23)	0.1183357 ** (2.24)
ROE	—	−0.0020201 ** (−2.21)	−0.0020245 ** (−2.27)
Totassrat	?	−0.0010214 (−0.06)	−0.0011760 (−0.06)
Equmul	—	−0.0018207 (−0.19)	−0.0019204 (−0.21)
Stckvalue	?	−0.0075185 (−0.75)	−0.0075925 (−0.76)
Cons	?	0.1793848 (0.70)	0.1799960 (0.70)
Year		控制	
Indu		控制	
F		1.69 ***	1.78 ***
Adj R-sq		0.0587	0.0633
N		453	453

注：*** 、** 和 * 分别表示在 1%、5% 和 10% 的水平上显著（双尾检验），+ 表示单尾检验显著，下同。

（三）外部制度环境影响的进一步检验

表 4-34 是通过改变被解释变量的计量对外部制度环境影响模型所进行的稳健性检验。模型的被解释变量是 *Diffcar*15，即股票期权激励计划草案公告日后 15 个交易日累积超额收益 CAR（1，15）减草案公告日前 15 个交易日累积超额收益 CAR（-15，-1）的差额。解释变量和控制变量与前文外部制度环境影响的基本回归模型一致。同样，表中所有回归模型的变量均执行了 VIF 方差膨胀因子检验，所有变量方差膨胀因子均不超过 5（基于简略，未在文中报告），说明变量之间不存在多重共线性。

表 4-34　　　　　　　外部制度环境影响的稳健性检验结果一

变量	预期符号	模型一（*Diffcar*15）		模型二（*Diffcar*15）	
		低市场化程度组	高市场化程度组	低市场化程度组	高市场化程度组
Stateown	+	0.0493406 (1.06)	0.0140322 (0.71)	0.0486083 (1.05)	0.0131559 (0.39)
*Shrcr*1	—	-0.0008819 (-0.74)	0.0004950 (1.32)		
Indepnbd	—	-0.9936383 *** (-3.33)	-0.0381134 (-0.41)	-1.0078220 *** (-3.39)	-0.1152426 (-0.74)
Protleuq	+	0.0123150 * (1.65)	0.0019344 (0.67)	0.0133730 * (1.81)	0.0024126 (0.49)
Executvrat	+	0.1195410 + (1.34)	0.0054819 (0.17)	0.1137326 (1.28)	-0.0014663 (-0.03)
Validity	—	-0.0096073 (-0.61)	-0.0044665 (-0.97)	-0.0116039 (-0.75)	0.0024759 (0.32)
Volatility	+	-5.0130630 + (-1.50)	2.9938010 *** (2.79)	-4.8532980 + (-1.46)	3.4392650 ** (1.96)
P/B	+	0.3090319 *** (3.06)	-0.0013946 (-0.78)	0.3109313 *** (3.08)	-0.0239311 (-0.38)
ROE	—	-0.0056308 ** (-2.29)	-0.0002814 (-0.52)	-0.0057070 ** (-2.33)	-0.0010559 (-1.17)
Totassrat	?	0.0025146 (0.07)	0.0061684 (0.49)	0.0019156 (0.05)	0.0136988 (0.66)
Equmul	—	-0.0115483 (-0.53)	-0.0059892 (-1.09)	-0.0128858 (-0.60)	-0.0034964 (-0.34)
Stckvalue	?	0.0265458 (1.19)	-0.0056363 (-0.80)	0.0268906 (1.20)	-0.0223472 (-2.01)

续表

变量	预期符号	模型一（*Diffcar*15）		模型二（*Diffcar*15）	
		低市场化程度组	高市场化程度组	低市场化程度组	高市场化程度组
Cons	?	−0.0684242 （−0.13）	0.1173670 （0.64）	−0.0863737 （−0.17）	0.3764959 （1.28）
Year		控制			
Indu		控制			
F		1.79***	1.15	1.82***	1.25
Adj R-sq		0.1605	0.0216	0.1634	0.0336
N		170	283	170	283

注：***、**和*分别表示在1%、5%和10%的水平上显著（双尾检验），+表示单尾检验显著。

检验结果显示，董事会独立性变量（*Indepnbd*）系数在模型一和模型二的低市场化程度组回归中，均显著为负；而在高市场化程度组回归中，均不显著。在模型一和模型二的低市场化程度组回归中，激励强度变量（*Protleuq*）的系数均显著为正；但在高市场化程度组回归中，均不显著。这与前文有关外部制度环境影响的基本回归结果一致。高管激励强度变量（*Executvrat*）系数在模型一低市场化程度组回归中，在10%水平上单尾检验显著为正，而在高市场化程度组的回归中，结果不显著。产权性质变量（*Stateown*）系数不论在低市场化程度组还是高市场化程度组，回归结果均不显著，虽然符号为正。总体而言，外部制度环境影响的稳健性检验结果进一步支持了研究假设6a，即相对于所处地区市场化程度高的公司，所处地区市场化程度低的公司管理层实施机会主义择时行为的程度会更大；并在一定程度上进一步验证了研究假设6b，即市场化程度低会强化董事会独立性对公司管理层机会主义择时程度的负向影响，以及市场化程度低会强化股票期权激励强度与公司管理层机会主义择时程度之间的正相关关系。

表4-35是通过改变被解释变量的计量对外部制度环境影响模型所进行的进一步稳健性检验。模型的被解释变量是*Diffacar*25，即股票期权激励计划草案公告日后25个交易日平均累积超额收益 ACAR（1，25）减草案公告日前25个交易日平均累积超额收益 ACAR（−25，−1）的差额。解释变量和控制变量与前文外部制度环境影响的基本回归模型一致。同样，表中所有回归模型的变量均执行了 VIF 方差膨胀因子检验，所有变量方差膨胀因子均不超过5（基于简略，未在文中报告），说明变量之间不存在多重共线性。

检验结果与前文有关外部制度环境影响的基本回归结果一致，进一步验证了研究假设 6a 和假设 6b。

表 4-35　　　　　　　　外部制度环境影响的稳健性检验结果二

变量	预期符号	模型一（Diffacar25）		模型二（Diffacar25）	
		低市场化程度组	高市场化程度组	低市场化程度组	高市场化程度组
Stateown	+	0.0333542 (0.60)	-0.0183034 (-0.59)	0.0340397 (0.61)	-0.0180101 (-0.58)
Shrcr1	—			-0.0007545 (-0.70)	0.0000656 0.13
Indepnbd	—	-0.6993623 ** (-2.48)	0.0965905 (0.77)	-0.6731433 ** (-2.36)	0.0943419 (0.74)
Protleuq	+	0.0120215 * (1.78)	0.0012972 (0.32)	0.0113353 * (1.65)	0.0013375 (0.33)
Executvrat	+	0.0454463 (0.56)	0.0652034 + (1.45)	0.0477434 (0.58)	0.0653320 + (1.45)
Moratorium	+	-0.0362544 (-0.72)	0.0368696 * (1.69)	-0.0346416 (-0.68)	0.0364104 * (1.65)
Excisperiod	—	-0.0253453 (-0.98)	-0.0076896 (-0.81)	-0.0257831 (-0.99)	-0.0077495 (-0.81)
Volatility	+	-4.1791850 + (-1.31)	5.0217810 *** (3.39)	-4.1936240 + (-1.31)	5.0395760 *** (3.38)
PB	+	0.2199185 ** (2.36)	-0.0338677 (-0.67)	0.2160956 ** (2.31)	-0.0348566 (-0.68)
ROE	—	0.0003715 (0.17)	-0.0005240 (-0.72)	0.0004236 (0.19)	-0.0005081 (-0.69)
Totassrat	?	-0.0446197 (-1.26)	0.0050821 (0.30)	-0.0426855 (-1.20)	0.0045927 (0.26)
Equmul	—	-0.0029350 (-0.15)	-0.0032334 (-0.39)	-0.0019182 (-0.10)	-0.0032311 (-0.39)
Stckvalue	?	0.0044948 (0.21)	-0.00709 (-0.76)	0.0040619 (0.19)	-0.0071619 (-0.77)
Cons	?	0.2047386 (0.42)	0.1025573 (0.41)	0.2190825 (0.45)	0.1033689 (0.41)
Year		控制			
Indu		控制			
F		1.53 **	1.68 ***	1.50 **	1.63 **
Adj R-sq		0.1166	0.0907	0.1128	0.0869
N		170	283	170	283

注：***、**和*分别表示在1%、5%和10%的水平上显著（双尾检验），+表示单尾检验显著。

五、本部分研究结论与总结

本章前一节研究表明股票期权激励会诱发公司管理层为了最小化初始行权价格而在公告股票期权激励草案时实施机会主义择时行为，这种机会主义低点择时行为提前锁定了股票期权激励预期收益，降低了股票期权激励的效果，影响了其有效性。那么，什么因素会影响公司管理层实施的机会主义择时行为？以及会产生怎样的影响？本部分以 2006 年 1 月 1 日～2015 年 12 月 31 日期间 A 股上市公司首次公告股票期权激励计划草案的事件为研究对象，用股票期权激励计划草案公告日后 15 个交易日平均累积超额收益减去草案公告日前 15 个交易日平均累积超额收益的差额来衡量机会主义择时程度，对机会主义择时行为的影响因素进行了理论和实证研究，得到以下研究发现。

第一，股票期权激励契约基本要素是影响公司管理层机会主义低点择时行为的基本因素。研究结果表明，股票期权激励方案所设定的激励总强度越高，公司管理层机会主义低点择时的程度就越大；股票期权激励方案所设定的高管人员激励强度越高，公司管理层机会主义低点择时的程度就越大。同时，股票期权激励计划所设定的等待期越长，公司管理层机会主义低点择时的程度就越大；股票期权激励计划所设定的行权有效期越长，公司管理层机会主义低点择时的程度就越小。激励强度高低直接决定了公司管理层通过股票期权激励所获得的预期收益的大小，因而决定了公司管理层实施机会主义择时行为的动机强弱。激励强度越高，机会主义择时的动机就越强，其结果必然是，机会主义择时程度就越大。股票期权激励方案所设定的激励有效期长短影响公司管理层通过股票期权激励所获得预期收益的风险大小。由于等待期内管理层不能行权，因此等待期越长，公司管理层通过股票期权激励所获得预期收益的风险就越大。作为风险厌恶者的公司管理层，为了平衡股票期权激励预期收益的风险，其实施机会主义低点择时行为的动机就会越强。因为行权有效期内可以分期匀速行权，所以，行权有效期越长，管理层行权择机的空间越大，股票期权激励预期收益的风险反而会越小，从而公司管理层实施机会主义择时的动机就会越弱。根据中国证监会的规定，行权价格的定价基础是股票期权激励草案公告日前 30 个交易日的公司股价。公司管理层实施机会主义择时实际上是为了最小化行权价格，而行权价格正是股票期权激励契约的基本要素之一，因此，公司管理层实施机会主义择时行为实际上是为了影响股票期权激励契约要素的设定。也就是说，从更广义角度看，股票期权激励方案推出环节的机会主义择时行为实质上是股票期权激励契约的缔约过程的一部分。本部分研究发现意味着，治理股票期权激励方案推出环节的机会主义择时行为，需要站在股票期权激励契约制定与执行的整体角度，统筹规划，注意股票期权激励契约基本要素之间相互影响，合理搭配股票期权激励契约基本要素之间的关系。

第二，公司治理机制是影响公司管理层实施机会主义择时行为的重要因素。研究发现，相对于非国有控股公司，国有控股公司管理层实施机会主义择时行为的程度更大；董事会独立性越强，公司管理层实施机会主义择时行为的程度就会越小。这说明，公司股权的所有制结构对管理层机会主义择时行为有着重要影响，国有股权所导致的公司治理缺陷为公司管理层实施机会主义择时行为提供了有利条件；不过，研究结果还说明，加强董事会独立性建设，充分发挥董事会监督职能，对于抑制公司管理层机会主义择时行为具有重要意义。研究还发现，股权集中度与公司管理层实施机会主义择时行为的程度之间不存在预期的正相关关系；衡量管理层权力的两个变量（即董事长与总经理是否二职兼任、高管层持股比例）与公司管理层实施机会主义择时行为的程度之间不存在预期的正相关关系。这意味着，尽管第一大股东是股票期权激励契约重要的缔约方，但第一大股东并没有发挥应有的监督公司管理层实施机会主义择时行为的作用，原因也可能在于没有进一步对第一大股东性质作深入分析，因为非国有控股公司第一大股东可能才有激励发挥监督作用。没有发现管理层权力对机会主义择时程度的正向影响可能与公司治理变量之间的相互作用有关，管理层权力大小是相对的，其对机会主义择时程度的作用可能会受董事会独立性的影响，尽管研究设计时已经作了充分考虑，不过仍然不能完全排除这种影响。

第三，外部制度环境是影响公司管理层实施机会主义择时行为的不可忽视因素。研究发现，相对于所处地区市场化程度高的公司，所处地区市场化程度低的公司管理层实施机会主义择时行为的程度会更大；市场化程度低会强化国有产权公司治理缺陷与机会主义择时行为之间的正相关关系；市场化程度低会强化董事会独立性对公司管理层机会主义择时程度的负向影响，以及市场化程度低会强化股票期权激励强度与公司管理层机会主义择时程度之间的正相关关系。这说明，低市场化程度这一外部制度环境是影响公司管理层机会主义择时程度的一个比较重要的因素。市场化程度低地区，公司控制权市场和经理人市场等公司外部治理机制和制度因素难以成为制约公司管理层机会主义行为的力量，使得公司管理层实施机会主义择时行为的程度会增加；同时，市场化程度低还会通过影响其他公司治理机制，进而强化公司内部治理机制和股票期权激励基本要素因素对公司管理层机会主义择时程度的影响。

第五章　股权激励机会主义行权择时研究

本章首先对节税激励下机会主义低点行权择时行为进行理论分析，第二节对节税激励下机会主义低点行权择时展开案例研究，第三节是节税激励下机会主义低点行权择时存在性的大样本实证研究，最后一节对机会主义行权择时的影响因素进行理论分析和实证研究。

第一节　节税激励下机会主义低点行权择时的理论分析

本节首先理论分析论证我国目前公司治理机制和环境下，股票期权激励会引发公司管理层在行权环节实施机会主义低点择时的必然性，并在此基础上提出研究假说，然后运用典型公司案例分析和 2006～2015 年期间集中行权样本对其进行实证检验。

一、理性经济人、节税激励与管理层机会主义低点行权动机

众所周知，股东与经理人之间的代理冲突是现代公司治理中最基本也最重要的问题。根据最优契约理论，股权激励被认为是缓解股东与经理人之间代理冲突的有效制度安排。通过授予公司高层管理人员、核心技术人员等一定数量的股票期权，改变激励对象的薪酬结构，使其与企业业绩相挂钩，能够激励代理人按照股东的目标努力工作，从而实现股东与经理人之间的利益趋同，进而提高公司价值。然而，根据管理层权力理论，作为理性经济人的公司管理层，往往会利用自己对公司的控制权力，在股权激励计划的制订、实施过程中谋取最大化的个人私利。

根据财政部和国家税务总局联合发布并于 2005 年 7 月 1 日起实施的《关

于个人股票期权所得征收个人所得税问题的通知》及其后的相关规定,① 公司管理层所获授股票期权,在授予时不作为应税所得征税;而在行权时应根据行权日股票市场价与取得该股票期权支付的行权价之间的差额按"工资、薪金所得"适用的规定计算缴纳个人所得税;行权后的股票再转让时,应根据股票实际售价与行权日公平市场价之间的差额按照"财产转让所得"适用的征免规定计算缴纳个人所得税;行权后若持有股票,则应根据参与企业税后利润分配取得的所得,按照"利息、股息、红利所得"适用的规定计算缴纳个人所得税。可见,公司管理层通过股权激励计划取得的股票期权所得具有纳税义务,而纳税义务的多少,则取决于被激励对象在行权环节、行权后持有和转让环节的纳税所得。根据财税〔2005〕35 号文件的规定,个人将行权后的境内上市公司股票再行转让而取得的所得,暂不征收个人所得税,同时,2006 年《上市公司股权激励管理办法》规定,公司高管人员行权后所获得的股票有至少半年的限售期,因此,公司管理层通过股权激励计划取得的股票期权所得的纳税义务只会发生在行权和行权后持有环节,而在授予和行权后出售环节均不涉及纳税问题。进一步,行权后持有股票因享有现金股利而负纳税义务,属于对增量所得的纳税,而且行权后股票的限售期较短,是否有现金股利分配并不确定,所以公司高层管理人员通过股权激励计划取得的股票期权所得的纳税义务实际上主要发生在行权环节。特别是股票期权行权时,被激励对象只是行使购买股票的权利,并没有现金收入,但需要大量现金支出,个人的财务负担较大。很显然,作为理性经济人,公司高管人员在行权环节的节税动机应该非常强烈。

那么,如何最小化所获授股票期权在行权环节的个人所得税负?根据财号文件规定,行权环节股票期权所得的计税基础为行权日股票市场价与取得该股票期权支付的行权价之间的差额。公司高管人员为了最小化与股票期权激励相关的个人所得税负,有动机在行权环节最小化行权日股价与行权价之间的差额。由于取得该股票期权支付的行权价在行权时已经不能改变,所以,如何最小化行权日股票市场价成为公司高管人员最大化节税利益的唯一途径。也就是说,为了最大化节税利益,高管人员应该有强烈动机选择在股价相对较低的时点实施行权。

---

① 相关规定指 2006 年 9 月 30 日国家税务总局发布的《关于个人股票期权所得缴纳个人所得税有关问题的补充通知》以及 2009 年 5 月 4 日财政部国家税务总局发布的《关于上市公司高管人员股票期权所得缴纳个人所得税有关问题的通知》。

二、股票期权激励行权程序的复杂性与管理层机会主义低点行权择时的渠道

根据 2006 年的《上市公司股权激励管理办法》规定，股票期权授予后需等待一年并在达到行权业绩条件后才能进入可行权期。在等待期结束以后，公司需要对股票期权激励计划中规定的净利润增长率、净资产报酬率等行权业绩指标进行考核，如果行权业绩指标达到要求，则激励对象将进入可行权状态。根据规定，股票期权可行权后，激励对象可以分期匀速行权，每次可行权股票期权的行权有效期通常为一年，激励对象必须在行权有效期内择机行权，逾期无效。也就是说，管理层在可行权日后，通常有一年的时间可以去择机行权。当激励对象确定行权时，公司董事会会发布行权安排公告，确定行权细节；然后激励对象根据行权安排公告行权并进行股票登记，公司董事会在行权后会公告行权结果以及股份变动情况。激励对象行权所获得的股票在行权情况公告 1～2 周内上市，但不能进行交易，限售期至少半年（见图 5-1）。

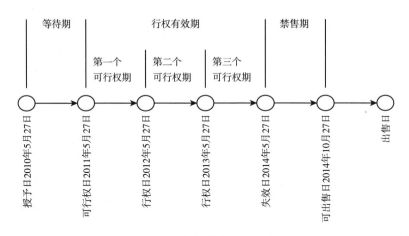

图 5-1 股票期权行权程序

很显然，上述程序中，行权日的选择至关重要，因为它直接决定了行权日的公司股价，从而影响了行权环节的节税利益。由于上市公司高管人员不仅有权在行权有效期内选择行权日，而且有能力通过多种渠道影响行权日的股价，所以不难预期，为了最小化行权环节的税赋，公司管理层一定会利用自己的权力通过多种渠道实施最小化行权日股价的机会主义行为。这些机会主义低点择时行为至少表现在以下方面：首先，利用自己对公司内部经营情况的熟悉和外

部资本市场走势的把握，选择一个公司股价相对较低的时间窗口行权；其次，利用有利的信息披露时间窗口择机行权，或者通过选择性信息披露，有目的地影响行权日的公司股价。典型的机会主义低点行权择时行为通常是，在行权前有意识披露坏消息，推迟好消息的披露；或者在行权前实施向下盈余管理，行权后再反向操作，最终目的在于最小化行权日的股价，从而最大化行权环节的节税利益。由于股票期权激励实施过程的复杂性，以及公司管理层对该过程及相关信息披露的控制力，使得行权环节机会主义择时行为往往难以避免。

三、公司治理机制不健全与管理层机会主义低点行权择时的条件

公司内外部治理机制的不完善，为高管人员基于最大化节税利益，实施机会主义低点行权择时创造了有利的条件。

从内部治理机制看，我国上市公司尽管已经初步建立了股东大会、董事会、监事会以及董事会各专门委员会等公司内部治理机构，以加强对公司管理层的监督和制约，但是，由于现代企业制度的建设历史较短，我国上市公司内部治理机制尚不够健全。例如，国有控股上市公司由于"所有者缺位"，存在严重的内部人控制；民营上市公司的股权结构往往是"一股独大"，从而导致出现一定程度的"所有权和经营权不分离"现象；董事会制度不够完善，独立董事不完全独立，作为股权激励对象的管理层对公司经营和财务政策具有相当大的控制权。根据公司治理规则，监事会对公司董事和高管人员具有监督的权力，但在实践中，由于监事会成员级别较低，素质不高，缺乏专业知识，参加董事会会议时没有多少发言的权力，使得监事会不能有效地发挥其监督作用。上述公司内部治理机制的薄弱，为高管人员的机会主义低点行权择时行为提供了便利条件。

从外部制度环境看，虽然经过20多年的发展，但我国目前资本市场尚不完善，有效程度不高，对包括信息披露在内的公司行为的治理和约束，缺少市场机制的作用，主要依靠证监会等部门的行政监管。显然，这种相对单一的监管体制，很难有效地制约上市公司包括信息披露在内的各种违规行为。此外，尽管我国已经建立了规范包括信息披露在内的公司行为的相关法律法规，涵盖行政责任、民事责任以及刑事责任，在形式上不可谓不全面，但是，在实践中存在执行不力、监督不到位的现象，致使上市公司信息披露违规违法行为的成本很低，从而导致上市公司信息披露违规等行为难以避免。上述外部制度环境的不完善，为公司高管人员在股票期权激励行权过程中通过选择性信息披露等

方式进行机会主义择时行为创造了条件。

综上所述，我国上市公司高管人员在行权环节存在为了最小化税赋而低点行权的动机。由于股票期权激励实施过程的复杂性，以及公司管理层对该过程及相关信息披露的控制力，加之，我国目前公司治理的内部机制和外部制度环境的不健全，缺乏有效的监督体系，使得行权环节机会主义择时行为往往难以避免（见图 5-2）。

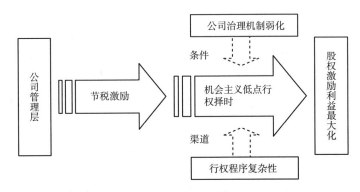

图 5-2　机会主义行权择时的产生机理

四、研究假说

根据上述理论分析，我们可以预期，在股票期权激励下，我国上市公司管理层有动机在行权过程中实施机会主义低点择时行为，即选择在股价相对较低的时点行权，从而最大化个人节税利益；并且，为了配合这种机会主义低点行权择时行为，公司管理层还会围绕行权日实施机会主义选择性信息披露和相机盈余管理。基于此，本书提出以下研究假设：

假设 1：由于节税激励，股票期权激励上市公司管理层会实施机会主义低点行权择时行为，即基于节税动机，公司管理层会选择在公司股价相对较低时进行股票期权行权；

假设 2：围绕股票期权行权，上市公司管理层会实施机会主义选择性信息披露，即在股票期权行权前，上市公司管理层倾向于披露坏消息，而行权后倾向于披露好消息；

假设 3：围绕股票期权行权，上市公司管理层会实施相机盈余管理，即在行权前，上市公司管理层倾向于实施向下盈余管理或减少向上盈余管理，而行权后倾向于实施向上盈余管理或减少向下盈余管理。

第二节　节税激励下机会主义低点行权择时的案例研究

——基于 NY 公司的案例分析

一、研究思路与方法

（一）基于累积超额收益率分布特征的分析

厄鲍迪等（2008）和萨瑟若（2009）在检验管理层是否会利用私有信息进行股票期权行权择时时，发现由于节税动机，在"行权并持有"模式下，行权前存在负的超额收益率，披露坏消息的数量和强度均显著增加，也就是说，为了节税，公司管理层会实施机会主义低点行权择时。哈里维尔等（2009）从节税动机角度研究股票期权行权问题时，也有相同发现：《萨班斯法案》出台前，"行权并持有"交易前包括行权日一般存在显著负的收益率，其后有显著正的收益率。为了检验前文所提研究假说，我们借鉴厄鲍迪、萨瑟若和哈里维尔等的研究方法，在研究公司管理层机会主义行权择时的时候，主要考察行权前后超额收益率的分布特征。若行权前累积平均超额收益率或者超额平均收益率显著为负，并且行权后累积平均超额收益率或者超额平均收益率显著为正，即表明存在在股价相对较低点进行机会主义行权行为。具体思路是，首先定义高管股票期权行权日为事件日，行权日前后 30 个交易日为窗口期。如果在行权日前 30 个交易日的累积超额收益率显著为负值并呈现下降的趋势，而在行权日后 30 个交易日的累积超额收益率显著为正值并呈现出上升的趋势，那么，就说明案例公司管理层在股票期权行权时存在机会主义低点择时行为。

（二）基于选择性信息披露的分析

借鉴厄鲍迪和凯斯尼克（2000）及耶迈克（1997）等在研究机会主义授权择时行为时所采用的方法，通过分析案例公司股票期权行权日前后披露的信息特征，来考察公司管理层是否存在围绕股票期权行权实施机会主义信息披露择时，以配合对行权日的机会主义择时。若案例公司在股票期权行权日前披露的坏消息多、好消息少，而行权日后披露的好消息多、坏消息少，则说明，案例公司管理层围绕股票期权行权实施了机会主义选择性信息披露。好消息、坏消息的判定标准有两类。一是考察行权日前后最近一期季度净利润同比增长率及环比增长率的增减变动情况，若季度净利润同比（环比）增长率为负值，则判定为坏消息；若季度净利润同比（环比）增长率为正值，则判定为好消息。二是考察行权日前后披露的有价值相关性信息的特征，根据有价值相关性信息披露前后短窗口的累积超额收益率来判定好消息和坏消息。若行权日前后有价值相关性信息披露前后短窗口的累积超额收益率为负值，则判定为坏消息；若行权日前后有价值相关性信息披露前后短窗口的累积超额收益率为正值，则判定为好消息。

（三）基于相机盈余管理的分析

同样借鉴厄鲍迪和凯斯尼克及耶迈克等在研究机会主义授权择时行为时所采用的方法，通过分析案例公司股票期权行权日前后季度操控性应计利润的分布特征，来考察公司管理层是否存在围绕股票期权行权实施相机盈余管理，以配合对行权日的机会主义择时。若案例公司在股票期权行权日前季度操控性应计利润为负，而在股票期权行权日后季度操控性应计利润为正，则说明案例公司管理层在行权日前进行了向下盈余管理，而在行权日后进行了向上盈余管理。上述股票期权行权日前后季度操控性应计利润的分布特征说明，案例公司管理层围绕股票期权行权实施了相机盈余管理，以此来影响投资者预期，从而达到低点行权的目的。

（四）机会主义低点行权择时的节税效应分析

根据前文理论分析，公司管理层实施机会主义行权择时的内在动因，是在行权时最小化所缴纳的个人所得税。那么，公司管理层实施机会主义行权择时到底有无达到节税目的？我们选取案例公司具有典型代表性的总裁和副总裁为例，根据行权日及以后公司股价的差额，以及其薪酬水平和行权数量，模拟测算了机会主义低点行权择时所获到的节税效应。明显的节税效应也会反过来验证公司管理层是基于节税动因才有意地进行了机会主义择时。

二、案例背景

（一）案例公司背景

NY 实业集团股份有限公司（以下简称"NY 公司"），是国内一家乳制品企业。截至 2015 年末总资产 396.30 亿元，2015 年度完成营业收入 598.63 亿元。

截至 2015 年 12 月 31 日，H 市投资有限责任公司以 8.79% 的持股比例成为 NY 公司的第一大股东，香港中央结算有限公司以 4.22% 的持股比例位居第二，公司总裁兼董事长作为第三大股东，拥有公司 3.89% 的股份。由此可见，NY 公司是一家股权非常分散的上市公司。第一大股东 H 市投资有限责任公司的持股比例也只有 8.79%，而且，从其董事长（兼任 NY 公司的董事）的任职履历来看，H 市投资有限责任公司应该是一家国资控股投资公司。国有产权性质决定了其不太可能成为真正意义上的股东，更可能是一个财务投资者，难以发挥监督公司高管层的作用。从 NY 公司股权结构可以看出，十大股东之中，有四位自然人股东，并且他们既是公司高管，也是董事会成员，其中一人是董事长兼总裁，其他三人是董事兼副总裁（见表 5 - 1）。这意味着，NY 公司董事会独立性很弱，很难对公司高管层发挥监督作用，高管层在公司财务与经营决策中具有非常大的权力，更容易基于自身利益实施机会主义行为。特别是，NY 公司推出股票期权激励计划中，上述四位董事兼高管也是激励对象，而且被授权的激励份额最多。很显然，这样的公司管理层不仅具有强烈的机会主义授权择时动机，而且还具备能力和便利条件去实施包括操纵行权时点和信息披露等在内的机会主义授权择时行为。

表 5 - 1　　　　　　　　　NY 公司股权结构情况一览

序号	股东名称	持股比例（%）	股东性质
1	H 市投资有限责任公司	8.79	其他
2	香港中央结算有限公司	4.22	其他
3	公司董事长兼总裁	3.89	境内自然人
4	中国证券金融股份有限公司	3.06	其他
5	阳光人寿保险股份有限公司——分红保险产品	1.80	其他
6	全国社保基金一零四组合	1.73	其他
7	公司董事兼副总裁 A	1.39	境内自然人
8	公司董事兼副总裁 B	1.37	境内自然人
9	公司董事兼副总裁 C	1.31	境内自然人
10	全国社保基金五零三组合	1.30	其他

资料来源：根据公司年报自行整理。

（二）案例公司股票期权激励方案简介

2006 年 12 月 28 日，NY 公司 2006 年第二次临时股东大会审议通过了

《关于中国证监会表示无异议后的〈NY 公司股票期权激励计划（草案）〉的议案》（以下简称"股票期权激励计划"）。按照股票期权激励计划，NY 公司总共授予激励对象 5000 万份股票期权，激励计划的股票来源为 NY 公司向激励对象定向发行的 NY 公司股票。2007 年 12 月 21 日，NY 公司第五届董事会临时会议审议通过了《关于 NY 公司股票期权激励计划首期行权相关事项的议案》，公司采取向激励对象定向发行股票的方式进行第一期行权，第一期行权总额为 64480 股，行权价格为 12.05 元，涉及行权人数共 35 人，限售期为 1年。根据股票期权激励计划安排，激励对象第一期行权后剩余获授股票期权，可以在第一期行权 1 年后、股票期权的有效期内，自主行权。第一期行权后剩余获授股票期权的数量为 172056022 份，NY 公司拟采取向激励对象定向发行股票的方式实施行权，发行股票总额为 172056022 股，行权价格为 6.49 元，涉及行权人数共计 32 人。股票期权激励对象中，公司总裁兼董事长本次行权数量为 54276347 股（占股权激励计划总量的比例为 29.9744%），A、B、C 三位副总裁兼董事，分别行权 18092114 股（各占股权激励计划总量的 9.9915%），其他 28 人为 NY 公司核心业务骨干以及公司认为应给予激励的其他人员。由于激励对象之一的副总裁兼董事 B 于 2012 年 12 月 28 日通过二级市场卖出了 NY 公司股票，根据相关规定，该激励对象只能在 2013 年 6 月 28日之后行权。实际结果是该副总裁兼董事 B 在 2013 年 7 月 1 日完成行权登记，其他 31 位激励对象于 2013 年 6 月 14 日完成行权登记。

根据 NY 公司 2013 年 6 月 18 日的行权结果公告，会计师事务所对公司截至 2013 年 6 月 14 日的新增注册资本及股本情况进行了审验，并办理股份登记手续，因此，可以确定 2013 年 6 月 14 日即为本次行权日（见图5 - 3）。

三、基于累积超额收益率分布特征的机会主义行权择时分析

根据布朗和沃勒（Brown and Warner, 1985）研究总结的几种超额收益率度量方法，本书以行权日 6 月 14 日为事件日，以行权日前后 30 个交易日作为窗口期，使用市场模型法和市场调整法两种方法估算案例公司行权日前后的累积超额收益率，并对于市场调整法提供等权平均市场日收益率和流通市值加权平均市场日收益率两种计算口径，从而得到共三种累积超额收益率计算结果，以便相互印证。

市场模型法估算累积超额收益率的方法，与第四章研究机会主义授权择时

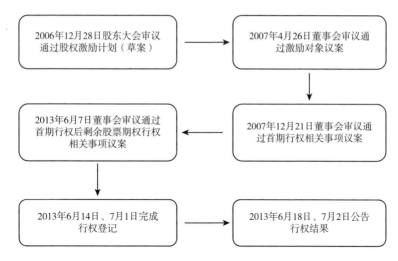

图 5 – 3　NY 公司股权激励计划实施过程

资料来源：根据巨潮资讯网公司信息披露整理得到。

相同。从 RESSET 数据库中获取案例公司行权日前 300 个至 31 个交易日的 270 个日个股收益率，以及等权平均市场日收益率的数据，估计出市场模型的系数，得到窗口期个股理论日收益率；窗口期的日个股超额收益率 AR1 等于个股实际日收益率减去其理论日收益率，累加窗口期日个股超额收益率得到累积超额收益率 CAR1。具体计算过程参见前一章。

　　市场调整法估算累积超额收益率的方法，借鉴布朗和沃勒的研究，用窗口期案例公司股票实际日收益率减去相应日期的等权平均市场日收益率，得到窗口期日超额收益率 AR2，累加得出累积超额收益率 CAR2。与上一种方法相类似，在计算日超额收益率 AR3 时，将等权平均市场日收益率替换为流通市值加权平均市场日收益率，得到另一个口径的累积超额收益率 CAR3。

　　以上三种方法计算得到的案例公司行权日前后 30 个交易日累积超额收益率 CAR1、CAR2 和 CAR3，其走势分别呈现于图 5 – 4、图 5 – 5 和图 5 – 6。可以看到，三种口径的累积超额收益率呈现出几乎一致的走势，即在行权日前均显著为负值，而在行权日后均显著为正值，尤其是在行权日，CAR 值均发生了明显的逆转。这与厄鲍迪、萨瑟若和哈里维尔等的研究结果一致。行权前后超额收益率的这种分布特征，是典型的低点行权择时所具有的超额收益率模式，它表明行权日前案例公司的股价一直在下降，到行权日已经达到相当低的水平，而行权日之后案例公司股价迅速上升。这说明，案例公司管理层"审时度势"选择了一个比较低的股价水平实施股票期权行权，或者围绕股票期权行权，进行了有意识的选择性信息披露，即在行权日前故意披露坏消息，而将好消息有意延迟到行权日后再公告，通过这种选择性信息披露，有目的地影响投资者预期，使得行权日的股价较低；或者在行权日前实施了向下盈余管理，配合上述选择性信息披露，达到抑制行权日股价的目的。不管属于哪种情形，均意味着，公司管理层实施了机会主义行权择时行为，旨在得到一个较低的行权日股价。

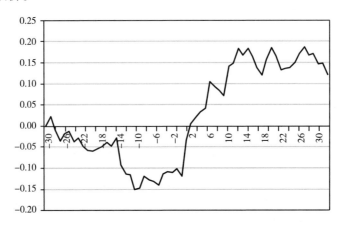

图 5 – 4　NY 公司行权日前后 30 个交易日累积超额收益率 CAR1 的走势
资料来源：根据 RESSET 数据库的相关数据计算绘制。

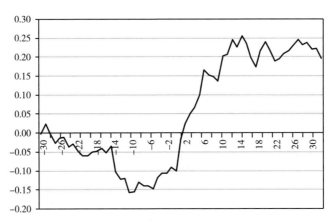

图 5 – 5　NY 公司行权日前后 30 个交易日累积超额收益率 CAR2 的走势
资料来源：根据 RESSET 数据库的相关数据计算绘制。

表 5 – 2 和表 5 – 3 列出的是案例公司行权日前后 30 个交易日累积超额收益率 CAR 和超额收益率 AR 的均值及其检验结果。从表 5 – 2 中可见，案例公司管理层股票期权行权日前 30 个交易日累积超额收益率 CAR 的均值都在 1% 水平上显著为负，而行权日后 30 个交易日累积超额收益率 CAR 的均值都在

1% 水平上显著为正。行权日前 30 个交易日累积超额收益率的均值，都在 1% 水平上显著低于行权日后 30 个交易日累积超额收益率的均值。这进一步表明，案例公司管理层股票期权行权日前后累积超额收益率的分布，具有典型的机会主义低点择时特征。从表 5－3 中案例公司行权日前后 30 个交易日超额收益率 AR 的均值及其检验结果可以看到，行权日前 30 个交易日超额收益率 AR 的均值都为负，但并不显著，而行权日后 30 个交易日超额收益率 AR 的均值都显著为正；并且行权日前 30 个交易日超额收益率 AR 的均值，都在 5% 的水平上显著低于行权日后 30 个交易日的均值。也就是说，案例公司行权日前后 30 个交易日超额收益率 AR 的均值分布，基本符合机会主义低点择时的典型特征。因此，我们有理由认为，案例公司管理层在股票期权行权时存在低点行权的机会主义择时行为。

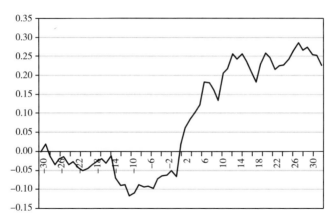

图 5－6　NY 公司行权日前后 30 个交易日累积超额收益率 CAR3 的走势

资料来源：根据 RESSET 数据库的相关数据计算绘制。

表 5－2　　NY 公司行权日前后 30 个交易日 CAR 的均值及 T 检验结果

窗口期	CAR 均值	t 值	CAR 均值	t 值	CAR 均值	t 值
（－30，－1）	－0.07317	－8.0614***	－0.07423	－7.7926***	－0.05166	－8.1391***
（1，30）	0.12393	11.4702***	0.18115	14.0394***	0.20345	16.3994***
（－30，－1）减（1，30）	－0.19710	－10.7997***	－0.25538	－12.4752***	－0.25511	－14.9427***

注：*** 表示在 1% 的水平上显著。

资料来源：根据 RESSET 数据库的相关数据计算得到。

表 5 - 3　　　　NY 公司行权日前后 30 个交易日 AR 的均值及 T 检验结果

窗口期	AR1 均值	t 值	AR2 均值	t 值	AR3 均值	t 值
（ - 30， - 1）	- 0.00395	- 1.0773	- 0.00338	- 0.9142	- 0.00220	- 0.643
（1，30）	0.00889	1.6808 *	0.01079	1.9665 **	0.01061	1.9027 **
（ - 30， - 1）减（1，30）	- 0.01284	- 2.1151 **	- 0.01417	- 2.3269 **	- 0.01281	- 2.1116 **

注：**、* 分别表示在 5%、10% 的水平上显著。
资料来源：根据 RESSET 数据库的相关数据计算得到。

图 5 - 7 是案例公司 2013 年 2 月 18 日 ~ 12 月 18 日期间的股价走势。根据案例公司 2013 年 6 月 18 日披露的股权激励计划行权结果公告，可以确认此次股票期权行权日是 2013 年 6 月 14 日。由图 5 - 7 可以看出，2013 年 6 月 14 日之前，案例公司的股价基本稳定在每股 30 元左右；2013 年 6 月 14 日之后，股价开始迅速上升，而且上涨的幅度也比较大，2013 年 9 月 18 日股价已经涨到每股 40 元，2013 年 10 月 21 日更是涨到了每股 51.29 元的最高点，此后总体上仍稳定在每股 40 元左右。由此可见，案例公司此次行权时的股价确实处于比较低的水平，图 5 - 7 中的股价走势进一步验证了基于行权日前后累积超额收益率分布特征的分析结论，即案例公司管理层存在机会主义行权择时行为。

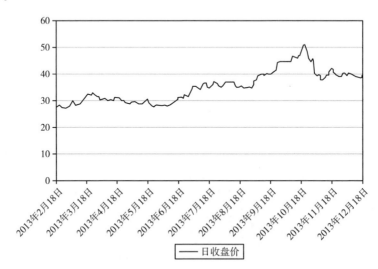

图 5 - 7　　NY 公司 2013 年 2 月 18 日 ~ 12 月 18 日期间股价走势
资料来源：根据 RESSET 数据库的公司股价数据计算绘制。

四、围绕机会主义行权择时的信息披露特征分析

（一）基于季度盈余信息披露特征的分析

表 5 - 4 是案例公司股票期权行权日前后季度净利润及增长率情况。其中，Q - 1 表示行权日前最近的一个季度，Q - 2 表示 Q - 1 前的一个季度，Q - 3 为 Q - 2 的前一个季度；Q1 表示行权日后最近的一个季度，Q2 为 Q1 后一个季度，Q3 为 Q2 后一个季度。从表中可以看到，与前后季度相比较，案例公司在行权日（2013 年 6 月 14 日）后的 2013 年第二季度，实现的净利润相当可观，高达 12.55 亿元，远远超过了其他季度。从净利润增长率角度看，无论是同比增长率、环比增长率还是累计同比增长率，行权日后的 2013 年第二季度（Q1）都达到了最大值。其中，季度净利润同比增长率，在 2012 年第三、第四两个季度都是负的，这说明案例公司利润面临着负增长。2013 年第一季度，也就是本次行权日前最近的季度，同比增长率为 16.16%，表明此时公司盈利情况已经开始好转。2013 年第二季度，也就是行权日后最近的季度，净利润同比增长率迅速提升，幅度高达 255.10%，这就意味着，当 2013 年半年报披露的时候，将释放出巨大的利好消息，公司股价也将会随之有明显的上升。实际上，案例公司 2013 年度半年报是于 2013 年 8 月 31 日对外报出的，与之前的预期一致，2013 年 9 月 1 日以后股价有一个明显幅度的上涨（见图 5 - 7）。案例公司此次行权日为 2013 年 6 月 14 日，很显然，在行权日之前，作为内部人的公司高管层应该事先就知道 2013 年第二季度有非常好的经营成果，而且他们也应当能够预测到 2013 年半年报公告后的股价反应，因此案例公司管理层应该会理性地预期到，在 2013 年半年报公告之前行权，对他们来说是最优的，因为此时的股价相对较低，行权时不需要缴纳更多的个人所得税。

表 5 - 4　　　　NY 公司股票期权行权日前后季度净利润及增长率情况

季度	净利润（元）	同比增长率（%）	环比增长率（%）	累计同比增长率（%）
Q - 3（2012 年第三季度）	606494866	- 1.51	71.52	- 4.24
Q - 2（2012 年第四季度）	353694922	- 9.04	- 41.68	- 5.26
Q - 1（2013 年第一季度）	490468772	16.16	38.67	16.16
Q1（2013 年第二季度）	1255600930	255.10	156.00	125.06
Q2（2013 年第三季度）	779415217	28.51	- 37.92	82.70
Q3（2013 年第四季度）	675711877	91.04	- 13.31	84.40

注：表中指标系根据国泰安财经研究数据库的数据整理计算得到。

　　GM 乳业股份有限公司（简称"GM 乳业"）于 2002 年上市，与 NY 公司同属于行业内知名乳制品企业。作为国有法人的 GM 食品（集团）有限公司以 54.35% 的持股比例成为其控股股东，也就是说，GM 乳业是一家国有控股公司，并且股权比较集中。将案例公司与 GM 乳业做横向对比，能更加客观地反映案例公司行权日前后净利润增长率的变动情况。表 5 - 5 列示的同时期 GM 乳业净利润及增长率情况显示，GM 乳业 2013 年第二季度（Q1）净利润增长率也比较高，同比增长率达 97.34%，环比增长率达到 154.02%，累计同比增长率 54.82%，但是，不论哪种口径的净利润增长率，GM 乳业均远低于案例公司。尤其是净利润同比增长率和累计同比增长率，案例公司远远大于 GM 乳业。由此可见，案例公司在股票期权行权日后披露的 2013 年第二季度盈利信息，无论纵向来看，还是横向比较，都属于能够促进股价上升的利好消息。案例公司高管层选择在重大利好消息披露之前及时行权，显然具有最小化税负的机会主义动机。

表 5 - 5　　　　　　　　　GM 乳业同期季度净利润及增长率情况

季度	净利润（元）	同比增长率（%）	环比增长率（%）	累计同比增长率（%）
Q - 3（2012 年第三季度）	105087383	16.92	85.49	25.04
Q - 2（2012 年第四季度）	129155714	21.65	22.90	23.71
Q - 1（2013 年第一季度）	44012962	0.05	- 65.92	0.05
Q1（2013 年第二季度）	111801423	97.34	154.02	54.82
Q2（2013 年第三季度）	149546400	42.31	33.76	48.43
Q3（2013 年第四季度）	169150135	30.97	13.11	41.69

　　注：表中指标系根据国泰安财经研究数据库的数据整理计算得到。

（二）基于其他重大信息公告的分析

　　除了季度净利润超额增长属于能够促进股价上涨的利好消息外，一些重大投资或战略合作项目，往往也是能够刺激股价上扬的好消息。并且季报披露属于定期报告，有相对固定的时间窗口，实施选择性信息披露的弹性空间较小，更适合围绕季报披露进行择机行权；而一些重大投资或战略合作项目披露属于临时公告，披露的时间和内容等都相对灵活有弹性，更适宜围绕行权日进行选择性信息披露。那么，案例公司管理层有无围绕行权日实施选择性信息披露？

　　我们检索了案例公司两个行权日（一个是绝大多数激励对象的行权日期 2013 年 6 月 14 日，另一个是最后一位激励对象的行权日期 2013 年 7 月 1 日）

前后的临时性公告，发现案例公司在 2013 年 7 月 6 日公告了一则重大战略合作项目的谅解备忘录。该公告称公司与 DFA——美国最大的牛奶公司签署了谅解备忘录，拟在战略采购、牧场服务等方面建立长期战略合作关系，并就未来乳品相关项目建立了战略性优先权关系。从经验上判断，该信息公告应该属于能够刺激股价上扬的好消息。为了谨慎起见，我们运用事件研究法，通过考察该信息公告的市场反应，来进一步确认其属于好消息还是坏消息。具体方法是，以该消息公告日 2013 年 7 月 6 日为事件日，分别选取公告日前后 1 个交易日、前后 5 个交易日作为窗口期，分别定义为（-1，1）、（-5，5），使用市场模型法和市场调整法，与前文一样，计算出三种口径的累积超额收益率，最后根据 CAR 值的正负来判别好坏消息。

　　从表 5-6 列示的行权日后重大信息公告日前后累积超额收益率的结果可以看出，三种口径计算得出的累积超额收益率结果不完全一致，其中，三个口径的 CAR（-5，5）均为正值，而 CAR（-1，1）有两个口径的计算结果为正值。不过，总体而言，计算结果可以说明，案例公司 2013 年 7 月 6 日公告的这则战略合作消息，市场给予了积极反应，属于好消息。案例公司高管层选择在 2013 年 6 月 14 日的行权日后仅 22 天，在 2013 年 7 月 1 日的行权日后仅 5 天，对外公告这则好消息，应该绝非偶然。我们有理由相信，这是案例公司管理层在利用信息优势进行机会主义选择性信息披露择时，也就是有意识将好消息延迟到行权日以后再披露，避免行权时公司股价过高。这一结果也验证了行权日前后累积超额收益率"前负后正"的分布特征，与厄鲍迪、萨瑟若和哈里维尔等有关机会主义行权择时的研究结果一致。

表 5-6　　　　NY 公司行权日后重大消息公告日前后的累积超额收益率

窗口期	CAR1	CAR2	CAR3
（-1，1）	-0.00134	0.0102	0.0005
（-5，5）	0.07460	0.0681	0.0669

注：表中数值系作者根据 RESSET 数据库的相关数据计算得到。

五、围绕机会主义行权择时的相机盈余管理分析

　　在分析了案例公司信息披露机会主义择时后，接下来，我们根据行权日前后最接近的季度相关财务数据，进一步考察案例公司是否存在围绕行权日的相机盈余管理行为。我们以净利润与经营活动产生的现金流量净额之间的差额计

算应计利润，并以应计利润来衡量盈余管理程度。若应计利润为正，说明公司在进行向上的盈余管理；若应计利润为负，说明公司在进行向下的盈余管理。同样，在考察案例公司行权日前后季度应计利润分布特征时，将 GM 乳业同时期的应计利润作横向对比，以更加客观地分析案例公司的盈余管理情况。

从表 5 - 7 中可以看出，2013 年第一季度即行权日之前最近的季度，案例公司应计利润为 - 369853752 元，意味着案例公司有 369853752 元的应计利润项目没有计入当期净利润，那么，这是因为行业经营周期所导致的吗？表 5 - 8 显示，同行业的 GM 乳业 2013 年第一季度应计利润为 106286602 元，不仅为正数，而且远远大于案例公司。这说明在行权日前一个季度，案例公司应计利润为负，不是行业经营周期的原因，而是案例公司自身因素所致。什么样因素会促使案例公司管理层在行权日前将应计利润不计入当期利润，也即向下盈余管理？结合前文分析，案例公司管理层很有可能是为了配合机会主义行权择时而进行了向下的盈余管理，旨在利用定期对外报告的报表信息消极地影响市场预期，从而抑制行权日股价，最终达到节税目的。

表 5 - 7　　　　　　　　　NY 公司行权日前后季度应计利润分布情况

季度	净利润（元）	经营活动产生的现金流量净额（元）	应计利润（元）	应计利润/净利润
Q - 3（2012 年第三季度）	606494866	1359403539	- 752908673	- 1.2414
Q - 2（2012 年第四季度）	353694922	- 241104575	594799497	1.6817
Q - 1（2013 年第一季度）	490468772	860322523	- 369853752	- 0.7541
Q1（2013 年第二季度）	1255600930	2396306629	- 1140705699	- 0.9085
Q2（2013 年第三季度）	779415217	1998620006	- 1219204789	- 1.5643
Q3（2013 年第四季度）	675711877	219499258	456212619	0.6752

注：表中数值系作者根据国泰安财经研究数据库的数据整理计算得到。

表 5 - 8　　　　　　　　　GM 乳业同期季度应计利润分布情况

季度	净利润（元）	经营活动产生的现金流量净额（元）	应计利润（元）	应计利润/净利润
Q - 3（2012 年第三季度）	105087383	492451950	- 387364567	- 3.6861
Q - 2（2012 年第四季度）	129155714	255036310	- 125880596	- 0.9746
Q - 1（2013 年第一季度）	44012962	- 62273640	106286602	2.4149

季度	净利润（元）	经营活动产生的现金流量净额（元）	应计利润（元）	应计利润/净利润
Q1（2013 年第二季度）	111801423	183556802	−71755379	−0.6418
Q2（2013 年第三季度）	149546400	795851397	−646304997	−4.3218
Q3（2013 年第四季度）	169150135	388168394	−219018259	−1.2948

注：表中数值系作者根据国泰安财经研究数据库的数据整理计算得到。

六、机会主义低点行权择时的节税效应分析

通过前文的分析可知，股票期权低点行权能够减少激励对象缴纳的个人所得税。对于案例公司管理层而言，本次机会主义低点行权择时到底能够给他们带来多少税收节约呢？以下我们选取有典型代表性的高管——总裁与副总裁 A、C 为考察对象，来分析此次机会主义低点行权择时的节税效应。查阅案例公司公告可知，2013 年度总裁年薪 366 万元，副总裁 A（董事、财务负责人）167 万元，副总裁 C（董事、董事会秘书）172 万元，薪酬水平相当高。由图 5－7 可知，案例公司在 2013 年 6 月 18 日以后的股价都位于高点，于是我们选取 2013 年 9 月 18 日 40 元的每股股价作为股价高点，这样的股价在行权日之后并非是股价的最高点（股价最高点是 2013 年 10 月 21 日的 51.29 元），而是一个趋于稳定的高点股价。换而言之，以 40 元每股股价作为高点股价来测算节税效应是非常保守的，实际的节税程度应该有过之而无不及。根据我国个人所得税法的相关规定，案例公司节税效应测算过程和结果如表 5－9、表 5－10 所示。

表 5－9　　　　　　　　NY 公司管理层行权择时节税效应的测算过程

激励对象	行权模式	计税项目	计税过程
总裁	高点行权	应纳税所得额	1818800388 元 =（40 − 6.49）×54276347
		应纳税额	818298115 元 =（1818800388/12 ×45% − 13505）×12
	低点行权	应纳税所得额	1289063241 元 =（30.24 − 6.49）×54276347
		应纳税额	579916398 元 =（1289063241/12 ×45% − 13505）×12
		节税金额	238381717 元 = 818298115 − 579916398

续表

激励对象	行权模式	计税项目	计税过程
副总裁	高点行权	应纳税所得额	606266740 元 =（40 - 6.49）×18092114
		应纳税额	272657974 元 =（606266740/12 ×45% - 13505）×12
	低点行权	应纳税所得额	429687708 元 =（30.24 - 6.49）×18092114
		应纳税额	193197408 元 =（429687708/12 ×45% - 13505）×12
		节税金额	79460566 元 = 272657974 - 193197408

注：表中数值系作者根据 RESSET 数据库中公司相关数据整理计算得到。

表 5 - 10　　　　　NY 公司管理层行权择时节税效应的测算结果

激励对象	高点行权（40 元每股）		低点行权（30.24 元每股）		节税金额（元）
	应纳税所得额	应纳税额	应纳税所得额	应纳税额	
总裁	1818800388	818298115	1289063241	579916398	238381717
副总裁	606266740	272657974	429687708	193197408	79460566

注：表中数值系作者根据 RESSET 数据库中公司相关数据整理计算得到。

　　从测算结果可知，低点行权给总裁与副总裁节约的个人所得税税额相当可观。据保守测算，低点行权为案例公司总裁节约了 238381717 元的个人所得税税额，为公司副总裁节省了 79460566 元的个税额。很难想象如此巨大的节税利益竟然是低点行权带来的。正是巨额的节税利益，诱发了公司管理层在股票期权行权环节实施机会主义低点择时行为，甚至为了达到理想的低股价位，公司高管层会利用自身对公司财务和经营决策的自由裁量权，进行选择性信息披露择时或相机盈余管理等方式来配合机会主义行权择时。

七、研究结论与总结

　　本部分以 NY 公司为案例，通过考察案例公司管理层股票期权行权日前后累积超额收益率、季度净利润及增长率和应计利润的分布特征，对公司管理层在股票期权激励计划行权环节的机会主义择时行为进行了深入的分析研究。研究发现，案例公司管理层股票期权行权日前后累积超额收益率呈现"前负后正"的分布特征，这符合厄鲍迪、萨瑟若和哈里维尔等研究发现的机会主义低点行权择时所具有的典型累积超额收益率模式。研究还发现，公司管理层行权日之后，伴随着季度净利润增长率的超额增长和重大利好消息的临时公告。这表明，案例公司高管层凭借自己对财务与经营决策的掌控力，有意识选择在重大利好消息披露前进行股票期权行权，并且将有价值相关性的重大投资和战略合作项目延迟到行权日之后公告。通过对行权日前后应计利润的分布特征考察，我们还发现，案例公司管理层在行权日前实施了向下盈余管理。此外，根据案例公司管理层行权时及前后公司股价情况，以及管理层薪酬水平、行权数量、行权价格等数据，按照个人所得税法，我们测算了案例公司管理层上述机会主义行权择时行为的节税效应，测算结果发现，低点行权择时能够给公司管理层带来巨额的节税利益。案例研究结果说明，由于低点行权的巨大节税利益，公司管理层在股票期权激励计划行权环节会实施机会主义低点行权择时行为，并且为了配合机会主义低点择时，公司管理层还会实施机会主义选择性信息披露和一定程度的相机盈余管理。也就是说，为了获得一个较低的行权时股价，NY 公司高管层延迟公告了利好消息，进行了向下的盈余管理，同时提前知道了极好的盈余信息并在该盈余信息公告之前及时行权，从而成功实现了低点行权。通过机会主义行权择时，公司管理层最大限度地抑制了行权时的公司股价，最小化了行权时的个人所得税，最大化了自己股票期权收益。但是，机会主义行权择时行为不仅误导了市场预期，扭曲了公司股价，而且选择性信息披露和相机盈余管理严重干扰了公司正常的财务和经营活动，影响公司可持续发展。

当然，尽管案例研究能够有助于深入具体地剖析研究问题，但是由于案例研究固有的局限性，本部分的研究结论可能不具有普适性。为了得到有关机会主义行权择时更加可靠的研究结论，需要进一步的大样本实证研究。

第三节　节税激励下机会主义低点行权择时存在性的大样本实证研究

一、研究设计

（一）样本选择与数据来源

1. 样本选取

本节以 2006 年 1 月 1 日 ~ 2015 年 12 月 31 日期间已经实施股票期权激励计划并进行集中行权的上市公司为研究对象。根据上市公司实践，股票期权行权模式包括自主行权和集中行权两种，其中，自主行权就是由高管人员各自根据自身情况自行择机行权，而集中行权模式是高管人员作为一个整体共同集中择机行权。由于高管人数较多且个体的边际影响较小，自主行权模式往往不容易观察到行权规律，相比而言，集中行权模式往往能够反映高管人员作为一个整体的集体意志，容易观察到行权规律。因此，本节研究样本确定为集中行权样本。行权日的确定是本研究的基础和关键。根据对股票期权激励上市公司信息披露的详细分析，与行权相关的日期具体包括可行权相关事宜公告日、可行权日、行权登记日、行权股份上市日、行权款项支付日以及行权情况公告日等，其中，行权登记日是指上市公司在中国证券登记结算有限责任公司申请并办理行权股份变动登记手续的日期。行权登记日后行权股份才在法律意义上归高管人员所有，此时，行权才在法律意义得以实现，因此，本研究以行权登记日作为行权日，以此日期判断股票期权有无行权。

研究样本具体选取步骤如下。首先，根据 CSMAR 数据库中股权激励授权明细文件和行权明细文件，结合巨潮资讯网相关公司信息披露，手工搜集并整理出已经行权的上市公司样本；其次，根据巨潮资讯网相关公司信息披露，从已经行权的上市公司样本中手工筛选出集中行权的上市公司样本；再次，根据巨潮资讯网相关公司信息披露，手工搜集并整理出集中行权样本与行权相关的日期，选取行权登记日作为行权日；最后，删除无法确定行权日的集中行权样本，剔除属于金融、保险类行业的样本公司，最终得到 256 个行权样本。在此基础上，剔除缺失季度净利润增长率等刻画行权日前后信息披露特征的样本，得到 239 个信息披露特征研究样本；剔除缺失估算行权日前后累积超额收益率时所需日个股收益率等数据的样本，得到 223 个累积超额收益率分布特征研究样本；剔除缺失估算行权日前后季度操控性应计利润所需季度应收账款、固定资产原值、资产总额等数据的样本，得到 230 个相机盈余管理研究样本。

2. 数据来源

行权日及与行权相关的数据，是我们根据 CSMAR 数据库中股权激励行权明细文件，结合巨潮资讯网相关公司信息披露，手工搜集并整理得到。本部分估算行权日前后累积超额收益率所需样本公司股票的日收盘价、日个股收益率以及等权平均市场日收益率等数据来源于 RESSET 数据库。围绕股票期权行权日前后的信息披露特征和相机盈余管理研究中所使用的季度报告披露日期、季度净利润及其增长率、季度营业收入、季度应收账款、季度固定资产和总资产等相关数据来源于 RESSET 数据库单季财务指标和单季财务数据子库，部分数据通过巨潮资讯网查询。公司所属行业分类等其他数据来源于 CSMAR 财经研究数据库，使用 STATA12 统计软件和 Excel 2007 进行数据计算与处理。

(二) 研究方法

为了检验前文所提研究假说, 我们借鉴厄鲍迪、萨瑟若和哈里维尔等的研究方法, 在研究公司管理层机会主义行权择时的时候, 主要考察行权前后超额收益率的分布特征。若行权前累积平均超额收益率或者超额平均收益率显著为负, 并且行权后累积平均超额收益率或者超额平均收益率显著为正, 即表明存在在股价相对较低点进行机会主义行权行为。根据我国相关规定, 上市公司高管层行权所获得的股票期权有至少半年的限售期, 所以, 影响我国公司高管层行权决策的因素主要是节税, 从而如何最小化股票期权行权日的股价, 是公司管理层所关心的。由于至少持有半年之后才能将行权所得股票卖出, 从节税动机角度来看, 公司管理层应该十分关注股票期权行权前的股价是否较低, 而不太关心行权后短期内股价是否上升。因此, 本部分在检验公司管理层是否存在机会主义低点行权择时行为时, 主要关注行权前累积平均超额收益率或者超额平均收益率的分布, 辅以考察行权后累积平均超额收益率或者超额平均收益率的分布。

超额收益率 (Abnormal Return, 缩写为 AR) 的估算方法与第四章研究机会主义授权择时相同, 仍采用市场模型估算。将行权日定义为事件日, 将窗口期分别定义为行权日前后 30 个、20 个和 10 个交易日; 利用上市公司行权日前 300 个至前 31 个交易日的 270 个日个股收益率以及等权平均市场日收益率数据, 估计出市场模型的系数, 进而得到窗口期的个股理论日收益率; 再将窗口期的个股实际日收益率减去其理论日收益率, 即得到窗口期的日个股超额收益率; 最后, 将窗口期内的日超额收益率进行累加, 计算得到相对应的累积超额收益率 (CAR)。具体计算过程不再赘述。

除了通过考察行权日前后超额收益率的分布特征来判断公司管理层是否存在机会主义行权择时行为以外, 我们还借鉴厄鲍迪和凯斯尼克及耶迈克等在研究机会主义授权择时行为时所采用的方法, 通过分析股票期权行权日前后披露的最接近一期季报信息特征, 来考察公司管理层是否存在围绕股票期权行权实施机会主义信息披露择时和相机盈余管理, 以配合对行权日的机会主义择时。具体方法如下。

——围绕股票期权行权日实施机会主义信息披露择时的检验方法。分析股票期权行权日前后披露的最接近一期季报的信息特征, 考察股票期权行权日前公司管理层是否更倾向于披露坏消息, 而好消息更可能被推迟到行权日后披露, 也就是, 行权日前是否披露的坏消息更多, 而行权日后是否披露的好消息更多。坏消息的界定标准是，季度净利润同比和环比增长率是否为负，以及净利润同比（环比）增长率同比和环比增减变动是否为负；好消息的界定标准是，季度净利润同比和环比增长率是否为正，以及净利润同比（环比）增长率同比和环比增减变动是否为正。

——围绕股票期权行权日实施相机盈余管理的检验方法。分析股票期权行权日前后披露的最接近一期季报的操控性应计利润分布特征，考察行权日前公司管理层是否更倾向于向下盈余管理，或者减少向上盈余管理；而行权日后公司管理层是否更倾向于向上盈余管理，或者减少向下盈余管理。也就是，行权日前是否操控性应计利润更可能为负，或者操控性应计利润虽为正，但程度在降低；而行权日后是否操控性应计利润更可能为正，或者操控性应计利润虽为负，但程度在降低。与第四章相同，我们采用经过行业调整的截面 Jones 模型和修正的截面 Jones 模型，来分别估计算样本公司的操控性应计利润。

二、行权日前后累积超额收益率分布特征分析

为了检验前文所提研究假说 1，即公司管理层基于节税激励会实施机会主义低点行权择时行为，本部分从两个方面展开。其一，首先基于总体研究样本的统计分析，即对总研究样本计算行权日前后超额收益率和累积超额收益率的均值，并实施 T 检验；然后，以行权日前平均超额收益率和累积平均超额收益率是否显著为负，以及辅以行权日后平均超额收益率和累积平均超额收益率是否显著为正，来判断是否存在机会主义低点行权择时行为。其二，首先基于单个行权样本的统计分析，即对研究样本中每一单个行权样本计算行权日前平均超额收益率和行权日后平均超额收益率以及二者之间的差额；然后，统计行权日前平均超额收益率与行权日后平均超额收益率之间差额为负的数量；最后，以所统计的行权日前平均超额收益率与行权日后平均超额收益率之间差额为负的行权样本数量是否显著较多，来判断机会主义低点行权择时的存在性。

（一）基于总体样本的行权日前后累积超额收益率分布特征分析

表 5 - 11、表 5 - 12 和表 5 - 13 列示的是总样本行权日前后 30 个、20 个和 10 个交易日的平均超额收益率、累积平均超额收益率以及 T 检验值。从表 5 - 11 中我们可以发现，行权日前 30 个交易日的平均超额收益率绝大多数为负值，其中，行权日前 1 个、2 个、3 个、5 个、10 个、11 个、14 个、15 个、21 个和 28 个交易日的平均超额收益率显著为负，行权日当天的平均超额收益

率也显著为负；而行权日后 11 个交易日的平均超额收益率几乎都为正值，其中，行权日后第 5 个和第 11 个交易日的平均超额收益率都显著为正。总体上，符合低点行权择时超额收益率模式（厄鲍迪等，2008；萨瑟若，2009；哈里维尔等，2009；等等）的特征。从行权日前后 30 个交易日的累计平均超额收益率来看，行权日前 30 个交易日（包括行权日在内）的累计平均超额收益率几乎均显著为负；而行权日后 30 个交易日的累计平均超额收益率大多数均为正，其中，行权日后第 5 个、6 个、7 个、8 个、9 个、10 个、11 个和 12 个交易日的累计平均超额收益率均显著为正。图 5 - 8 更直观地反映出了行权日前后累积平均超额收益率的走势。从行权日前第 30 个交易日开始，累积平均超额收益率逐步下降，到行权日达最低点，随后开始逐渐上升，并在行权日后第 11 个交易日累计平均超额收益率达到最高。很显然，在行权日前 30 个交易日至行权日后第 11 个交易日这一窗口期内，累积平均超额收益率的走势呈现出低点行权择时典型的"U"型超额收益率模式。上述行权日前后累积平均超额收益率的分布特征表明，股票期权激励会诱发我国上市公司高管人员为了最小化行权时的税负而实施机会主义低点行权择时行为。因此，研究假设 1 得到验证。

表 5 - 12 和表 5 - 13 列示的是行权日前后 20 个和 10 个交易日的累计平均超额收益率及其 T 检验值。从表中我们可以看出，行权日前后 20 个和 10 个交易日平均超额收益率和累计平均超额收益率，具有与行权日前后 30 个交易日基本相同的分布特征。从图 5 - 9 可以看出，行权日前后 20 个交易日累计平均超额收益率的走势，呈现出非常标准的低点行权择时的"U"型模式，同时，平均超额收益率的走势也很清晰地反映出低点行权择时的分布特征，即行权日前显著为负，而行权日后显著为正。图 5 - 10 所呈现的行权日前后 10 个交易日累计平均超额收益率的走势，也具有类似特征。上述结果进一步验证了我国上市公司管理层基于节税动机的机会主义低点行权择时的存在性，研究假设 1 得到进一步支持。

表 5 - 11　　　行权日前后 30 个交易日的累积平均超额收益 （N = 223）　　　单位：%

窗口	AR	T	CAR （ - 30，30）	T	CAR （1，30）	T
- 30	- 0. 0020	- 1. 0978	- 0. 0020	- 1. 0978		
- 29	- 0. 0011	- 0. 6753	- 0. 0031	- 1. 2645		
- 28	- 0. 0040	- 2. 1548 **	- 0. 0070	- 2. 1729 **		
- 27	0. 0012	0. 6945	- 0. 0058	- 1. 3800 *		
- 26	0. 0009	0. 4787	- 0. 0053	- 1. 0846		
- 25	0. 0007	0. 4003	- 0. 0045	- 0. 8417		

续表

窗口	AR	T	CAR（-30，30）	T	CAR（1，30）	T
-24	-0.0013	-0.7136	-0.0059	-0.9903		
-23	-0.0011	-0.5550	-0.0070	-1.0796		
-22	-0.0006	-0.3278	-0.0076	-1.1357		
-21	-0.0038	-1.8216 **	-0.0114	-1.6385 *		
-20	-0.0010	-0.5676	-0.0124	-1.7061 **		
-19	-0.0019	-1.0422	-0.0143	-1.9232 **		
-18	0.0018	1.0231	-0.0122	-1.6460 *		
-17	-0.0015	-0.8644	-0.0137	-1.7556 **		
-16	0.0010	0.5656	-0.0127	-1.5633 *		
-15	-0.0039	-2.0535 **	-0.0166	-1.9517 **		
-14	-0.0024	-1.3065 *	-0.0191	-2.2208 **		
-13	0.0022	1.1084	-0.0168	-2.0061 **		
-12	-0.0010	-0.6355	-0.0179	-2.0641 **		
-11	-0.0021	-1.3231 *	-0.0200	-2.2723 **		
-10	-0.0023	-1.4515 *	-0.0225	-2.4959 ***		
-9	-0.0003	-0.1654	-0.0228	-2.4499 ***		
-8	-0.0008	-0.4778	-0.0236	-2.3785 ***		
-7	0.0019	0.9302	-0.0217	-2.0528 **		
-6	-0.0014	-0.7831	-0.0229	-2.1045 **		
-5	-0.0029	-1.7630 **	-0.0258	-2.3487 ***		
-4	-0.0010	-0.6305	-0.0268	-2.428 ***		
-3	-0.0037	-1.9810 **	-0.0305	-2.6975 ***		
-2	-0.0021	-1.3199 *	-0.0326	-2.9377 ***		
-1	-0.0025	-1.5075 *	-0.0350	-3.1881 ***		
0	-0.0024	-1.3436 *	-0.0374	-3.2850 ***		
1	0.0013	0.7732	-0.0361	-3.0828 ***	0.0013	0.7732
2	0.0010	0.5716	-0.0353	-2.9926 ***	0.0023	0.9291
3	0.0004	0.2457	-0.0349	-2.8582 ***	0.0028	0.8519
4	0.0012	0.7371	-0.0336	-2.6983 ***	0.0040	1.0036
5	0.0027	1.4243 *	-0.0310	-2.4777 ***	0.0067	1.4264 *
6	0.0024	1.2449	-0.0285	-2.2396 **	0.0091	1.7454 **
7	0.0026	1.2267	-0.0258	-2.0128 **	0.0117	1.9413 **
8	-0.0001	-0.0622	-0.0259	-1.9959 **	0.0116	1.8022 **
9	-0.0019	-0.9487	-0.0279	-2.1168 **	0.0097	1.4267 *

续表

窗口	AR	T	CAR（-30，30）	T	CAR（1，30）	T
10	0.0000	-0.0116	-0.0277	-2.1216 **	0.0097	1.3382 *
11	0.0036	1.7771 **	-0.0241	-1.8597 **	0.0133	1.7796 **
12	-0.0008	-0.4294	-0.0249	-1.8841 **	0.0125	1.5983 *
13	-0.0036	-1.8731 **	-0.0286	-2.1577 **	0.0089	1.1720
14	-0.0041	-2.2842 **	-0.0327	-2.4723 ***	0.0048	0.6428
15	-0.0006	-0.3888	-0.0333	-2.5144 ***	0.0042	0.5456
16	-0.0023	-1.4611 *	-0.0356	-2.6550 ***	0.0019	0.2455
17	-0.0018	-1.1571	-0.0374	-2.7329 ***	0.0001	0.0140
18	0.0002	0.1062	-0.0370	-2.6742 ***	0.0003	0.0377
19	-0.0018	-1.0271	-0.0387	-2.8110 ***	-0.0015	-0.1869
20	-0.0005	-0.2579	-0.0392	-2.8042 ***	-0.0019	-0.2420
21	0.0039	2.3233 **	-0.0353	-2.4646 ***	0.0020	0.2437
22	-0.0009	-0.4481	-0.0361	-2.5021 ***	0.0011	0.1354
23	0.0010	0.5487	-0.0352	-2.4188 ***	0.0021	0.2470
24	-0.0021	-1.1721	-0.0373	-2.5149 ***	0.0000	0.0007
25	-0.0006	-0.3471	-0.0379	-2.5101 ***	-0.0006	-0.0676
26	-0.0026	-1.5007 *	-0.0403	-2.6619 ***	-0.0032	-0.3520
27	-0.0007	-0.3647	-0.0410	-2.6635 ***	-0.0039	-0.4133
28	-0.0018	-1.3277 *	-0.0428	-2.7738 ***	-0.0057	-0.6013
29	-0.0048	-3.0667 ***	-0.0476	-3.0350 ***	-0.0106	-1.0780
30	-0.0052	-3.4762 ***	-0.0527	-3.3671 ***	-0.0157	-1.6075 *

注：***、**、* 分别表示 T 检验值在 1%、5%、10% 的水平下显著。

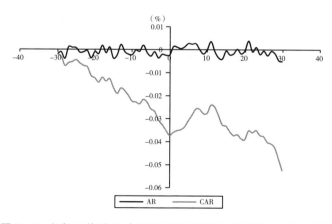

图 5-8　行权日前后 30 个交易日的累积平均超额收益（N=223）

表 5 – 12　　　　　行权日前后 20 个交易日的累积平均超额收益 （N = 223）　　　单位：%

窗口	AR	T	CAR （−20，20）	T	CAR （1，20）	T
−20	−0.0007	−0.3690	−0.0007	−0.3682		
−19	−0.0018	−0.9729	−0.0025	−0.9771		
−18	0.0019	0.9886	−0.0007	−0.2330		
−17	−0.0013	−0.7206	−0.0020	−0.5314		
−16	0.0012	0.6689	−0.0010	−0.2335		
−15	−0.0032	−1.6331*	−0.0042	−0.9369		
−14	−0.0025	−1.3053*	−0.0063	−1.3530*		
−13	0.0022	1.0640	−0.0043	−0.9205		
−12	−0.0012	−0.7534	−0.0056	−1.1154		
−11	−0.0025	−1.5129*	−0.0083	−1.6619**		
−10	−0.0022	−1.3301*	−0.0105	−2.0175**		
−9	0.0000	0.0056	−0.0104	−1.9379**		
−8	−0.0020	−1.2846	−0.0127	−2.1269**		
−7	0.0025	1.1861	−0.0101	−1.5003*		
−6	−0.0020	−1.1362	−0.0122	−1.7133**		
−5	−0.0023	−1.3489	−0.0144	−1.9592**		
−4	−0.0005	−0.3348	−0.0151	−1.9699**		
−3	−0.0036	−1.8433**	−0.0187	−2.2656**		
−2	−0.0018	−1.0939	−0.0206	−2.5402***		
−1	−0.0026	−1.5285*	−0.0230	−2.8607***		
0	−0.0019	−1.0690	−0.0250	−2.9561***		
1	0.0014	0.8107	−0.0237	−2.6761***	0.0014	0.8107
2	0.0012	0.6580	−0.0227	−2.5240***	0.0026	1.0350
3	0.0013	0.6933	−0.0215	−2.2919**	0.0038	1.1892
4	0.0009	0.5143	−0.0206	−2.1342**	0.0047	1.2045
5	0.0032	1.6262*	−0.0178	−1.7833**	0.0078	1.6766**
6	0.0018	0.9409	−0.0161	−1.5875*	0.0097	1.8583**
7	0.0026	1.1623	−0.0133	−1.2618	0.0123	2.0003**
8	−0.0007	−0.4334	−0.0140	−1.3048*	0.0116	1.8031**
9	−0.0024	−1.1674	−0.0163	−1.4427*	0.0092	1.3483*
10	−0.0002	−0.1133	−0.0166	−1.4476*	0.0090	1.2287

续表

窗口	AR	T	CAR （ -20, 20)	T	CAR (1, 20)	T
11	0.0031	1.5272 *	-0.0136	-1.2010	0.0120	1.6411 *
12	-0.0004	-0.1969	-0.0140	-1.2208	0.0116	1.5420 *
13	-0.0028	-1.4811 *	-0.0167	-1.4665 *	0.0089	1.1770
14	-0.0032	-1.7926 **	-0.0199	-1.7764 **	0.0057	0.7585
15	-0.0014	-0.8627	-0.0214	-1.8862 **	0.0043	0.5591
16	-0.0029	-1.9217 **	-0.0243	-2.1208 **	0.0014	0.1802
17	-0.0018	-1.2070	-0.0262	-2.2207 **	-0.0004	-0.0482
18	-0.0007	-0.4096	-0.0269	-2.2662 **	-0.0011	-0.1379
19	-0.0019	-1.1077	-0.0288	-2.4374 ***	-0.0030	-0.3869
20	0.0004	0.2410	-0.0284	-2.3464 ***	-0.0026	-0.3222

注：***、**、* 分别表示 T 检验值在 1%、5%、10% 的水平下显著。

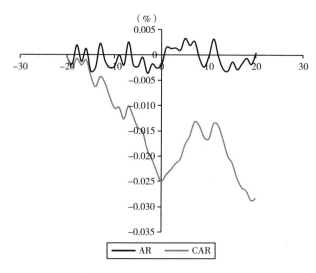

图 5 - 9　行权日前后 20 个交易日的累积平均超额收益 （N = 223）

表 5 - 13　　　　行权日前后 10 个交易日的累积平均超额收益 （N = 223）　　　单位：%

窗口	AR	T	CAR （ -10, 10)	T	CAR (1, 10)	T
-10	-0.0022	-1.3557 *	-0.0022	-1.3557 *		
-9	-0.0003	-0.1688 **	-0.0025	-1.0220		
-8	-0.0023	-1.4801 *	-0.0048	-1.4621 *		
-7	0.0029	1.3570 *	-0.0020	-0.4529		

续表

窗口	AR	T	CAR（-10，10）	T	CAR（1，10）	T
-6	-0.0020	-1.1673	-0.0040	-0.8134		
-5	-0.0018	-1.0968	-0.0058	-1.1376		
-4	-0.0007	-0.4311	-0.0065	-1.2206		
-3	-0.0035	-1.7972**	-0.0100	-1.7118**		
-2	-0.0013	-0.7451	-0.0113	-1.9926**		
-1	-0.0021	-1.2551	-0.0134	-2.3372**		
0	-0.0015	-1.2551	-0.0149	-2.3523***		
1	0.0014	0.8315	-0.0135	-2.0027**	0.0014	0.8315
2	0.0007	0.4056	-0.0127	-1.8374**	0.0022	0.8651
3	0.0007	0.4019	-0.0120	-1.6626**	0.0029	0.8860
4	0.0010	0.5839	-0.0110	-1.4637*	0.0039	0.9878
5	0.0025	1.2487	-0.0086	-1.4637	0.0063	1.3313*
6	0.0016	0.8486	-0.0069	-0.8667	0.0079	1.5084*
7	0.0026	1.1704	-0.0043	-0.5116	0.0105	1.7096**
8	-0.0006	-0.3417	-0.0049	-0.5543	0.0100	1.5555*
9	-0.0018	-0.8416	-0.0067	-0.6993	0.0082	1.2156
10	-0.0006	-0.3080	-0.0072	-0.7404	0.0077	1.0546

注：***、**、*分别表示 T 检验值在 1%、5%、10%的水平下显著。

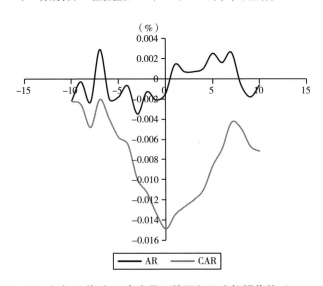

图 5-10　行权日前后 10 个交易日的累积平均超额收益（N=223）

(二) 基于单个样本的行权日前后超额收益率的差额比较分析

基于单个行权样本的行权日前后 30 个、20 个和 10 个交易日平均超额收益率（AAR）的描述性统计结果列示于表 5 – 14、表 5 – 15 和表 5 – 16。从表 5 – 14 中结果可以看出，样本公司行权日前 30 个交易日的平均超额收益率 AAR（– 30，– 1）的均值显著为负，这表明，总样本中大多数样本公司行权日前 30 个交易日的平均超额收益率是负值，也就是说，大多数行权样本公司在行权前股价是在下降。样本公司行权日后 30 个交易日的平均超额收益率 AAR（1，30）的均值也显著为负，这说明，大多数样本公司行权日后 30 个交易日的平均超额收益率也是负值。不过，行权日前 30 个交易日平均超额收益率与行权日后 30 个交易日平均超额收益率之间差额，即 AAR（– 30，– 1）减 AAR（1，30），显著为负，这表明，总样本中，大多数行权样本公司行权日前 30 个交易日的平均超额收益率要小于行权日后 30 个交易日的平均超额收益率。表 5 – 17 中结果进一步显示，总样本中有 55.16% 的样本公司，其行权日前 30 个交易日的平均超额收益率要小于行权日后 30 个交易日的平均超额收益率。也就是说，大多数行权样本公司在行权日前的股价要低于行权日后的股价。所以，从行权日前后 30 个交易日超额收益率的分布特征上看，样本公司在行权时公司股价处于低点，结合前文理论分析，这意味着公司管理层存在机会主义低点行权择时行为。

表 5 – 14　　行权日前后 30 天平均超额收益率（AAR）的描述性统计

项　　目	N	Mean	T 值	Median	Std. Dev	Min	Max
AAR（– 30，– 1）	223	– 0.0012	– 3.2199 ***	– 0.0011	0.0054	– 0.0205	0.0274
AAR（– 30，0）	223	– 0.0012	– 3.3139 ***	– 0.0012	0.0054	– 0.0223	0.0264
AAR（1，30）	223	– 0.0005	– 1.6203 *	– 0.0009	0.0048	– 0.0266	0.0159
AAR（– 30，– 1）减 AAR（1，30）	223	– 0.0006	– 1.3934 *	– 0.0006	0.0069	– 0.0244	0.0340
AAR（– 30，0）减 AAR（1，30）	223	– 0.0007	– 1.4681 *	– 0.0006	0.0069	– 0.0263	0.0330

注：　*** 、 * 分别表示 T 检验值在 1%、10% 的水平下显著。

表5－15　　　　行权日前后20天平均超额收益率（AAR）的描述性统计

项　　目	N	Mean	T值	Median	Std. Dev	Min	Max
AAR（－20，－1）	223	－0.0013	－3.3589***	－0.0013	0.0058	－0.0238	0.0268
AAR（－20，0）	223	－0.0013	－3.5010***	－0.0015	0.0058	－0.0237	0.0256
AAR（1，20）	223	－0.0001	－0.2224	－0.0005	0.0059	－0.0246	0.0169
AAR（－20，－1）减 AAR（1，20）	223	－0.0012	－2.2563**	－0.0007	0.0080	－0.0319	0.0195
AAR（－20，0）减 AAR（1，20）	223	－0.0013	－2.3390**	－0.0010	0.0080	－0.0319	0.0219

注：***、**分别表示T检验值在1%、5%的水平下显著。

　　此外，包括行权日在内的行权日前30个交易日平均超额收益率 AAR（－30，0）及其与行权日后30个交易日平均超额收益率 AAR（1，30）之间的差额，也具有上述类似特征。同时，表5－15和表5－16中的结果表明，行权日前后20个和10个交易日平均超额收益率的分布，也具有低点行权择时超额收益率模式的特征。特别是，表5－16中结果显示，行权日前10个交易日（包括行权日）平均超额收益率的均值显著为负，而行权日后10个交易日平均超额收益率的均值为正，并接近显著（P值为0.1023）。这表明，在较短窗口期内，行权日前后平均超额收益率的分布更符合低点行权择时特征。因此，综合起来看，基于单个行权样本的行权日前后平均超额收益率的比较分析结果，进一步支持了研究假设1。也就是说，我国上市公司管理层在行权时存在基于节税动因的机会主义低点择时行为。

表5－16　　　　行权日前后10天平均超额收益率（AAR）的描述性统计

项　　目	N	Mean	T值	Median	Std. Dev	Min	Max
AAR（－10，－1）	223	－0.0014	－2.5623***	－0.0014	0.0084	－0.0263	0.0412
AAR（－10，0）	223	－0.0015	－2.6524***	－0.0017	0.0083	－0.0236	0.0376
AAR（1，10）	223	0.0009	1.2720+	－0.0001	0.0107	－0.0268	0.0666
AAR（－10，－1）减 AAR（1，10）	223	－0.0023	－2.6740***	－0.0014	0.0131	－0.0780	0.0372
AAR（－10，0）减 AAR（1，10）	223	－0.0024	－2.6780***	－0.0015	0.0133	－0.0801	0.0429

注：***表示T检验值在1%的水平下显著，+表示10%单尾检验显著。

表 5 – 17　　　　行权日前后平均超额收益率（AAR）差额为负值的统计

差额类型	负值样本数	总样本数	占总样本比例（%）
AAR（-30，-1）减 AAR（1，30）	123	223	55.16
AAR（-30，-0）减 AAR（1，30）	119	223	53.36
AAR（-20，-1）减 AAR（1，20）	128	223	57.40
AAR（-20，0）减 AAR（1，20）	125	223	56.05
AAR（-10，-1）减 AAR（1，10）	127	223	56.95
AAR（-10，0）减 AAR（1，10）	126	223	56.50

（三）本部分研究总结

通过对股票期权行权日前后累积超额收益分布特征的分析，我们发现，股票期权行权日前后 30 个、20 个和 10 个交易日的窗口期内，累积超额收益率走势呈现 U 型模式，即在行权日前逐渐下降，在行权日达到最低点，然后，在行权日之后又开始逐步上升；并且，股票期权行权日前 30 个、20 个和 10 个交易日内的累积平均超额收益率显著为负，而股票期权行权日后 30 个、20 个和 10 个交易日内的累积平均超额收益率（从行权日后第 1 个交易日开始累积）显著为正。尤其是，在行权日前后 10 个交易日的较短窗口期内，行权日前平均超额收益率显著为负而行权日后平均超额收益率显著为正，这符合机会主义低点行权择时所具有的典型超额收益率模式特征。基于单个行权样本的股票期权行权日前后平均超额收益率的差额比较分析还发现，行权日前 30 个、20 个和 10 个交易日平均超额收益率，减去行权日后 30 个、20 个和 10 个交易日平均超额收益率的差额的均值均显著为负；在三个窗口期内，行权日前的平均超额收益率小于行权日后的平均超额收益率的样本，占总样本的比重均超过 50%。这说明，在总样本中，大多数行权样本公司在行权日前平均超额收益率显著为负，并且小于行权日后平均超额收益率。也就是说，在行权日，大部分样本公司的股价处于最低点。研究结果表明，在股票期权行权环节，为了节省个人所得税，上市公司管理层存在机会主义低点择时行为。因此，研究假设 1 得到验证。

三、行权日前后信息披露特征分析

前文关于股票期权行权日前后累积超额收益分布特征的分析结果表明，为了最小化行权时的税负，公司管理层在股票期权行权环节存在机会主义低点择时行为。本部分将进一步分析股票期权行权日前后信息披露特征，考察公司管理层是否会围绕股票期权行权实施机会主义信息披露择时，来配合上述机会主义低点行权择时行为，以检验研究假设 2。分析的基本方法是，分析股票期权行权日前后披露的最近一期季报的信息特征，考察股票期权行权日前公司管理层是否更倾向于披露坏消息，而好消息更可能被推迟到股票期权行权日后披露。对于好消息与坏消息的界定，与前第四章类似，我们采用以下两种方法。

（一）好消息与坏消息的界定

1. 基于季度净利润增减变动的界定

以股票期权行权日前后最近一期季报中季度净利润的增减变动为基础，分别按同比和环比两个口径，来界定好消息与坏消息。若季度净利润同比增加的，即行权日前后最接近一期季报中的季度净利润，相对于上一年同期净利润增加的，界定为好消息；反之，界定为坏消息。若季度净利润环比增加的，即行权日前后最接近一期季报中的季度净利润，相对于该季度的上一季度净利润增加的，界定为好消息；反之，界定为坏消息。

2. 基于季度净利润增长率增减变动的界定

以股票期权行权日前后最近一期季报中季度净利润增长率的增减变动为基础，分别按同比和环比两个口径，来界定好消息与坏消息。若季度净利润同比增长率同比增加的，即行权日前后最接近一期季报中的季度净利润同比增长率，相对于上一年同期季度净利润同比增长率增加的，界定为好消息；反之，界定为坏消息。若季度净利润同比增长率环比增加的，即行权日前后最接近一期季报中的季度净利润同比增长率相对于该季度的上一季度净利润同比增长率增加的，界定为好消息；反之，界定为坏消息。若季度净利润环比增长率环比增加的，即行权日前后最接近一期季报中的季度净利润环比增长率，相对于该季度的上一季度净利润环比增长率增加的，界定为好消息；反之，界定为坏消息。若季度净利润环比增长率同比增加的，即行权日前后最接近一期季报中的季度净利润环比增长率相对于上一年同期季度净利润环比增长率增加的，界定为好消息；反之，界定为坏消息。

（二）基于季度净利润增减变动的信息披露特征分析

表 5 - 18 是股票期权行权日前后最接近一期季报中季度净利润增减变动的描述性统计结果。从表中结果可以看到，行权前季度净利润环比增减变动

的中位数为 - 4.142%，即行权前季度净利润环比平均意义上下降了 - 4.142%，是坏消息；而行权后季度净利润环比增减变动的中位数为19.8838%，即行权后季度净利润环比平均意义上上升了19.8838%，是好消息。这说明，从环比口径看，股票期权行权日前，平均而言，披露的是坏消息；而在股票期权行权日后，平均而言，披露的是好消息。描述性统计结果还显示，股票期权行权前后季度净利润同比增减变动的中位数均为正数，都属于好消息，但行权前季度净利润同比增减变动的中位数，要小于行权后季度净利润同比增减变动的中位数，也就是说，相对于股票期权行权前，行权后披露的信息更好。

　　表5-19和表5-20是基于季度净利润同比和环比增减变动的信息披露特征统计结果。可以看出，环比口径上，股票期权行权日前，披露的坏消息更多，占比达54.39%；而股票期权行权日后，披露的好消息占比达61.92%，显著更多。在同比口径上，股票期权行权日前后，披露的好消息都更多，但股票期权行权日后，披露的好消息占比要更高。因此，综合起来看，基于季度净利润增减变动的信息披露特征分析表明，股票期权行权日前公司管理层更倾向于披露坏消息，而股票期权行权日后更倾向于披露好消息。研究假设2得到支持。

表5-18　　　　　　行权日前后最接近一期季报中季度净利润
增减变动的描述性统计

项　　目	N	Median	Mean	Std. Dev	Min	Max
行权前季度净利润环比（%）	239	- 4.1420	36.2927	298.1206	- 165.4459	4246.0100
行权前季度净利润同比（%）	239	21.0159	32.3612	106.4245	- 254.0566	1011.7450
行权后季度净利润环比（%）	239	19.8838	239.0848	1654.2020	- 489.8531	24720.4200
行权后季度净利润同比（%）	239	25.5026	272.8451	2977.5110	- 504.9271	45515.1400

　　注：表中净利润增减变动是两个比较期净利润变动额除以比较基期净利润，即该期净利润增长率。

表5-19　　　　基于季度净利润同比增减变动的信息披露特征统计

信息类型	样本量	占比（%）	信息类型	样本量	占比（%）
行权前坏消息	68	28.45	行权后坏消息	59	24.69
行权前好消息	171	71.55	行权后好消息	180	75.31
合计	239	100	合计	239	100

表 5 – 20　　　　　基于季度净利润环比增减变动的信息披露特征统计

信息类型	样本量	占比（%）	信息类型	样本量	占比（%）
行权前坏消息	130	54.39	行权后坏消息	91	38.08
行权前好消息	109	45.61	行权后好消息	148	61.92
合计	239	100	合计	239	100

（三）基于季度净利润增长率增减变动的信息披露特征分析

表 5 – 21 是股票期权行权日前后最接近一期季报中季度净利润增长率增减变动的描述性统计结果。从表中可以看出，行权前季度净利润环比增长率环比增减变动的中位数为 – 35.896%，即相对于上个季度，该季度净利润环比增长率平均意义上减少 – 35.896%，是坏消息；而行权后季度净利润环比增长率环比增减变动的中位数为 14.7836%，即相对于上个季度，该季度净利润环比增长率平均意义上上升了 14.7836%，属好消息。同时，行权前季度净利润环比增长率同比增减变动的中位数为 – 2.99755%，即相对于上一年同期，该季度净利润环比增长率平均意义上减少 – 2.99755%，是坏消息；而行权后季度净利润环比增长率同比增减变动的中位数为 – 0.54575%，即相对于上一年同期，该季度净利润环比增长率平均意义上减少了 – 0.54575%，也是坏消息。不过，与行权前相比，减少的幅度较小，而且，从均值上，行权后季度净利润环比增长率同比增减变动的均值为 – 11.04537%，属坏消息，而行权后季度净利润环比增长率同比增减变动的均值为 14.02216%，属好消息。这说明，从净利润环比增长率的环比和同比角度看，股票期权行权日前，平均而言，披露的是坏消息；而在股票期权行权日后，平均而言，披露的是好消息。

表 5 – 21　　　　行权日前后最接近一期季报中季度净利润增长率增减
变动的描述性统计

项　　目	N	Median	Mean	Std. Dev	Min	Max
行权前季度净利润环比增长率环比变动	239	– 35.8960	– 183.4569	2046.5890	– 30802.0800	4343.3500
行权前季度净利润环比增长率同比变动	232	– 2.9976	– 11.0454	313.3693	– 2870.3780	3147.5600
行权前季度净利润同比增长率同比变动	233	– 11.0212	– 367.4889	5774.0380	– 88046.5300	2657.8660

续表

项　　目	N	Median	Mean	Std. Dev	Min	Max
行权前季度净利润同比增长率环比变动	239	-6.6597	-389.1987	5691.5080	-87967.6300	743.0202
行权后季度净利润环比增长率环比变动	239	14.7836	192.1905	1703.4470	-4316.1200	24823.0600
行权后季度净利润环比增长率同比变动	232	-0.5458	14.0222	608.9620	-5952.3180	3147.5600
行权后季度净利润同比增长率同比变动	233	-9.5044	167.0768	3031.3700	-2372.6910	45614.6700
行权后季度净利润同比增长率环比变动	239	-0.6424	222.1819	2964.9510	-1555.9570	45350.9500

注：由于行权日前后时间跨度的影响，表中同比环比口径的季度净利润数据缺失程度不同，导致样本数量存在差异。表中净利润增长率增减变动是指两个比较期净利润增长率的差额。

　　描述性统计结果还显示，行权前后季度净利润同比增长率同比增减变动的中位数均为负数，都属于坏消息，但行权前季度净利润同比增长率同比增减变动的中位数，要明显小于行权后季度净利润同比增长率同比增减变动的中位数，也就是说，相对于行权后，行权前披露的信息更坏。同时，行权前季度净利润同比增长率同比增减变动的均值为负数，是坏消息，而行权后季度净利润同比增长率同比增减变动的均值为正数，属于好消息。尽管净利润同比增长率同比增减变动的均值相对于中位数更容易受极端值影响，但结合起来，还是能够在一定程度上说明，从季度净利润同比增长率同比增减变动角度看，行权前披露的坏消息更多，而行权后披露的好消息更多。行权前后季度净利润同比增长率环比增减变动的描述性统计结果也有类似特征，即坏消息在行权前被更多地披露，而好消息在行权后被更多地披露。

　　表5-22、表5-23、表5-24和表5-25是基于季度净利润同比（环比）增长率同比和环比增减变动的信息披露特征统计结果。可以很清楚地看到，在净利润同比（环比）增长率同比和环比增减变动的四个维度上，股票期权行权日前，披露的坏消息都更多，占比分别达57.51%、64.85%、57.32%和54.74%。股票期权行权日后，在净利润环比增长率环比增减变动维度上，披露的好消息更多，占比达56.90%；在净利润环比增长率同比增减变动维度上，披露的好消息和坏消息大致相同；而在净利润同比增长率的同比和环比两个口径上，披露的坏消息更多一些。总体而言，基于季度净利润增长率增减变动的信息披露特征分析表明，股票期权行权日前公司管理层更倾向于披露坏消

息，而股票期权行权日后更倾向于披露好消息。研究假设 2 得到进一步验证。

表 5－22　　基于季度净利润同比增长率同比增减变动的信息披露特征统计

信息类型	样本量	占比（％）	信息类型	样本量	占比（％）
行权前坏消息	134	57. 51	行权后坏消息	131	56. 22
行权前好消息	99	42. 49	行权后好消息	102	43. 78
合计	233	100	合计	233	100

表 5－23　　基于季度净利润环比增长率环比增减变动的信息披露特征统计

信息类型	样本量	占比（％）	信息类型	样本量	占比（％）
行权前坏消息	155	64. 85	行权后坏消息	103	43. 10
行权前好消息	84	35. 15	行权后好消息	136	56. 90
合计	239	100	合计	239	100

表 5－24　　基于季度净利润同比增长率环比增减变动的信息披露特征统计

信息类型	样本量	占比（％）	信息类型	样本量	占比（％）
行权前坏消息	137	57. 32	行权后坏消息	125	52. 30
行权前好消息	102	42. 68	行权后好消息	114	47. 70
合计	239	100	合计	239	100

表 5－25　　基于季度净利润环比增长率同比增减变动的信息披露特征统计

信息类型	样本量	占比（％）	信息类型	样本量	占比（％）
行权前坏消息	127	54. 74	行权后坏消息	118	50. 86
行权前好消息	105	45. 26	行权后好消息	114	50. 14
合计	232	100	合计	232	100

（四）本部分研究总结

　　基于股票期权行权日前后最接近一期报告披露，从季度净利润和净利润增长率增减变动两个维度对信息披露特征进行界定，本部分对股票期权行权日前后的信息披露特征进行了研究。研究结果表明，在股票期权行权日以前，公司管理层更倾向于披露坏消息，延迟好消息的披露，而股票期权行权日后更可能披露好消息。这说明，为了配合机会主义低点行权择时行为，公司管理层会围绕股票期权行权实施机会主义的选择性信息披露。因此，研究假设 2 得到验证。

四、行权日前后盈余管理特征分析

为了检验研究假设 3，本部分对股票期权行权日前后盈余管理特征进行分析，以考察上市公司管理层是否会围绕股票期权行权，实施相机盈余管理。也就是说，在股票期权行权前，上市公司管理层是否更倾向于实施向下盈余管理或减少向上盈余管理，而行权后倾向于实施向上盈余管理或较少向下盈余管理。

盈余管理的计量方法与前一章研究机会主义授权择时行为时相同，即采用经过行业调整的截面 Jones 模型和经过行业调整的截面修正的 Jones 模型，来估算样本公司的季度操控性应计利润，并以此来计量季度盈余管理程度。具体估算过程不再赘述。

表 5 - 26 和表 5 - 27 是行权日前后非修正和修正的操控性应计利润的描述性统计结果。其中，Q - 1 表示行权日前，最接近行权日的一期季报；Q - 2 表示 Q - 1 前一期季报；Q1 表示行权日后，最接近行权日的一期季报。

表 5 - 26　　　　　行权日前后非修正的操控性应计利润的描述性统计

Quarter	N	Mean	Median	Std. dev	Min	Max
Q - 2	225	0.008198	0.002419	0.053167	- 0.139010	0.345259
Q - 1	230	0.003566	0.003425	0.049803	- 0.336880	0.190811
Q1	228	0.009091	0.007629	0.049026	- 0.164520	0.260004

注：由于部分样本公司上市不久，加之估算操纵性应计利润需要上一期总资产数据，导致不同季度操纵性应计利润数据缺失程度不同，因而样本数量存在差异。为了保证样本规模，未作统一性处理。下同。

表 5 - 27　　　　　行权日前后修正的操控性应计利润的描述性统计

Quarter	N	Mean	Median	Std. dev	Min	Max
Q - 2	212	0.009543	0.003837	0.054049	- 0.138960	0.348729
Q - 1	219	0.005784	0.002827	0.053541	- 0.337350	0.291067
Q1	218	0.010710	0.009387	0.051361	- 0.146650	0.291067

从表 5 - 26 中结果可以看出，行权日前最接近一期季报中的非修正操控性应计利润为正数，但在下降；而在行权日后，最接近一期季报中的非修正操控

性应计利润为正数，但在上升。表5–27中的行权日前后最接近一期季报中的修正操控性应计利润也存在相同情况，即在行权日前下降，而在行权日后上升。这表明，上市公司管理层在股票期权行权前实施向上盈余管理的程度在减少，而在股票期权行权后，上市公司管理层又开始增加向上盈余管理程度。图5–11和图5–12更加直观地反映了这一走势。股票期权行权前后季度操控性应计利润的这一走势，虽然不能说明在股票期权行权前上市公司管理层更倾向于实施向下盈余管理，但是，能够说明在股票期权行权前上市公司管理层更倾向于减少向上盈余管理，而行权后倾向于增加向上盈余管理程度。在行权前，减少向上盈余管理可以配合行权前披露坏消息这一选择性信息披露行为，以消

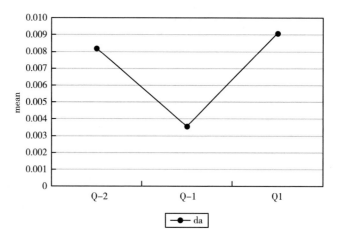

图5–11   行权日前后非修正的操控性应计利润的走势

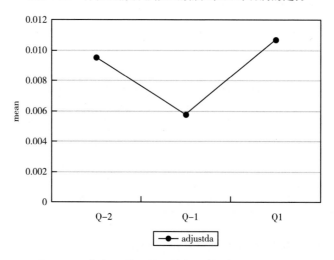

图5–12   行权日前后修正的操控性应计利润的走势

极地影响市场预期，从而达到股价低点时行权的目的。因此，对股票期权行权前后盈余管理特征的分析表明，上市公司管理层会围绕股票期权行权，实施一定程度的相机盈余管理，以配合机会主义低点行权择时和信息披露择时。研究假设 3 得到支持。

五、本部分研究结论与总结

根据财政部和国家税务总局的相关规定，上市公司管理层所获授股票期权，在行权时应按照行权日股价与所支付的行权价之间的差额以"工资、薪金所得"适用的规定计缴个人所得税。然而，根据中国证监会 2006 年《上市公司股权激励管理办法》的规定，公司管理层行权后所获股票在随后的至少半年内不能出售；这意味着，在股票期权行权时，公司管理层需要为行权价格支付大量现金，但却因不能出售股票而没有现金收入，个人财务负担在行权时陡然增大。很显然，作为理性经济人，公司管理层在行权环节具有基于节税的机会主义低点行权择时的强烈动机，而股票期权激励实施过程的复杂性，以及我国目前上市公司治理机制的弱化，为这种机会主义行权择时行为提供了有利条件。

本部分以 2006 年 1 月 1 日～2015 年 12 月 31 日期间已经公告股票期权激励计划并进行集中行权的上市公司为研究对象，对股票期权行权环节是否存在机会主义低点择时行为进行了理论分析和实证检验，得到以下结论。

第一，股票期权行权日前后累积超额收益率分布符合机会主义低点行权择时的典型特征。通过对股票期权行权日前后累积超额收益分布特征的分析，我们发现，股票期权行权日前后 30 个、20 个和 10 个交易日的窗口期内，累积超额收益率呈现"U"型走势，即在行权日前逐渐下降，到行权日达最低点，然后，在行权日之后又开始逐步上升；并且，股票期权行权日前三个窗口期内的累积平均超额收益率显著为负，而股票期权行权日后三个窗口期内的累积平均超额收益率（从行权日后第 1 个交易日开始累积）显著为正。尤其是，在行权日前后 10 个交易日的较短窗口期内，行权日前平均超额收益率显著为负，而行权日后平均超额收益率显著为正。这一行权日前后超额收益率的走势符合机会主义低点行权择时所具备的典型超额收益率模式特征。基于单个行权样本的股票期权行权日前后平均超额收益率的差额比较分析还发现，行权日前三个窗口期内的平均超额收益率，减去行权日后三个窗口期内平均超额收益率的差额的均值均显著为负；在行权日前后三个窗口期内，行权日前的平均超额收益率小于行权日后的平均超额收益率的样本，占总样本的比重均超过 50%。这说明，在总样本中，大多数行权样本公司在行权日前平均超额收益率显著为负，并且小于行权日后平均超额收益率。也就是说，在行权日，大部分样本公司的股价处于最低点。研究结果表明，基于节税动因，上市公司管理层在股票期权行权环节存在机会主义低点择时行为。

第二，围绕股票期权行权，存在机会主义选择性信息披露。基于股票期权行权日前后最接近一期报告披露，从季度净利润增减变动和净利润增长率增减变动两个维度对信息披露特征进行界定，本部分对股票期权行权日前后的信息披露特征进行了研究。研究结果表明，在股票期权行权日以前，公司管理层更倾向于披露坏消息，延迟好消息的披露，而股票期权行权日后更可能披露好消息。这说明，为了达到在公司股价低点时行权的目的，公司管理层除了通过综合研判公司内外部情况，择机在股价较低时行权外，还会利用自身对公司信息披露所具有的自由裁量权，通过围绕股票期权行权进行选择性的信息披露，有目的地影响市场预期，从而抑制行权日股价。也就是说，为了配合机会主义低点行权择时行为，公司管理层会围绕股票期权行权实施机会主义的选择性信息披露。

第三，围绕股票期权行权，存在相机盈余管理行为。基于股票期权行权日前后最近一期披露的季报，我们估算了行权日前后季度操控性应计利润。研究发现，股票期权行权前后季度操控性应计利润呈现 V 型走势，即在股票期权行权前，季度操控性应计利润陡然下降，而行权日后，季度操控性应计利润又迅速上升。这表明，在股票期权行权前，上市公司管理层更倾向于减少向上盈余管理，而行权后倾向于增加向上盈余管理程度。在行权前，减少向上盈余管理可以配合行权前披露坏消息这一选择性信息披露行为，以消极地影响市场预期，从而达到在股价低点时行权的目的。因此，对股票期权行权前后盈余管理特征的分析说明，上市公司管理层会围绕股票期权行权，实施一定程度的相机盈余管理行为，以配合机会主义低点行权择时和信息披露择时。

上述所有证据均表明，总体上我国上市公司管理层在行权时存在基于节税动因的机会主义低点择时行为。公司管理层通过机会主义低点行权择时，最小化行权环节的个人所得税赋，从而最大化股票期权预期利益。因此，本节研究假设均得以验证。

第四节　机会主义行权择时的影响因素研究

根据前一部分研究，实施股票期权激励的上市公司管理层在行权环节存在基于节税动因的机会主义低点择时行为，并且，还会围绕股票期权行权，实施机会主义选择性信息披露和相机盈余管理，以配合上述机会主义低点行权择时行为。那么，这种机会主义行权择时行为会怎样受到内部公司治理和外部制度环境因素的影响？本部分将对此展开深入研究。

一、理论分析与研究假设

（一）管理层薪酬、节税激励与机会主义行权择时程度

如本章第一节所述，作为理性经济人，上市公司管理层具有内生的节税激励。股票期权激励行权环节的计税特点决定了公司管理层存在为了最小化税赋而低点行权的动机；而管理层行权环节的节税激励强度，以及由此所引致的机会主义低点行权择时程度，会受到多种因素影响，其中最基础的影响因素是管理层货币薪酬水平。那么，管理层货币薪酬水平如何影响行权环节的节税激励强度，以及由此所引致的机会主义低点行权择时程度？由于工资薪金个人所得税率的超额累进性质，以及边际效用递减规律的影响，管理层薪酬水平对机会主义行权择时程度的作用机制不是线性的，管理层薪酬水平与机会主义行权择时程度之间应该会呈现倒"U"型关系。也就是说，二者之间的关系存在一个拐点，在拐点之前，随着薪酬水平的增加，管理层机会主义行权择时程度将会增加；在拐点之后，随着薪酬水平的增加，管理层机会主义行权择时程度将会降低。

首先，工资薪金个人所得税率的超额累进性质决定了管理层薪酬水平与机会主义行权择时程度之间应该会呈现倒"U"型关系。根据 2011 年 6 月 30 日十一届全国人大常委会第二十一次会议表决通过的《个人所得税法修正案》，工资、薪金所得适用 3% ~ 45% 七级超额累进税率（见表 5 - 28）。众所周知，超额累进税率意味着，随着纳税义务人月应纳税所得额的增加，纳税所得增加部分的边际税率将显著上升，从而应纳所得税额也将显著增加。综观工资薪金所得适用的个人所得税率与月应纳税所得额之间的关系，我们会发现，二者总体上呈现正相关关系，即随着月应纳税所得额得增加，

所适用的个人所得税率也随之上升；但是，二者并没有呈现严格的线性正相关关系，而是表现为非线性正相关关系，并且，二者大致呈现出倒"U"型关系。在月应纳税所得额不超过 80000 元以前，工资薪金所得个人所得税率以一个递增的速率在增长，而在月应纳税所得额超过 80000 元以后，工资薪金所得个人所得税率的增长率降至为 0。总的趋势上，月应纳税所得额 80000 元是个近似的拐点，该拐点之前，随着纳税义务人月应纳税所得额的增加，工资薪金所得个人所得税率呈累进式增加。其结果是，纳税义务人月应纳所得税额也将显著地大幅度增加，此时，作为纳税义务人的高管层应该具有非常强的节税动机，只要有条件，他们一定不会放过节税的机会。在该拐点之后，工资薪金所得个人所得税率的边际增长率降为 0，这意味着，纳税义务人月应纳税所得额的边际增加不会导致其月应纳所得税额的累进式的增加。此时，作为纳税义务人的高管层，其节税动机也将随之相对减弱，至少没有拐点之前那么强烈。高管层节税激励随着其月应纳税所得额的增加呈现出先增强后减弱的变动关系，决定了公司管理层基于节税激励的机会主义行权择时程度，也将随着其月应纳税所得额的增加，而表现为先加深后减轻的倒"U"型关系（见图 5 - 13）。由此可见，正是工资薪金个人所得税率的超额累进性质，决定了管理层薪酬水平对机会主义行权择时程度的影响机制应该会呈现倒"U"型关系。

表 5 - 28　　　　　　　　　工资、薪金所得适用的个人所得税率

级数	全月应纳税所得额	税率（%）	速算扣除数（元）
1	不超过 1500 元的部分	3	0
2	超过 1500 元至 4500 元的部分	10	105
3	超过 4500 元至 9000 元的部分	20	555
4	超过 9000 元至 35000 元的部分	25	1005
5	超过 35000 元至 55000 元的部分	30	2755
6	超过 55000 元至 80000 元的部分	35	5505
7	超过 80000 元的部分	45	13505

资料来源：根据 2011 年《个人所得税法修正案》整理。

其次，边际效用递减规律的影响也致使管理层薪酬水平与机会主义行权择时程度之间应该会呈现倒"U"型关系。根据微观经济学经典理论，随着消费者对某一物品消费数量的增加，该物品给消费者带来的边际效用呈现递减趋

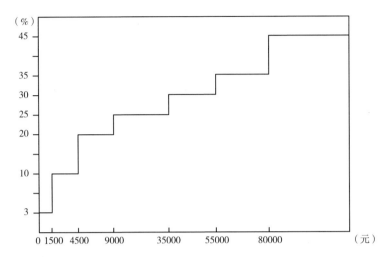

图 5 – 13 月应纳税所得额与工资薪金所得个人所得税率之间的关系

资料来源：根据 2011 年《个人所得税法修正案》自行绘制。

势。边际效用递减规律同样存在于货币薪酬之于公司管理层的效用。货币薪酬是"一般等价物"，其之于公司管理层的效用就如同物品对公司管理层的效用，也服从边际效用递减规律，即随着货币薪酬水平的增加，货币薪酬给公司管理层带来的边际效用将会递减。换言之，公司管理层货币薪酬的边际效用曲线是倒"U"型的，在效用最大化点之前，随着薪酬水平的增加，公司管理层的边际效用也增加，但在效用最大化点之后，随着薪酬水平的增加，公司管理层的边际效用将会下降。这意味着，当公司管理层薪酬水平较低的时候，节税（本质上就是增加货币收入）能够增加公司管理层的边际效用，公司管理层有节税激励；然而，当公司管理层薪酬水平处于相当高的水平（高于社会平均水平很多）的时候，节税给公司管理层带来的边际效用将递减，也就是说，此时，管理层的节税激励将大大降低。因此，由于边际效用递减规律的影响，公司管理层基于节税激励的机会主义行权择时程度也将呈现递减趋势，即在薪酬水平较低时，公司管理层基于节税激励的机会主义行权择时动机会更强，程度会更深；而在薪酬水平较高时，公司管理层基于节税激励的机会主义行权择时动机也将减弱，程度将减轻。

基于以上分析，本书提出以下假设：

假设 1：股票期权激励机会主义行权择时程度与公司管理层薪酬水平呈倒"U"型关系。

（二）行权数量对机会主义行权择时程度的影响

管理层每次股票期权行权数量对机会主义行权择时程度有重要的影响。根据《关于个人股票期权所得征收个人所得税问题的通知》规定，股票期权形式的工资薪金应纳税所得额是行权股票的每股市场价减去取得该股票期权支付的每股行权价之间的差额与行权股票数量的乘积，可见，管理层每次股票期权行权数量越多，其行权环节的应纳税所得额就越大，从而应纳所得税额也就越多。此时，基于节税，管理层机会主义行权择时的动因就越强。不过，每次股票期权行权数量对管理层机会主义行权择时程度的影响，应该会受制于管理层自身货币薪酬水平的高低。如前所述，由于工资薪金个人所得税率的超额累进性质，以及边际效用递减规律的影响，管理层薪酬水平与机会主义行权择时程度之间应该会呈现倒"U"型关系。就是说，如果管理层货币薪酬已经很高，其总薪酬水平上的边际增加不会再进一步增强机会主义行权择时程度，反而会减弱机会主义行权择时程度。此时，每次股票期权行权数量再多，只是会减弱机会主义行权择时程度。只有在管理层货币薪酬水平较低时，每次股票期权行权数量的增加才会增强管理层机会主义行权择时程度。由此可见，管理层每次股票期权行权数量会通过货币薪酬水平对机会主义行权择时程度产生影响，换言之，管理层每次股票期权行权数量会强化股票期权激励机会主义行权择时程度与公司管理层薪酬水平之间的倒"U"型关系。据此，我们提出研究假设：

假设 2：行权数量多会强化股票期权激励机会主义行权择时程度与公司管理层薪酬水平之间的倒"U"型关系。

（三）产权性质对机会主义行权择时程度的影响

产权性质是影响股票期权激励中机会主义行权择时程度的一个重要公司治理因素。众所周知，相对于非国有控股公司，国有控股公司在公司治理上存在严重的天然缺陷，即由于所有者缺位而导致严重的内部人控制问题。在国有控股公司，没有人格化的股东来行使国有股东权利。尽管各级国资委被赋予国有股东的权利，依法可行使国有股东的权利，但是，各级国资委本质上也一个代理人，自身也存在代理问题，很难会像自然人股东一样，积极追求股东财富最大化。这致使在国有控股公司治理中缺少控股股东应有的治理作用，股东大会形同虚设，董事会实际上由国有控股公司经营管理者等内部人控制，缺乏独立性，作为内部人的公司管理层实质上控制了国有控股公司的财务与经营决策权力。股票期权激励使得公司管理层成为被激励对象，而公司管理层却拥有对公司的实际控制权。如果相关公司治理机制不配套、不健全，作为理性经济人的公司管理层一定会追逐自身利益最大化，甚至以牺牲公司股东利益为代价。如前所述，股票期权激励行权环节的计税特点，决定了公司管理层存在为了最小化税赋而实施机会主义低点行权的动机，而目前我国上市公司治理机制正处于建立健全的过程之中，国有控股公司治理上所存在的缺陷为国有控股公司管理层实施机会主义低点行权行为提供了条件。因此，我们预期，相对于非国有控股公司，国有控股公司的高管层为了最大化节税利益更可能在行权时进行机会主义低点择时行为，并且，机会主义低点行权择时程度也会更大。据此，我们提出以下研究假设：

假设3：与非国有控股公司相比，国有控股公司管理层实施机会主义行权择时的程度会更大。

（四）股权集中度对机会主义行权择时程度的影响

既有的研究表明，集中的股权结构能够在一定程度上起到积极的公司治理作用。大股东持股比例高，意味着大股东财富与公司股价变动之间的联系更加紧密，大股东会更有动力参与公司的经营管理，或者加强对高管层的有效监管，以提高公司的绩效［施莱弗（Shleifer）和维什尼（Vishny），1986］。股权集中能够激励大股东积极参与公司治理，缓解外部投资者与高管层之间的信息不对称，降低高管层为了谋取私利而侵害股东利益的道德风险，从而减少股东与高管层之间的代理成本［戴克（Dyck）和津加莱斯（Zingales），2004］。高管层机会主义行权择时行为种类很多，形式多样，主要包括高管层利用自身对公司经营和财务决策的实质控制权，围绕股票期权行权环节实施的选择性信息披露、相机盈余管理和机会主义的行权择时行为等。这些机会主义行权择时行为会影响公司的正常经营，从而对公司价值产生负面影响。不过，这些机会主义行权择时行为的发生程度和频率会受到相关公司治理机制的制约。集中的股权结构能够激励大股东积极参与对高管层机会主义行为的治理，制约高管层在股票期权行权环节的各种谋取私有收益的行为。例如，大股东可以通过其在股东大会中的表决权，对有关股票期权激励计划制订和实施过程中重要时间节点及其相关信息披露决议事项等进行直接干预和监督；或者，通过健全董事会各专业委员会，充分发挥审计委员会、薪酬与考核委员会的职责，加强股票期权激励计划制订与实施过程的审计监督。很显然，股权集中度越高，上述公司治理作用就会越好，股票期权激励行权环节的机会主义行为就越少；而股权集中度越低，上述公司治理机制就越难以发挥作用，股票期权激励行权环节的机会主义行为就越严重。据此，我们提出以下研究假设：

假设4：股权集中度低会强化股票期权激励机会主义行权择时程度与公司管理层薪酬水平之间的倒"U"型关系。

（五）董事会独立性对机会主义行权择时程度的影响

董事会是代表和维护股东利益的组织机构。在公司治理和战略管理中，董事会处在核心地位，高效的董事会是公司可持续发展的基本保障，董事会负有参与公司经营管理活动、指导公司业务发展的基本职能。然而，由于股东是非同质的，当公司股权结构相对集中时，存在大股东利用其对董事会的控制，盘剥中小股东利益的风险；由于经理层与股东的目标函数不一致，当公司股权结构相对分散时，存在经理层利用其对董事会的实质控制，侵害股东利益的代理问题。因此，强调董事会的独立性，强化董事会的监督职能，成为完善现代公司治理的内在要求。既有研究也发现，有效的董事会监督是解决大股东与中小股东以及股东与经理层之间利益冲突的重要机制［法马和詹森（Fama and Jensen，1983）；拉·伯塔等（La porta et al.，1999）；祝继高等，2015］。股票期权激励行权环节机会主义择时行为是高管层基于节税动因，利用公司治理机制的不完善，以及自身对公司的控制权而实施的有损股东利益的败德行为。很显然，提高董事会的独立性，强化董事会的监督职能，从外部条件上，对机会主义行权择时行为形成了制约，应该有助于抑制公司管理层基于节税动因的机会主义行权择时行为。当然，董事会独立性对机会主义行权择时程度的抑制作用，属于外部作用因素，其作用效果和程度会受到管理层薪酬水平等内部作用因素的影响。如前所述，当公司管理层薪酬水平较低时，机会主义行权择时程度会随着薪酬水平的提高而增强，但较高的董事会独立性会对二者之间的关系产生抑制作用；而在公司管理层薪酬水平较高时，机会主义行权择时程度随着薪酬水平的提高而减弱，这时，较高的董事会独立性促使机会主义行权择时程度会随着薪酬水平的提高而进一步减弱。因此，我们预期，董事会独立性会对机会主义行权择时程度与薪酬水平之间的关系产生抑制作用。据此，提出以下研究假设：

假设5：董事会独立性弱会强化股票期权激励机会主义行权择时程度与公司管理层薪酬水平之间的倒"U"型关系。

（六）管理层权力对机会主义行权择时程度的影响

股东与管理层之间的契约是公司最基础的契约，股东拥有公司的所有权，管理层受托经营公司，拥有经营权。一系列的内部外部公司治理机制的安排，均旨在保障该契约能够得到有效执行，管理层能够以最大化股东财富为己任而努力工作。然而，由于管理层有着与股东不一致的目标函数，加之信息不对称，使得管理层存在代理问题。尽管独立董事、控制权市场、经理人市场等内外部公司治理制度安排能够在一定程度缓解管理层代理问题，但是，由于股权结构比较分散，以及旨在强化董事会独立性的制度安排往往不能充分发挥应有作用，使得管理层拥有对公司的实质控制权，并且管理层通常会利用自身对公司的控制权力，实施一些旨在最大化自身利益的机会主义行为。股权激励是一种解决管理层代理问题的有效制度安排，但管理层权力理论与实证研究表明，旨在解决管理层代理问题的股权激励往往沦为管理层谋取私利的手段，并且管理层权力越大，其机会主义自我谋利的程度就越大（伯切克和弗里德，2003）。如前所述，由于计税特征，股权激励会诱发管理层在行权环节实施机会主义低点择时行为。很显然，这种机会主义行权择时行为会受到管理层权力的影响。管理层权力大小为这种机会主义行权择时行为创造了条件和可能，其通过薪酬水平这一内在因素，进而对机会主义择时行为产生影响。也就是说，管理层权力大的公司，薪酬水平对机会主义择时行为的正向或负向影响作用会更强。大量研究表明，董事长与总经理两职兼任、管理层持有公司股份等往往导致管理层权力较大（罗进辉等，2016；权小峰等，2010；吕长江和赵宇恒，2008）。因此，本书提出以下研究假设：

假设 6a：董事长与总经理两职兼任会强化股票期权激励机会主义行权择时程度与公司管理层薪酬水平之间的倒"U"型关系。

假设 6b：管理层持股比例高会强化股票期权激励机会主义行权择时程度与公司管理层薪酬水平之间的倒"U"型关系。

（七）市场化程度对机会主义行权择时程度的影响

市场化程度反映市场在资源配置中所起作用的程度。市场竞争机制以及价格机制等各种市场机制在资源配置中所起的主导作用程度越高，市场化程度就越高；反之，政府干预以及计划手段等非市场机制在资源配置中所起的主导作用程度越高，市场化程度就越低。根据樊纲等的研究（2011），我国的市场化相对进程自从 1978 年经济改革之后，已经取得了很大成功，市场机制在资源配置中越来越起着主导作用。但是，由于所处地理位置、自然资源、国家给予的相关政策等因素的不同，我国各省份市场化进程也出现了很大差异，各个地区政府对经济的干预程度也不均衡。与沿海等发达省份相比，中西部省份的地方政府干预程度很严重，对辖区内的公司及市场造成的影响更大。就是说，我国区域经济的市场化程度在横截面上，并不均衡。从公司治理层面看，市场化程度属于外部公司治理环境因素，影响并制约公司内部治理机制的作用有效发挥。一般而言，市场化程度低，管理层的机会主义行为难以受到来自外部环境方面的约束，同时，较低的市场化程度，往往也会致使公司各种内部治理机制不能充分发挥作用，从而更加容易为管理层机会主义行为创造条件。因此，市场化程度低，为管理层实施机会主义择时行为创造了环境和条件。此外，市场化程度不高，往往也导致公司管理层薪酬的市场化程度不高，公司的管理层薪酬更容易受到来自政府的管制，其结果是，管理层薪酬水平相对不高，或者管理层薪酬水平与公司绩效之间缺乏敏感性。较低的薪酬水平，会增强管理层实施机会主义行权择时的动机；缺乏激励性的货币薪酬，也会诱发管理层通过机会主义行权择时来最大化预期收益。可见，作为外部制度环境因素，市场化程度对管理层机会主义行权择时行为的影响是非直接性的，一般是通过薪酬水平等内生因素，对机会主义行权择时行为产生影响。由此，本书提出以下假设：

假设 7：市场化程度低会强化股票期权激励机会主义行权择时程度与公司管理层薪酬水平之间的倒 "U" 型关系。

二、研究设计

（一）样本选择以及数据来源

同前一部分研究机会主义行权择时存在性一样，本部分以 2006 年 1 月 1 日～2015 年 12 月 31 日期间已经实施股票期权激励计划并进行集中行权的上市公司为研究对象。同时，在前一部分 223 个累积超额收益率分布特征研究样本的基础上，剔除缺失公司治理特征方面数据的样本，最终得到 220 个研究样本。

本部分研究所需行权日、董事与高管人员每次行权数量以及与行权相关的其他数据，与前部分相同，是根据 CSMAR 数据库中股权激励行权明细文件，结合巨潮资讯网相关公司的行权情况暨股权变动公告，经手工搜集并整理得到。估算行权日前后累积超额收益率所需日个股收盘价、日个股收益率及市场日收益率等数据，来源于 RESSET 数据库。市场化指数来源于樊纲等（2011）编写的《中国市场化指数：各地区市场化相对进程》中市场化进程总得分。其他相关变量的数据来源于 CSMAR 数据库和 RESSET 数据库，使用 Stata12.0 和 Excel 2007 进行数据分析。

（二）模型设计和变量定义

1. 回归模型设计

为了检验股票期权激励机会主义行权择时程度与公司管理层薪酬水平之间是否存在倒"U"型关系，本书设计了以下基本回归模型：

$$Timing = \beta_0 + \beta_1 Epay + \beta_2 Epay \times Epay + \beta_3 Stateown + \beta_4 Firstown$$
$$+ \beta_5 Mngholding + \beta_6 Dual + \beta_7 Indrt + \beta_8 Indexmkt + \beta_9 Quantity$$
$$+ \beta_{10} Volatility + \beta_{11} Debt + \beta_{12} ROA + \beta_{13} Turnover + \beta_{14} Growth$$
$$+ \beta_{15} Size + \beta_{16} Indu + \beta_{17} Year + \varepsilon$$

该回归模型的设计借鉴了伯切克等（Bebchuk et al.，2009）、弗瑞德若赤等（Friederich et al.，2002）、曾庆生（2008）和蔡宁（2011）等的研究。其中，被解释变量——机会主义行权择时程度（*Timing*）的度量，借鉴曾庆生（2008）等的做法，用调整后的 CAR 度量机会主义行权择时程度，调整后的 CAR 等于行权后 20 个交易日的累计超额收益率减去行权前 20 个交易日（包括行权日在内）的累计超额收益率。解释变量主要包括管理层薪酬水平、股票期权行权数量、产权性质、股权集中度、管理层持股比例、两职兼任、董事会独立性以及市场化程度。其中，模型中纳入管理层薪酬水平的二次项（*Epay × Epay*），旨在检验机会主义行权择时程度与公司管理层薪酬水平之间是否存在倒"U"型关系。根据计量经济学基本原理，若模型中管理层薪酬变量（*Epay*）的系数显著为正，且管理层薪酬的二次项（*Epay × Epay*）系数显著为负，则表明机会主义行权择时程度与公司管理层薪酬水平之间存在倒"U"型关系。同时，回归模型控制了股价波动率、盈利能力、资产周转率、成长性、公司规模、行业、年度等影响机会主义行权择时的其他因素。其中，按照中国证监会 2001 行业分类标准，研究样本共涉及 18 个行业，剔除金融行业后，共设置 17 个行业哑变量。样本期间涵盖 2006～2015 年，故设置 9 个年度哑变量。

为了进一步分析股权集中度（*Firstown*）、管理层持股（*Mngholding*）、董事长与总经理两职兼任（*Dual*）、董事会独立性（*Indrt*）以及市场化程度（*Indexmkt*）等公司治理内外部因素对机会主义行权择时程度与高管层薪酬水平之间关系的影响，本书分别根据股权集中度、管理层持股、董事会独立性和市场化程度变量的均值，将总样本分为高于均值和低于均值两组子样本；根据董事长与总经理两职是否由同一人兼任，将总样本分为两职兼任和两职分置两组子样本，运用以下回归模型，进行分组回归检验。

$$Timing = \beta_0 + \beta_1 Epay + \beta_2 Epay \times Epay + \beta_3 Stateown + \beta_4 Quantity$$
$$+ \beta_5 Volatility + \beta_6 Debt + \beta_7 ROA + \beta_8 Turnover + \beta_9 Growth$$
$$+ \beta_{10} Size + \beta_{11} Indu + \beta_{12} Year + \varepsilon$$

2. 变量定义

上述回归模型所涉及变量定义如表5-29所示：

表5-29　　　　　　　　　　　　变量定义

变量类型	变量名称	变量符号	变量定义
被解释变量	机会主义行权择时程度	Timing	行权后20个交易日的累计平均超额收益率（CAR）减去行权前20个交易日（包括行权日在内）的累计超额收益率
解释变量	高管薪酬	Epay	高管前三名薪酬总额的自然对数
	董事薪酬	Dpay	董事前三名薪酬总额的自然对数；稳健型检验运用
	产权性质	Stateown	哑变量，若上市公司最终控制人是政府有关机构（如国资委、财政部门等）、国有资产经营公司、大专院校及科研机构等，取值为1；否则为0
	股权集中度	Firstown	公司第一大股东的持股比例
	管理层持股	Mngholding	公司管理层的持股比例
	两职兼任	Dual	董事长与总经理两职兼任的，取值为1；否则为0
	董事会独立性	Indrt	独立董事人数/董事会人数
	市场化程度	Indexmkt	地区市场化指数
控制变量	行权数量	Quantity	每次董事、高管人员行权数量的自然对数
	股价波动率	Volatility	公司股价日收益波动率
	财务杠杆	Debt	资产负债率，期末负债总额/期末资产总额
	盈利能力	ROA	总资产净利率，净利润/总资产平均余额
	资产周转率	Turnover	总资产周转率，营业收入/总资产平均余额
	成长性	Growth	营业收入增长率，（本年营业收入－本年年初营业收入）/本年年初营业收入
	公司规模	Size	期末总资产的自然对数
	行业属性	Indu	行业哑变量。根据证监会2001行业分类标准，共设置17个哑变量
	年度	Year	年度哑变量。样本期间涵盖2006~2015年，共设置9个年度哑变量

三、描述性统计

（一）虚拟变量描述性统计

表 5 - 30 是虚拟变量描述性统计结果。从表中我们可以看出，在 220 个研究样本中，由国有控股上市公司实施的，有 34 个，占总行权样本的 15.45%；而由非国有控股上市公司实施的，共 186 个，占比为 84.55%。相比而言，非国有控股上市公司集中行权次数明显较多，这与实施股票期权激励的公司中非国有控股上市公司比较多相一致。在总研究样本中，董事长与总经理两职兼任的有 84 个，占比为 38.18%，可见，我国上市公司董事会权力相对集中的比例比较大。

表 5 - 30 　　　　　　　　　　虚拟变量描述性统计

Variable	N	取值 1 的数量	占总样本比重（%）
Stateown	220	34	15.45
Dual	220	84	38.18

（二）连续性变量描述性统计

表 5 - 31 列示的连续性变量描述性统计结果。机会主义行权择时程度（*Timing*）变量，其均值为 - 0.010774，中位数为 - 0.0154，结合本章关于机会主义行权择时存在性检验，说明总体上样本公司存在一定程度的机会主义行权择时行为。标准差是 0.1067124，最大值是 0.4992，最小值为 - 0.2882，不同样本公司差异也比较明显，表明不同样本公司管理层的机会主义行权择时程度离散程度较大。

表 5 - 31 　　　　　　　　　　连续性变量描述性统计

Variable	N	Mean	Median	Std. Dev	Min	Max
Timing	220	- 0.0107740	- 0.0154000	0.1067124	- 0.2882000	0.4992000
Epay	220	14.4753800	14.4565700	0.7680491	12.1858700	17.1668100
Dpay	220	14.4149000	14.4104100	0.7759172	12.6221500	17.1333800
Firstown	220	30.3790600	26.9216500	14.3142000	7.2603000	73.6654000
Mngholding	220	16.5942300	10.6666400	18.8263100	0.0136000	67.4230600
Indrt	220	0.3633743	0.3333333	0.0422450	0.3000000	0.5714286

续表

Variable	N	Mean	Median	Std. Dev	Min	Max
Indexmkt	220	9.7859820	9.8700000	1.5262450	6.2700000	11.8000000
Quantity	220	13.6681500	13.5669300	1.4729790	10.20359000	18.5027500
Volatility	220	0.0320991	0.0286610	0.0108313	0.0164730	0.0674510
Debt	220	40.8399900	41.4324300	19.3235000	2.9097230	78.5989700
ROA	220	9.2637690	8.7018060	5.8546020	−7.5235490	35.1384400
Turnover	220	0.7948335	0.6368000	0.4750529	0.0721000	2.9816000
Growth	220	24.3155500	16.5938500	38.6502900	−42.1435000	359.5883000
Size	220	22.3292600	22.2737100	1.2349740	20.1267000	26.6252600

从高管薪酬（*Epay*）的描述性统计可以看出，其均值为14.4753800，中位数为14.4565700，标准差是0.7680491，最大值为17.1668100，最小值为12.1858700，说明不同样本公司前三名高管薪酬水平之间具有较大差异；董事薪酬（*Dpay*）的均值为14.4149000，中位数为14.4104100，标准差是0.7759172，最大值为17.1333800，最小值为12.6221500，可以看出，不论是总金额水平，还是离散程度，董事薪酬（*Dpay*）与高管薪酬（*Epay*）具有类似特征。一般而言，货币薪酬水平的高低会影响管理层对股票期权行权环节税赋的敏感性，从而影响其在股票期权行权环节的机会主义择时程度。

从股权集中度（*Firstown*）的描述性统计结果可以发现，样本公司第一大股东持股比例的均值为30.3790600，中位数为26.9216500，总体上看，样本公司的股权集中度还是比较适中的。不过，其最大值为73.6654000，最小值为7.2603000，标准差是14.3142000，可见，不同公司差异非常大，有的公司股权非常集中。既有研究表明，股权集中度越高，大股东越有激励监督和约束公司管理层，从而管理层的机会主义自利行为越有可能被抑制。

管理层持股（*Mngholding*）的均值达16.5942300，中位数为10.6666400，说明大多数样本公司管理层持股比例有一定规模。但是，管理层持股比例最大值达67.4230600，最小值仅为0.0136000，两者之间存在巨大差别，标准差是18.8263100，表明不同样本公司的管理层持股比例差异较为明显。根据既有文献，管理层持股比例是衡量管理层权力大小的一个重要指标，大量研究表明，管理层持股比例越高，管理层权力越大，机会主义自利行为越有可能被实施。

董事会独立性（*Indrt*）的均值为0.3633743，中位数为0.3333333，标准差为0.0422450，最大值为0.5714286，最小值为0.3000000，可见，不同样本公司董事会独立性虽然存在差别，但差异不是很大。市场化程度（*Indexmkt*）

的均值为 9.7859820，中位数为 9.87，标准差为 1.5262450，最大值为 11.8，最小值为 6.27，表明我国各省份的地区市场化程度存在明显差异，很显然，地区市场化程度的差异作为外部制度环境会在一定程度上影响公司管理层的机会主义行为。

行权数量（Quantity）变量的均值为 13.6681500，中位数为 13.5669300，标准差为 1.4729790，最大值为 18.5027500，最小值为 10.2035900。可以看出，不同样本公司管理层的每次行权数量存在一定差异，通常情况下，每次行权数量越多，节税效应越大，管理层越有可能进行机会主义行权择时行为。

此外，连续性变量的描述性统计结果还表明，股价波动率（Volatility）的标准差为 0.0108313，最大值为 0.0674510，最小值为 0.0164730，不同样本公司股价波动存在较大差异。财务杠杆（Debt）的标准差为 19.3235000，最大值为 78.5989700，最小值为 2.9097230，反映出样本公司之间财务杠杆率差异很大。公司盈利能力（ROA）的均值为 9.2637690，中位数为 8.7018060，可见样本公司的盈利能力总体比较好；不过，标准差为 5.8546020，最大值为 35.1384400，最小值为 -7.5235490，说明不同公司盈利能力存在很大差异。资产周转率（Turnover）的最大值为 2.9816000，最小值为 0.0721000，标准差为 0.4750529，可以看出行权样本公司的总资产周转效率差别明显。公司成长性（Growth）的最大值为 359.5883000，最小值为 -42.1435000，标准差为 38.6502900，说明不同公司的成长性差异比较显著。公司规模（Size）的最大值为 26.6252600，最小值为 20.1267000，标准差为 1.2349740，表明样本公司之间的规模相差较大。

四、多元回归分析

（一）管理层薪酬、节税激励与机会主义行权择时程度

表 5-32 列示的是管理层薪酬水平与股票期权激励机会主义行权择时程度之间关系的回归结果，以检验前文所提研究假设 1。为了避免管理层薪酬变量（Epay）与其二次项（Epay × Epay）之间可能存在的共线性，我们对管理层薪酬变量（Epay）作了去中心化处理（下同）。同时，为了去除公司治理内外部主要因素对管理层薪酬的可能影响，本研究分别执行了不纳入和纳入公司治理内外部主要因素变量的回归。

模型一和模型二的结果均显示，管理层薪酬变量（Epay）的系数显著为正，同时，管理层薪酬变量的二次项（Epay × Epay）的系数显著为负。这表

明，管理层薪酬水平与股票期权激励机会主义行权择时程度之间存在倒"U"型关系。也就是说，在管理层薪酬水平的拐点之前，随着管理层薪酬水平的提高，管理层实施的股票期权激励机会主义行权择时程度随之增加；而在管理层薪酬水平的拐点之后，随着管理层薪酬水平的进一步提高，管理层实施的股票期权激励机会主义行权择时程度反而随之减少。之所以出现这种情况，是因为当薪酬水平不是很高的时候，工薪个人所得税率的超额累进性质使得节税的边际收益最大，同时，边际效用递减规律使得此时节税收益给管理层带来的边际效用也最大，其结果必然是此阶段管理层的节税激励最为强烈；而当管理层薪酬达到相当高水平以后，一方面，工薪个人所得税率不再超额累进使得节税的边际收益陡然减少，另一方面，边际效用递减规律使得此时节税收益给管理层带来的边际效用也开始降低，因而管理层节税激励反而会减弱。管理层节税激励随着薪酬水平的这种非线性变化，最终导致股票期权激励机会主义行权择时程度与管理层薪酬水平之间存在倒"U"型关系。因此，前文所提研究假设1得以验证。

从模型一和模型二的结果还可以看出，产权性质变量（Stateown）的系数均显著为正，这表明，相对于非国有控股公司，国有控股公司管理层在股票期权行权环节实施机会主义择时的程度更大。由于受到一定程度的政府管制，国有控股公司管理层的薪酬相比非国有控股公司要低，这使得其管理层基于节税激励而实施机会主义行权择时的动机更强，加之所有者缺位所导致的内部人控制，这为国有控股公司管理层实施机会主义行权择时提供了有利条件。因此，研究假设3得到验证。

表5-32中的回归结果还显示，股权集中度（Firstown）、管理层持股（Mngholding）、董事长与总经理两职兼任（Dual）、董事会独立性（Indrt）以及市场化程度（Indexmkt）等刻画公司治理内外部因素的变量均不显著。这说明，这些公司治理变量与管理层机会主义行权择时程度之间不存在线性相关关系，也就是说，这些公司治理变量对管理层机会主义行权择时程度没有直接的影响。那么，上述公司治理变量是否会通过管理层薪酬而对机会主义行权择时程度产生影响？这需要进一步研究。

表5-32　　管理层薪酬、节税激励与机会主义行权择时程度回归结果

变量	预期符号	模型一	模型二
Epay	+	0.8022376 ** (2.09)	0.6938060 * (1.74)
Epay × Epay	−	− 0.0278123 ** (− 2.08)	− 0.0243759 * (− 1.77)

续表

变量	预期符号	模型一	模型二
Stateown	+	0. 0476056 * (1. 71)	0. 0668906 ** (2. 19)
Firstown	−		− 0. 0004396 (− 0. 61)
Mngholding	+		0. 0894181 (1. 59)
Dual	+		0. 0065692 (0. 34)
Indrt	−		− 0. 1857486 (− 0. 76)
Indexmkt	−		0. 0108034 (1. 56)
Quantity	+	0. 0015976 (1. 01)	0. 0014954 (0. 93)
Volatility	+	2. 1244220 (0. 89)	2. 6435600 (1. 07)
Debt	?	− 0. 0098745 (− 0. 45)	− 0. 0032620 (− 0. 14)
ROA	?	0. 4845862 ** (2. 47)	0. 4646029 ** (2. 28)
Turnover	?	0. 0328807 (1. 27)	0. 0427403 (1. 55)
Growth	?	− 0. 0035548 (− 0. 79)	− 0. 0046693 (− 1. 00)
Size	?	− 0. 0020096 (− 0. 15)	− 0. 0055109 (− 0. 40)
Year	?	控制	控制
Indu	?	控制	控制
Cons	?	− 5. 9622070 ** (− 2. 14)	− 5. 1133300 * (− 1. 78)
N F Adj R-sq		220 1. 77 *** 0. 1589	220 1. 70 *** 0. 1629

注：上行数据为回归系数，下行数据为 t 值。*** 、** 、* 分别表示在 1%、5%、10% 水平上显著（双尾检验）。

（二）行权数量对机会主义行权择时程度的影响

为了考察每次行权数量对管理层薪酬水平与股票期权激励机会主义行权择时程度之间关系的影响，我们将研究样本按照是否高于行权数量变量（Quantity）的均值，划分成多行权数量组和少行权数量组两个子样本，然后分别执行回归。从表5-33的结果可以看到，在多行权数量组回归中，管理层薪酬变量（Epay）的系数显著为正，同时，管理层薪酬变量的二次项（Epay × Epay）的系数显著为负，并且，整个模型F值的显著性水平为1%，模型的拟合度达0.2454。而在少行权数量组回归中，管理层薪酬变量（Epay）及其二次项（Epay × Epay）的系数均不显著，特别是，整个模型的F值不显著。这表明，在多行权数量组，管理层薪酬水平与股票期权激励机会主义行权择时程度之间存在倒"U"型关系；而在少行权数量组，二者不存在上述关系。结果说明，每次行权数量多会强化管理层薪酬水平与股票期权激励机会主义行权择时程度之间所存在的倒"U"型关系。也就是说，股票期权行权增加了管理层的薪酬总收入，当管理层薪酬尚未达到相当高水平之前，在超额累积税率效应和边际效用递减规律共同作用下，这会增强公司管理层的节税激励，因而管理层实施的机会主义行权择时程度也会随其薪酬水平的提高而增加；然而，当管理层薪酬水平已经达到很高水平之后，行权所带来的薪酬总收入的边际增加，在超额累积税率效应和边际效用递减规律共同作用下，反而会弱化管理层的节税激励，其结果是，随着管理层薪酬水平的进一步提高，管理层实施的股票期权激励机会主义行权择时程度反而随之减少。因此，研究假设2得以验证。

表5-33　　行权数量对机会主义行权择时程度影响的回归结果

变量	预期符号	多行权数量组回归	少行权数量组回归
Epay	+	0.8560975 * (1.86)	2.2561330 (1.44)
Epay × Epay	−	− 0.0299144 * （− 1.87）	− 0.0826178 （− 1.60）
Stateown	+	0.0354400 (1.23)	0.0956145 (0.74)
Volatility	+	2.4230700 (0.85)	− 1.8570400 （− 0.22）
Debt	?	− 0.0123417 （− 0.47）	− 0.0385572 （− 0.42）

续表

变量	预期符号	多行权数量组回归	少行权数量组回归
ROA	?	0.6556427 *** (2.94)	1.1530970 (0.91)
Turnover	?	0.0384492 (1.37)	−0.3442758 * (−2.07)
Growth	?	−0.0129948 (−0.85)	0.0014650 (0.09)
Size	?	−0.0073113 (−0.51)	0.1229013 (1.48)
Year	?	控制	控制
Indu	?	控制	控制
Cons	?	−6.2218120 * (−1.87)	−17.6776100 (−1.55)
N F Adj R-sq		169 2.07 *** 0.2454	51 1.49 0.2411

注：上行数据为回归系数，下行数据为 t 值。*** 、** 、* 分别表示在 1%、5%、10% 水平上显著（双尾检验）。

（三）股权集中度对机会主义行权择时程度的影响

本部分第一个回归结果（见表 5 − 32）表明，股权集中度与机会主义行权择时程度之间没有线性相关关系，但是，二者之间很有可能存在非线性关系，也就是说，股权集中度有可能会通过其他变量对机会主义行权择时程度产生作用。为了考察股权集中度是否通过管理层薪酬水平对股票期权激励机会主义行权择时程度产生影响，本部分按照是否高于或低于股权集中度变量（*Firstown*）的均值，将总研究样本划分为低股权集中度样本组和高股权集中度样本组，然后分别进行回归检验。回归结果显示，在低股权集中度组回归中，管理层薪酬变量（*Epay*）的系数在 5% 水平上显著为正，同时，管理层薪酬变量的二次项（*Epay × Epay*）的系数在 5% 水平上显著为负，而且，整个模型的 F 值在 1% 水平上显著，调整的 R^2 达 0.3418，模型的拟合度较好。而在高股权集中度组回归中，管理层薪酬变量（*Epay*）及其二次项（*Epay × Epay*）的系数均不显著，尤其是，整个模型的 F 值不显著。这表明，在低股权集中度样本组，管理层薪酬水平与股票期权激励机会主义行权择时程度之间存在倒"U"型关系；而在高股权集中度样本组，两者不存在上述倒"U"型关系。这说明，股权集中度低会强化管理层薪酬水平与股票期权激励机会主义行权择时程度之间的倒"U"型关系。根据既有研究，股权集中度低往往难以激励大股东积极加强对公司管理层的监督，公司管理层就会有更大的机会主义行为空间，从而在薪酬水平较低时，其不仅有节税激励而且更拥有条件去实施机会主义行权择时行为，因而，机会主义行权择时程度也会更严重；而在薪酬水平已处于相对高水平时，尽管管理层因没有来自大股东的监督而拥有较大的自利行为空间，但其节税激励却因超额累进税率效应和边际效用递减规律而大为减弱，故而，其实施机会主义行权择时的动机和程度都会减弱。因此，研究假设 4 得到验证。

此外，表 5 - 34 中的结果还显示，行权数量变量（*Quantity*）的系数在低股权集中度样本组回归中显著为正，而在高股权集中度样本组中不显著（整个模型也不显著）。这表明，在低股权集中度样本组中，行权数量越多，公司管理层实施的机会主义行权择时程度就越严重，即股权集中度低会强化行权数量与机会主义行权择时程度之间的正相关关系。这进一步支持了研究假设 2 和假设 4。

表 5 - 34　　股权集中度对机会主义行权择时程度影响的回归结果

变量	预期符号	低股权集中度组回归	高股权集中度组回归
Epay	+	1. 3267520 ** （2. 46）	0. 9846570 （1. 01）
Epay × Epay	−	− 0. 0474314 ** （− 2. 51）	− 0. 0321897 （− 0. 97）
Stateown	+	− 0. 0385370 （− 0. 59）	0. 0804722 （1. 03）
Quantity	+	0. 0043976 ** （2. 00）	− 0. 0028793 （− 0. 98）
Volatility	+	2. 6050480 （0. 75）	6. 5029540 （1. 46）
Debt	?	− 0. 0491828 （− 1. 42）	0. 0064257 （0. 15）
ROA	?	0. 7998155 *** （2. 83）	0. 3073978 （0. 60）
Turnover	?	0. 0511980 （1. 14）	− 0. 0027944 （− 0. 06）

续表

变量	预期符号	低股权集中度组回归	高股权集中度组回归
Growth	?	0.0364399 (1.54)	− 0.0081544 (− 1.26)
Size	?	0.0117338 (0.53)	− 0.0106152 (− 0.26)
Year	?	控制	控制
Indu	?	控制	控制
Cons	?	− 10.0646000 ** (− 2.59)	− 7.1958760 (− 1.04)
N F Adj R-sq		123 2.48 *** 0.3418	97 0.95 − 0.0232

注：上行数据为回归系数，下行数据为 t 值。***、**、* 分别表示在 1%、5%、10% 水平上显著（双尾检验）。

（四）董事会独立性对机会主义行权择时程度的影响

同前一部分的研究逻辑一样，为了考察董事会独立性是否会通过管理层薪酬水平对股票期权激励机会主义行权择时程度产生影响，本部分按照是否低于或高于董事会独立性变量（*Indrt*）的均值，把总样本区分为弱董事会独立性样本组和强董事会独立性样本组，再分组进行检验。表 5 - 35 回归检验结果显示，在弱董事会独立性组回归中，管理层薪酬变量（*Epay*）的系数显著为正，并且管理层薪酬变量的二次项（*Epay × Epay*）的系数显著为负，同时模型的 F 值在 5% 水平上显著，调整的 R^2 为 0.1244；而在强董事会独立性组的回归中，管理层薪酬变量（*Epay*）及其二次项（*Epay × Epay*）的系数均不显著，而且整个模型的 F 值不显著。这表明，在弱董事会独立性样本组，管理层薪酬水平与股票期权激励机会主义行权择时程度之间存在倒"U"型关系，而在强董事会独立性样本组，二者不存在上述倒"U"型关系。这说明，董事会独立性弱会强化管理层薪酬水平与股票期权激励机会主义行权择时程度之间存在的倒"U"型关系。制定激励相容的管理层薪酬契约并保证其得到有效执行是董事会的一项基本职能。独立性不强的董事会容易被公司管理层"俘获"（伯切克、弗莱德和沃克，2003），从而难以在管理层薪酬契约的制定和执行过程中发挥应有的职责，为公司管理层实施自利的机会主义行为提供了有利条件。此时，公司管理层薪酬水平对机会主义行权择时程度的倒"U"型作用机制会得到进一步强化。因此，研究假设 5 得到印证。

此外，表 5 - 35 回归结果还显示，产权性质变量（*Stateown*）的系数在弱董事会独立性样本组回归中显著为正，而在强董事会独立性样本组回归中不显著。这表明，董事会独立性弱会强化国有控股与机会主义行权择时程度之间的正相关关系，也就是说，在国有控股公司，如果董事会独立性弱，会导致更加严重的公司管理层机会主义行权择时程度。国有控股公司产权性质决定了其治理缺陷在于内部人控制，如果董事会又不能发挥应用的治理功能，那么，必然会引致公司管理层更严重的机会主义行权择时程度。所以，这不仅进一步支持了研究假设5，而且还进一步验证了研究假设3。

表5-35　　董事会独立性对机会主义行权择时程度影响的回归结果

变量	预期符号	弱董事会独立性组回归	强董事会独立性组回归
Epay	+	1.1423250 * (1.90)	-1.5416360 (-1.34)
Epay × Epay	-	-0.0407348 * (-1.94)	0.0543268 (1.36)
Stateown	+	0.0732135 * (1.78)	-0.0152103 (-0.24)
Quantity	+	0.0028870 (1.10)	0.0014562 (0.57)
Volatility	+	1.9957920 (0.52)	5.0041300 (0.86)
Debt	?	-0.0294436 (-0.93)	0.0344766 (0.64)
ROA	?	0.3977559 (1.52)	0.8471451 (1.13)
Turnover	?	0.0633291 (1.45)	-0.0479326 (-0.80)
Growth	?	0.0259967 (0.99)	-0.0051750 (-0.88)
Size	?	0.0234132 (0.87)	0.0071231 (0.28)
Year	?	控制	控制
Indu	?	控制	控制
Cons	?	-8.9370130 ** (-2.02)	10.8099000 (1.33)
N		134	86
F		1.44 **	1.37
Adj R-sq		0.1244	0.1739

注：上行数据为回归系数，下行数据为t值。**、* 分别表示在5%、10%水平上显著（双尾检验）。

（五）董事长与总经理两职兼任对机会主义行权择时程度的影响

为了考察董事长与总经理两职兼任是否会通过管理层薪酬水平对股票期权激励机会主义行权择时程度产生非线性影响，按照董事长与总经理两职兼任变量（$Dual$）是否取值为 1（即董事长与总经理两职由同一人兼任），我们把研究样本细分为董事长与总经理两职兼任样本组和董事长与总经理两职分置样本组，然后分组进行回归。表 5-36 回归结果显示，在董事长与总经理两职兼任样本组回归中，管理层薪酬变量（$Epay$）的系数显著为正，同时，管理层薪酬变量的二次项（$Epay \times Epay$）的系数显著为负，模型的 F 值在 1% 水平上显著，调整的 R^2 达到 0.4204，模型的拟合度很好；而在董事长与总经理两职分置样本组的回归中，管理层薪酬变量（$Epay$）及其二次项（$Epay \times Epay$）的系数均不显著，特别是，整个模型的 F 值也不显著。这表明，在董事长与总经理两职兼任样本组，管理层薪酬水平与股票期权激励机会主义行权择时程度之间存在倒"U"型关系，而在董事长与总经理两职分置样本组，二者不存在上述倒"U"型关系。这说明，董事长与总经理两职兼任会强化管理层薪酬水平与股票期权激励机会主义行权择时程度之间的倒"U"型关系。根据既有文献，董事长与总经理两职兼任会增强公司管理层权力（罗进辉等，2016；权小峰等，2010；吕长江和赵宇恒，2008），而管理层权力增强则为其实施机会主义行权择时行为创造了便利条件。因此，董事长与总经理两职兼任这一外部有利条件，会强化管理层薪酬水平对机会主义行权择时程度的倒"U"型影响。所以，研究假设 6a 得到检验。

表 5-36 回归结果还发现，行权数量变量（$Quantity$）的系数在董事长与总经理两职兼任组的回归中，显著为正，而在董事长与总经理两职分置样本组中不显著。这说明，董事长与总经理两职兼任会强化行权数量与机会主义行权择时程度之间的正相关关系，即在董事长与总经理两职兼任的公司，每次行权数量越多，管理层实施的机会主义行权择时程度就越严重。这进一步验证了研究假设 6a，同时，还进一步支持了研究假设 2。

表 5-36　　　　两职兼任对机会主义行权择时程度影响的回归结果

变量	预期符号	两职兼任组回归	两职分置组回归
$Epay$	+	1.4828100 * (1.81)	0.6098397 (1.19)
$Epay \times Epay$	−	− 0.0525608 * (− 1.85)	− 0.0208713 (− 1.17)

续表

变量	预期符号	两职兼任组回归	两职分置组回归
Stateown	+	0.0446130 (0.59)	0.0682351 (1.50)
Quantity	+	0.0054019 ** (2.43)	−0.0010212 (−0.40)
Volatility	+	5.6697010 (1.11)	2.4739120 (0.71)
Debt	?	−0.1408929 * (−1.81)	0.0084678 (0.27)
ROA	?	0.2754481 (0.80)	0.6414770 (1.38)
Turnover	?	0.0480094 (0.75)	0.0240249 (0.62)
Growth	?	−0.0046670 (−0.12)	−0.0060579 (−1.10)
Size	?	0.0770223 * (1.92)	−0.0008359 (−0.04)
Year	?	控制	控制
Indu	?	控制	控制
Cons	?	−12.6294400 ** (−2.08)	−4.4813880 (−1.24)
N F Adj R-sq		89 2.43 *** 0.4204	131 1.17 0.0560

注：上行数据为回归系数，下行数据为t值。***、**、* 分别表示在1%、5%、10%水平上显著（双尾检验）。

（六）管理层持股对机会主义行权择时程度的影响

为了研究管理层持股是否会通过管理层薪酬水平对股票期权激励机会主义行权择时程度产生影响，我们以是否高于或低于管理层持股变量（*Mngholding*）的均值为标准，把总样本划分为高管理层持股样本组和低管理层持股样本组，再分组进行检验。表5-37检验结果显示，在高管理层持股组的回归中，管理层薪酬变量（*Epay*）的系数显著为正，并且管理层薪酬变量的二次项（*Epay×Epay*）的系数显著为负，模型的F值在1%水平上显著，调整后的R^2达0.3515，模型拟合度较高；而在低管理层持股组的回归中，管理层薪酬变量（*Epay*）及其二次项（*Epay* × *Epay*）的系数均不显著，而且整个模型也不显著。这表明，在高管理层持股样本组，管理层薪酬水平与股票期权激励机会主义行权择时程度之间存在显著的倒"U"型关系，而在低管理层持股样本组，二者间不存在上述倒"U"型关系。这说明，管理层持股比例高会强化管理层薪酬水平与股票期权激励机会主义行权择时程度之间的倒"U"型关系。管理层持股比例高意味着管理层权力大，这为其实施机会主义行权择时行为创造了便利条件，故而管理层薪酬水平对股票期权激励机会主义行权择时程度的倒"U"型作用机制，会因为管理层持股比例的提高而得到进一步强化。也就是说，当管理层薪酬水平处于相对较低阶段，随着管理层持股比例的提高以及管理层货币薪酬水平的增加，股票期权激励机会主义行权择时程度会更加严重；而在管理层薪酬水平处于相当高的阶段，随着管理层持股比例的进一步提高以及管理层货币薪酬水平的进一步增加，股票期权激励机会主义行权择时程度会反而减弱。因此，研究假设 6b 得以检验。

表 5 - 37　　管理层持股对机会主义行权择时程度影响的回归结果

变量	预期符号	高管理层持股组回归	低管理层持股回归
Epay	+	0.9912317 * (1.83)	0.7871931 (1.02)
Epay × *Epay*	−	− 0.0355994 * (− 1.88)	− 0.0271672 (− 1.03)
Stateown	+	− 0.1139864 (1.62)	0.0447240 (1.15)
Quantity	+	0.0031774 (1.45)	− 0.0012690 (− 0.49)
Volatility	+	1.4686280 (0.49)	2.3528590 (0.49)
Debt	?	− 0.0601039 (− 1.14)	0.0234678 (0.76)
ROA	?	0.6993897 ** (2.64)	0.4859116 (0.92)
Turnover	?	0.0204345 (0.42)	− 0.0201171 (− 0.54)
Growth	?	0.0203115 (0.86)	− 0.0077684 (− 1.44)

续表

变量	预期符号	高管理层持股组回归	低管理层持股回归
Size	？	0.0152433 (0.55)	0.0022140 (0.10)
Year	？	控制	控制
Indu	？	控制	控制
Cons	？	− 6.9751850 * (− 1.76)	− 5.7726230 (− 1.01)
N F Adj R-sq		110 2.46 *** 0.3515	110 1.23 0.0877

注：上行数据为回归系数，下行数据为 t 值。*** 、** 、* 分别表示在 1%、5%、10% 水平上显著（双尾检验）。

（七）市场化程度对机会主义行权择时程度的影响

为了研究市场化程度是否会通过管理层薪酬水平对股票期权激励机会主义行权择时程度产生影响，我们以是否低于或高于市场化程度变量（*Indexmkt*）的均值为标准，将总样本划分为低市场化程度样本组和高市场化程度样本组，然后分组进行回归。回归结果显示（见表 5 – 38），在低市场化程度组的回归中，管理层薪酬变量（*Epay*）的系数显著为正，并且管理层薪酬变量的二次项（*Epay × Epay*）的系数显著为负，模型的 F 值在 1% 水平上显著，模型的拟合度较高，调整后的 R^2 达 0.4545；而在高市场化程度组的回归中，管理层薪酬变量（*Epay*）及其二次项（*Epay × Epay*）的系数均不显著，尤其是，整个模型也不显著。这表明，在低市场化程度样本组，管理层薪酬水平与股票期权激励机会主义行权择时程度之间存在显著的倒 "U" 型关系，而在高市场化程度样本组，二者之间不存在倒 "U" 型关系。这说明，市场化程度低会强化管理层薪酬水平与股票期权激励机会主义行权择时程度之间的倒 "U" 型关系。在市场化程度低的地区，资源配置主要依靠政府计划而不是市场机制，公司控制权市场和经理人市场发育均不成熟，难以成为约束公司管理层机会主义行为的公司治理外部机制，这会为公司管理层实施自利行为提供有利的外部条件。同时，市场化程度低的地区，公司管理层的薪酬契约缺乏市场化导向，薪酬业绩往往缺乏敏感性，管理层货币薪酬激励相对不足，此时，管理层货币薪酬水平的边际提高所带来的节税激励相对更强，因而机会主义行权择时的动机和程度都会更强。因此，研究假设 7 得到验证。

表 5 – 38 回归结果还显示，产权性质变量（*Stateown*）的系数在低市场化

程度组回归中显著为正，而在高市场化程度组回归中不显著。这表明，市场化程度低会强化国有控股与机会主义行权择时程度之间的正相关关系，也就是说，在市场化程度低的地区，国有控股公司管理层实施的机会主义行权择时程度更严重。国有产权的缺陷使得管理层具有内部人控制权力，而市场化程度低意味着管理层缺少来自公司治理外部机制的约束，共同作用下，机会主义行权择时程度就会更加严重。因此，这一回归结果进一步支持了研究假设7，同时还进一步验证了研究假设2。

表5-38　　　　市场化程度对机会主义行权择时程度影响的回归结果

变量	预期符号	低市场化程度组回归	高市场化程度组回归
$Epay$	+	2.1657960 ** (2.23)	0.7764912 (1.09)
$Epay \times Epay$	−	−0.0804488 ** (−2.30)	−0.0262942 (−1.09)
$Stateown$	+	0.4275956 * (1.76)	0.0604537 (1.22)
$Quantity$	+	0.0031572 (1.33)	0.0005911 (0.25)
$Volatility$	+	10.9900600 ** (2.17)	−0.1738472 (−0.04)
$Debt$	?	0.0176527 (0.48)	0.0149152 (0.31)
ROA	?	0.4483797 (0.67)	0.4754028 (1.64)
$Turnover$	?	0.0755944 (1.26)	0.0607387 (1.40)
$Growth$	?	0.0053365 (0.23)	−0.0116804 (−1.51)
$Size$	?	0.0330227 (1.17)	−0.0228239 (−0.77)
$Year$	?	控制	控制
$Indu$	?	控制	控制
$Cons$	?	−16.3402700 ** (−2.46)	−5.3647860 (−0.99)
N F Adj R-sq		91 2.69 *** 0.4545	129 1.16 0.0537

注：上行数据为回归系数，下行数据为t值。***、**、*分别表示在1%、5%、10%水平上显著（双尾检验）。

五、稳健性检验

为了以上回归结果的稳健性，我们通过改变管理层薪酬变量的度量，由高管薪酬（*Epay*）改变为董事薪酬（*Dpay*），执行了进一步检验。

（一）管理层薪酬、节税激励与机会主义行权择时程度的稳健性检验

从表 5 - 39 模型一和模型二的结果可以看出，管理层薪酬变量（*Dpay*）的系数显著为正，同时，管理层薪酬变量的二次项（*Dpay* × *Dpay*）的系数显著为负。这表明，管理层薪酬水平与机会主义行权择时程度之间存在倒"U"型关系，即在管理层薪酬水平处于相对较低的阶段，随着管理层薪酬水平的提高，管理层实施的机会主义行权择时程度随之增加；而当管理层薪酬达到相当高的水平以后，随着管理层薪酬水平的进一步提高，管理层实施的机会主义行权择时程度反而随之减少。因此，研究假设 1 得以进一步验证。

模型二的结果还显示，产权性质变量（*Stateown*）的系数显著为正。这说明，相对于非国有控股公司，国有控股公司管理层在股票期权行权环节实施机会主义择时的程度更大。因此，研究假设 3 得到进一步检验。

表 5 - 39　管理层薪酬、节税激励与机会主义行权择时程度的稳健性检验结果

变量	预期符号	模型一	模型二
Dpay	+	1.0198410 *** (2.94)	0.8299008 ** (2.25)
Dpay × *Dpay*	−	− 0.0356875 *** (− 2.96)	− 0.0293841 ** (− 2.30)
Stateown	+	0.0427827 (1.53)	0.0568280 * (1.89)
Firstown	−		− 0.0004515 (− 0.64)
Mngholding	+		0.0816257 (1.45)
Dual	+		0.0045703 (0.24)
Indrt	−		− 0.1877250 (− 0.78)

续表

变量	预期符号	模型一	模型二
Indexmkt	−		0.0099672 (1.53)
Quantity	+	0.0018765 (1.20)	0.0016736 (1.05)
Volatility	+	1.7039360 (0.73)	2.0647300 (0.85)
Debt	?	−0.0162095 (−0.75)	−0.0091633 (−0.41)
ROA	?	0.4807222 ** (2.49)	0.4723711 ** (2.34)
Turnover	?	0.0270576 (1.06)	0.0364672 (1.33)
Growth	?	−0.0011555 (−0.26)	−0.0023246 (−0.49)
Size	?	0.0012619 (0.10)	−0.0028134 (−0.22)
Year	?	控制	控制
Indu	?	控制	控制
Cons	?	−7.5178960 *** (−3.00)	−6.0537050 ** (−2.28)
N F Adj R-sq		220 1.95 *** 0.1887	220 1.83 *** 0.1857

注：上行数据为回归系数，下行数据为 t 值。***、**、* 分别表示在1%、5%、10%水平上显著（双尾检验）。

（二）行权数量对机会主义行权择时程度影响的稳健性检验

表5-40 的结果显示，多行权数量组的回归中，管理层薪酬变量（*Dpay*）的系数在5%水平上显著为正，并且管理层薪酬变量的二次项（*Dpay* × *Dpay*）的系数在5%水平上显著为负，模型的 F 值在1%水平上显著，模型的拟合度较好，调整后的 R^2 为 0.2521；而少行权数量组的回归结果显示，管理层薪酬变量（*Dpay*）及其二次项（*Dpay* × *Dpay*）的系数均不显著，尤其是模型的 F 值不显著。结果表明，在多行权数量组，管理层薪酬水平与机会主义行权择时程度之间存在倒"U"型关系；而在少行权数量组，二者之间不存在上述关

系。也就是说，每次行权数量多会强化管理层薪酬水平与机会主义行权择时程度之间所存在的倒"U"型关系。研究假设2得到进一步支持。

表 5 - 40　　　　行权数量对机会主义行权择时程度影响的稳健性检验结果

变量	预期符号	多行权数量组回归	少行权数量组回归
Dpay	+	0. 8720341 ** (2. 00)	1. 4424920 (1. 08)
Dpay × Dpay	−	− 0. 0307039 ** (− 2. 02)	− 0. 0553926 (− 1. 28)
Stateown	+	0. 0327845 (1. 12)	− 0. 0822902 (− 0. 60)
Volatility	+	2. 0949330 (0. 75)	− 4. 8553440 (− 0. 52)
Debt	?	− 0. 0076738 (− 0. 29)	− 0. 1117185 (− 1. 06)
ROA	?	0. 6905151 *** (3. 07)	1. 7061940 (1. 33)
Turnover	?	0. 0301401 (1. 04)	− 0. 3099653 * (− 1. 90)
Growth	?	− 0. 0164184 (− 1. 06)	0. 0153087 (0. 84)
Size	?	− 0. 0097995 (− 0. 71)	0. 1427351 * (1. 78)
Year	?	控制	控制
Indu	?	控制	控制
Cons	?	− 6. 2201950 ** (− 2. 01)	− 12. 0422300 (− 1. 23)
N		169	51
F		2. 11 ***	1. 52
Adj R-sq		0. 2521	0. 2539

注：上行数据为回归系数，下行数据为 t 值。*** 、** 、* 分别表示在 1%、5%、10% 水平上显著（双尾检验）。

（三）股权集中度对机会主义行权择时程度影响的稳健性检验

低股权集中度组的回归结果显示（见表 5 - 41），管理层薪酬变量（*Dpay*）的系数在 1% 水平上显著为正，并且管理层薪酬变量的二次项（*Dpay × Dpay*）的系数在 1% 水平上显著为负，整个模型的 F 值在 1% 水平上显著，模型的拟合度很高，调整后的 R^2 达 0.3555；而高股权集中度组的回归结果表明，管理层薪酬变量（Dpay）及其二次项（Dpay×Dpay）的系数均不显著，特别是整个模型的 F 值不显著。这说明，对于低股权集中度的样本公司，管理层薪酬水平与机会主义行权择时程度之间存在倒"U"型关系；而对于高股权集中度的样本公司，两者间不存在上述倒"U"型关系。也就是说，股权集中度低会强化管理层薪酬水平与机会主义行权择时程度之间的倒"U"型关系。因此，研究假设 4 得到进一步验证。

表 5-41　　股权集中度对机会主义行权择时程度影响的稳健性检验结果

变量	预期符号	低股权集中度组回归	高股权集中度组回归
Dpay	+	1.2669080 *** (2.72)	1.0119330 (0.84)
Dpay × Dpay	−	−0.0451689 *** (−2.78)	−0.0341774 (−0.82)
Stateown	+	−0.0308328 (−0.47)	0.0735240 (0.85)
Quantity	+	0.0043582 ** (2.00)	−0.0030072 (−1.03)
Volatility	+	2.6904250 (0.79)	5.3086110 (1.07)
Debt	?	−0.0485794 (−1.42)	0.0050581 (0.11)
ROA	?	0.7976867 *** (2.85)	0.2447086 (0.47)
Turnover	?	0.0559784 (1.28)	−0.0074257 (−0.13)
Growth	?	0.0441182 * (1.82)	−0.0062767 (−0.99)
Size	?	0.0048899 (0.23)	0.0052446 (0.13)
Year	?	控制	控制
Indu	?	控制	控制
Cons	?	−9.5293670 *** (−2.85)	−7.4658320 (−0.89)
N F Adj R-sq		123 *** 2.57 0.3555	97 0.89 −0.0568

注：上行数据为回归系数，下行数据为 t 值。***、**、* 分别表示在 1%、5%、10% 水平上显著（双尾检验）。

（四）董事会独立性对机会主义行权择时程度影响的稳健性检验

从弱董事会独立性组的回归结果可以看出（见表 5 - 42），管理层薪酬变量（$Dpay$）的系数在 1% 水平上显著为正，并且管理层薪酬变量的二次项（$Dpay \times Dpay$）的系数在 1% 水平上显著为负，模型的 F 值显著，调整后的 R^2 达 0.1988，模型拟合度较好；而强董事会独立性组的回归结果显示，管理层薪酬变量（$Dpay$）及其二次项（$Dpay \times Dpay$）的系数均不显著，并且整个模型的 F 值不显著。结果表明，在低董事会独立性的样本公司中，管理层薪酬水平与机会主义行权择时程度之间存在倒"U"型关系；而在强董事会独立性的样本公司中，二者间不存在倒"U"型关系。这说明，董事会独立性弱会强化管理层薪酬水平与机会主义行权择时程度之间的倒"U"型关系。因此，研究假设 5 得到进一步印证。

表 5 - 42　董事会独立性对机会主义行权择时程度影响的稳健性检验结果

变量	预期符号	弱董事会独立性组回归	强董事会独立性组回归
$Dpay$	+	1.3895680 *** (2.84)	-0.8924801 (-0.97)
$Dpay \times Dpay$	-	-0.0492913 *** (-2.92)	0.0315811 (0.98)
$Stateown$	+	0.0466410 (1.18)	-0.0037281 (-0.05)
$Quantity$	+	0.0026147 (1.06)	0.0005332 (0.21)
$Volatility$	+	1.5463390 (0.42)	5.9781460 (0.93)
$Debt$	?	-0.0390008 (-1.32)	0.0103416 (0.21)
ROA	?	0.4098036 * (1.64)	0.8086051 (0.91)
$Turnover$	?	0.0466312 (1.11)	-0.0175676 (-0.31)
$Growth$	?	0.0338229 (1.36)	-0.0073977 (-1.17)

续表

变量	预期符号	弱董事会独立性组回归	强董事会独立性组回归
Size	?	0.0175997 (0.82)	0.0053798 (0.20)
Year	?	控制	控制
Indu	?	控制	控制
Cons	?	−10.5094600*** (−2.97)	6.0954070 (0.98)
N F Adj R-sq		134 1.77** 0.1988	86 1.27 0.1358

注：上行数据为回归系数，下行数据为 t 值。***、**、* 分别表示在 1%、5%、10% 水平上显著（双尾检验）。

（五）董事长与总经理两职兼任对机会主义行权择时程度影响的稳健性检验

董事长与总经理两职兼任样本组的回归结果显示（见表 5-43），管理层薪酬变量（*Dpay*）的系数显著为正，并且管理层薪酬变量的二次项（*Dpay* × *Dpay*）的系数显著为负，模型的 F 值在 1% 水平上显著，调整后的 R^2 达到 0.4114，模型的拟合度很好；而董事长与总经理两职分置样本组的回归结果表明，管理层薪酬变量（*Dpay*）及其二次项（*Dpay* × *Dpay*）的系数均不显著，并且整个模型的 F 值也不显著。结果说明，对于董事长与总经理两职兼任的样本公司，管理层薪酬水平与机会主义行权择时程度之间存在倒"U"型关系；而对于董事长与总经理两职分置的样本公司，二者间不存在上述倒"U"型关系。也就是说，董事长与总经理两职兼任会强化管理层薪酬水平与机会主义行权择时程度之间的倒"U"型关系。因此，研究假设 6a 得到进一步检验。

表 5-43　　董事长与总经理两职兼任对机会主义行权择时程度影响的稳健性检验结果

变量	预期符号	两职兼任样本组回归	两职分置样本组回归
Dpay	+	1.2821830* (1.81)	0.9224454* (1.90)
Dpay × *Dpay*	−	−0.0463367* (−1.84)	−0.0318635* (−1.90)

续表

变量	预期符号	两职兼任样本组回归	两职分置样本组回归
Stateown	+	0.0288534 (0.39)	0.0646606 (1.48)
Quantity	+	0.0055969 ** (2.45)	− 0.0010108 (− 0.41)
Volatility	+	5.4931900 (1.07)	2.1489730 (0.63)
Debt	?	− 0.143247900 * (− 1.82)	0.0027290 (0.09)
ROA	?	0.3388294 (0.92)	0.6543800 (1.43)
Turnover	?	0.0315406 (0.46)	0.0209305 (0.55)
Growth	?	− 0.0031293 (− 0.08)	− 0.0041443 (− 0.75)
Size	?	0.0772381 * (1.90)	0.0012408 (0.07)
Year	?	控制	控制
Indu	?	控制	控制
Cons	?	− 10.9919700 ** (− 2.11)	− 6.6354810 * (− 1.93)
N F Adj R-sq		89 2.38 *** 0.4114	131 1.27 0.0852

注：上行数据为回归系数，下行数据为 t 值。***、**、* 分别表示在 1%、5%、10% 水平上显著（双尾检验）。

（六）管理层持股对机会主义行权择时程度影响的稳健性检验

高管理层持股组的回归结果显示（见表 5 - 44），管理层薪酬变量（*Dpay*）的系数显著为正，并且管理层薪酬变量的二次项（*Dpay* × *Dpay*）的系数显著为负，模型 F 值的显著性水平是 1%，调整后 R^2 达到 0.3162，模型拟合度较好；而低管理层持股组的回归结果显示，管理层薪酬变量（*Dpay*）的系数也显著为正，其二次项（*Dpay* × *Dpay*）的系数也显著为负，但是，整个模型的 F

值不显著。结果表明，对于高管理层持股的样本公司，管理层薪酬水平与机会主义行权择时程度之间存在显著的倒"U"型关系；而在低管理层持股的样本公司中，二者间不存在倒"U"型关系。这说明，管理层持股比例高会强化管理层薪酬水平与机会主义行权择时程度之间的倒"U"型关系。因此，研究假设 6b 得以进一步检验。

表 5 – 44　　　　管理层持股对机会主义行权择时程度影响的稳健性检验结果

变量	预期符号	高管理层持股组回归	低管理层持股组回归
Dpay	+	1. 1099710 * （1. 73）	1. 0587220 * （1. 91）
Dpay × Dpay	−	− 0. 0388234 * （ − 1. 73）	− 0. 0368643 * （ − 1. 93）
Stateown	+	− 0. 1002721 （ − 1. 39）	0. 0535303 （1. 43）
Quantity	+	0. 0034960 （1. 54）	− 0. 0012868 （ − 0. 52）
Volatility	+	0. 2030557 （0. 07）	1. 3386650 （0. 28）
Debt	?	− 0. 0624742 （ − 0. 37）	0. 0131638 （0. 09）
ROA	?	0. 7655222 ** （2. 58）	0. 2790486 （0. 51）
Turnover	?	0. 0096787 （0. 16）	− 0. 0346703 （ − 0. 78）
Growth	?	0. 0211694 （0. 86）	− 0. 0041965 （ − 0. 80）
Size	?	− 0. 0144220 （ − 0. 52）	0. 0045368 （0. 21）
Year	?	控制	控制
Indu	?	控制	控制
Cons	?	− 7. 6707970 * （ − 1. 65）	− 7. 6478240 * （ − 1. 90）
N F Adj R-sq		110 *** 2. 25 0. 3162	110 1. 34 0. 1263

注：上行数据为回归系数，下行数据为 t 值。***、**、* 分别表示在 1%、5%、10% 水平上显著（双尾检验）。

（七）市场化程度对机会主义行权择时程度影响的稳健性检验

从低市场化程度样本组的回归结果可以看到（见表 5 – 45），管理层薪酬变量（*Dpay*）的系数在 5% 水平上显著为正，并且管理层薪酬变量的二次项（*Dpay* × *Dpay*）的系数在 5% 水平上显著为负，模型 F 值的显著性水平为 1%，模型的拟合度较高，调整后的 R^2 达 0.4803；而高市场化程度组的回归结果显示，管理层薪酬变量（*Dpay*）及其二次项（*Dpay* × *Dpay*）的系数均不显著，特别是，整个模型也不显著。结果表明，对于所处地区市场化程度低的样本公司，管理层薪酬水平与机会主义行权择时程度之间存在显著的倒 "U" 型关系；而对于所处地区市场化程度高的样本公司，二者之间不存在倒 "U" 型关系。这说明，市场化程度低会强化管理层薪酬水平与机会主义行权择时程度之间的倒 "U" 型关系。因此，研究假设 7 得到进一步验证。

表 5 – 45　　市场化程度对机会主义行权择时程度影响的稳健性检验结果

变量	预期符号	低市场化程度组回归	高市场化程度组回归
Dpay	+	2. 1560210 ** (2. 45)	0. 8567478 (1. 49)
Dpay × *Dpay*	–	– 0. 0803936 ** (– 2. 53)	– 0. 0297663 (– 1. 52)
Stateown	+	0. 4763682 * (1. 97)	0. 0430567 (0. 88)
Quantity	+	0. 0042727 * (1. 72)	0. 0003667 (0. 16)
Volatility	+	11. 4670200 ** (2. 36)	– 0. 5783820 (– 0. 15)
Debt	?	0. 0279257 (0. 76)	0. 0079366 (0. 17)
ROA	?	0. 5718093 (0. 86)	0. 4531166 (1. 59)
Turnover	?	0. 0509931 (0. 84)	0. 0652931 (1. 52)
Growth	?	0. 0034378 (0. 15)	– 0. 0094493 (– 1. 21)

续表

变量	预期符号	低市场化程度组回归	高市场化程度组回归
Size	?	0. 0262443 (0. 97)	− 0. 0163259 (− 0. 58)
Year	?	控制	控制
Indu	?	控制	控制
Cons	?	− 16. 0041200 ** (− 2. 67)	− 5. 9532480 (− 1. 36)
N F Adj R-sq		91 2. 88 *** 0. 4803	129 1. 24 0. 0783

注：上行数据为回归系数，下行数据为 t 值。***、**、* 分别表示在 1%、5%、10% 水平上显著（双尾检验）。

　　除了改变管理层薪酬变量的度量进行稳健型检验以外，我们还将机会主义行权择时程度变量的计量窗口由（− 20，+ 20）换成（− 10，+ 10）执行了稳健型检验，检验结果与前文研究结果基本一致（限于篇幅未报告），因此，本部分的研究结果是稳健的。

六、本部分研究结论与总结

　　本部分以 2006 年 1 月 1 日～ 2015 年 12 月 31 日期间实行股票期权激励计划并且激励对象进行了集中行权的上市公司为研究对象，运用大样本实证研究方法，从公司治理机制和外部制度环境层面，对股票期权激励机会主义行权择时程度的影响因素展开了理论分析与实证研究，得到以下结论。

　　第一，管理层薪酬水平通过节税激励对股票期权激励机会主义行权择时程度具有倒 "U" 型关系的影响。在管理层薪酬水平尚未达到拐点之前，股票期权激励机会主义行权择时程度会随着管理层薪酬水平的增加而加深，但在管理层薪酬水平超过拐点之后，股票期权激励机会主义行权择时程度则会随着管理层薪酬水平的进一步增加而减弱。研究表明，工薪个人所得税率的超额累进效应和边际效用递减规律导致了管理层薪酬水平与股票期权激励机会主义行权择时程度之间的倒 "U" 型关系。一方面，管理层的节税激励会受到超额累进税率效应的影响。根据税法规定，45% 税率之前，工薪边际个人所得税率是递增的，而 45% 税率之后，工薪边际个人所得税率维持不变。这意味着，在 45% 税率之前，管理层薪酬水平的边际增加会导致税额的更大幅度增加，故而管理层的节税激励会随着薪酬水平的提高而增强，管理层实施的机会主义行权择时程度也会随着薪酬水平的增加而加深；而在45%税率之后，管理层薪酬水平的边际增加并不会导致税额的更大幅度增加，故而管理层的节税激励将会有所减弱，管理层实施的机会主义行权择时程度也会随之减弱。另一方面，管理层的节税激励还会受到边际效用递减规律的影响。当薪酬水平不高时，节税利益的边际增加会给管理层带来边际效用的更大幅度增加，故而管理层节税激励会随着其薪酬水平的增加而增强；但是当管理层薪酬已经达到非常高水平之后，节税利益的边际增加给其带来的边际效用将会递减，从而其节税激励也将递减，其实施的机会主义行权择时程度也会随着薪酬水平的进一步增加而递减。由此可见，管理层的节税激励会因为超额累进税率效应和边际效用递减规律的共同作用，而表现出随着管理层薪酬水平的增加，先增强后减弱的关系，最终导致管理层薪酬水平与股票期权激励机会主义行权择时程度之间呈现出倒"U"型关系。

　　第二，每次行权数量多会强化管理层薪酬水平与股票期权激励机会主义行权择时程度之间所存在的倒"U"型关系。研究发现，在每次行权数量多的样本公司中，管理层薪酬水平与机会主义行权择时程度之间存在倒"U"型关系，而在每次行权数量少的样本公司中，二者不存在上述关系。这说明，每次行权数量多会强化管理层薪酬水平与机会主义行权择时程度之间所存在的倒"U"型关系。行权股票期权增加了公司管理层的薪酬总收入，股票期权行权会通过增加公司管理层的总薪酬水平，而对公司管理层实施的机会主义行权择时程度产生更加严重的倒"U"型关系影响。当管理层薪酬水平尚未达到相当高的拐点之前，每次行权数量多会在超额累积税率效应和边际效用递减规律共同作用下，进一步增强公司管理层的节税激励，从而进一步增强管理层实施的机会主义行权择时程度；当管理层薪酬水平已经达到很高水平之后，行权所带来的薪酬总收入的边际增加，在超额累积税率效应和边际效用递减规律共同作用下，反而会进一步弱化管理层的节税激励，从而进一步减弱管理层实施的机会主义行权择时程度。

　　第三，国有产权会加重公司管理层在股票期权行权环节实施的机会主义择时程度。研究发现，相对于非国有控股公司，国有控股公司管理层实施的机会主义行权择时程度更大。国有股东缺位所导致的内部人控制，为国有控股公司管理层实施机会主义行权择时提供了有利条件；同时，由于政府管制，国有控股公司管理层的薪酬往往缺乏薪酬业绩敏感性，并且绝对数量要比非国有控股公司低，因此，国有控股公司管理层基于节税激励而实施机会主义行权择时的动机和程度都会更强。研究还发现，在董事会独立性较弱的公司，国有控股与机会主义行权择时程度之间存在正相关关系，也就是说，在国有控股公司，如果董事会不能发挥应用的治理功能，会导致更加严重的公司管理层机会主义行权择时行为。

第四，股权集中度低会强化管理层薪酬水平与股票期权激励机会主义行权择时程度之间的倒"U"型关系。研究发现，对于股权集中度低的样本公司，管理层薪酬水平与机会主义行权择时程度之间存在倒"U"型关系，而在股权集中度高的样本公司中，两者不存在倒"U"型关系。这说明，股权集中度低会强化管理层薪酬水平与机会主义行权择时程度之间的倒"U"型关系。股权集中度低，大股东往往缺乏监督管理层的积极性，公司管理层就会拥有较大的自利主义行为空间，从而在薪酬水平较低时，管理层不仅有强烈的内在激励而且更拥有便利的外部条件去实施机会主义行权择时行为，机会主义行权择时程度就会更加严重；而当薪酬水平已经处于相对高水平的时候，尽管没有来自大股东的监督而拥有较大的机会主义行为空间，但管理层的节税激励却因超额累进税率效应和边际效用递减规律而大为减弱，故而其实施机会主义行权择时的动机和程度都会减弱。研究还发现，在股权集中度低的样本公司中，每次行权数量越多，公司管理层实施的机会主义行权择时程度就越严重，而这种情况在股权集中度高的样本公司中并不存在，这说明，股权集中度低会强化每次行权数量与机会主义行权择时程度之间的正相关关系。

第五，董事会独立性弱会强化管理层薪酬水平与股票期权激励机会主义行权择时程度之间的倒"U"型关系。研究发现，对于董事会独立性低的样本公司，管理层薪酬水平与机会主义行权择时程度之间存在倒"U"型关系，而在董事会独立性强的样本公司中，二者不存在倒"U"型关系。这说明，董事会独立性弱会强化管理层薪酬水平与机会主义行权择时程度之间存在的倒"U"型关系。董事会独立性弱，意味着公司管理层能够影响董事会的决策，从而能够影响包括管理层薪酬契约的制定和执行在内的公司财务与经营政策，很显然，这为公司管理层实施机会主义择时行为创造了非常有利的条件。此时，公司管理层薪酬水平对机会主义行权择时程度的倒"U"型作用机制，将会得到进一步强化。

第六，董事长与总经理两职兼任会强化管理层薪酬水平与股票期权激励机会主义行权择时程度之间的倒"U"型关系。研究发现，在董事长与总经理两职兼任的样本公司，管理层薪酬水平与机会主义行权择时程度之间存在倒"U"型关系，而在董事长与总经理两职分置的样本公司，二者不存在上述关系。这说明，董事长与总经理两职兼任会强化管理层薪酬水平与机会主义行权择时程度之间的倒"U"型关系。董事长与总经理两职兼任会增强管理层权力（罗进辉等，2016），使得公司管理层更有能力去实施机会主义行权择时行为。因此，董事长与总经理两职兼任，作为外部有利条件，会进一步强化管理层薪酬水平对机会主义行权择时程度的倒"U"型影响。研究还发现，董事长与总经理两职兼任还会强化行权数量与机会主义行权择时程度之间的正相关关系，也就是说，对于董事长与总经理两职兼任的样本公司，每次行权数量越多，管理层实施的机会主义行权择时程度就越严重。

第七，管理层持股比例高会强化管理层薪酬水平与股票期权激励机会主义行权择时程度之间的倒"U"型关系。研究发现，对于管理层持股比例高的样本公司，管理层薪酬水平与机会主义行权择时程度之间存在显著的倒"U"型关系，而在管理层持股比例低的样本公司中，二者间不存在上述关系。这说明，管理层持股比例高会强化管理层薪酬水平与机会主义行权择时程度之间的倒"U"型关系。根据既有文献，管理层持股比例越高往往意味着管理层权力就越大（权小峰等，2010），从而管理层就越有能力去实施机会主义行权择时行为，管理层薪酬水平对机会主义行权择时程度的倒"U"型作用机制就会因为管理层持股比例的提高而得到进一步强化。

第八，市场化程度低会强化管理层薪酬水平与股票期权激励机会主义行权择时程度之间的倒"U"型关系。研究发现，对于所处地区市场化程度低的样本公司，管理层薪酬水平与机会主义行权择时程度之间存在显著的倒"U"型关系，而对于所处地区市场化程度高的样本公司，二者之间不存在倒"U"型关系。这说明，市场化程度低会强化管理层薪酬水平与机会主义行权择时程度之间的倒"U"型关系。在市场化程度低的地区，资源配置不主要依靠市场机制，不论是公司控制权市场还是经理人市场，往往均难以形成约束公司管理层自利行为的外部治理机制。同时，市场化程度低的地区，公司与管理层之间难以缔结市场化导向薪酬契约，管理层的货币薪酬激励相对不足，在这种情况下，货币薪酬水平的边际提高给公司管理层的节税激励就会相对更强，因而机会主义行权择时的动机和程度都会进一步增强。研究还发现，在市场化程度低的地区，国有控股公司管理层实施的机会主义行权择时程度更严重。这说明，市场化程度低会强化国有控股与机会主义行权择时程度之间的正相关关系。国有股东缺位所导致的内部人控制，加上市场化程度低，缺乏来自公司外部治理机制的约束，公司管理层就会实施更加严重的机会主义行权择时程度。

第六章　研究总结与政策启示

本章首先分别从授权和行权两大方面，对股票期权激励机会主义择时研究进行总结，然后根据有关机会主义择时影响因素的研究结果，分别从授权和行权两个维度探究机会主义择时的治理机制。

第一节　机会主义授权择时的研究总结与政策启示

一、机会主义授权择时的研究总结

（一）机会主义授权择时的存在性检验

众所周知，公司管理层通过股票期权激励所获的预期收益，取决于股票期权行权后出售股票的收入减去行权价格后的差额。作为理性经济人，公司管理层本能地具有最大化股票期权激励所获预期收益的激励。而要想最大化股票期权激励所获预期收益，要么最大化股票期权行权后出售股票的收入，要么最小化行权价格。在股票期权激励授予阶段，对于公司管理层来说，股票期权未来行权后的股票价格是不确定的，所以最大化股票期权激励所获预期收益的唯一途径，便是最小化行权价格。根据中国证监会的规定，行权价格的定价基础是股票期权激励计划草案公告日前 1 个交易日股价与前 30 个交易日平均股价的较高者。因此，作为理性经济人，公司管理层在股票期权激励计划授权环节存在为了最小化行权价格而低点择时的动机。由于公司管理层对股票期权激励契约制定和执行过程拥有实质的影响力以及对相关信息披露和应计项目会计处理具有自由裁量权，加之目前公司治理的内部机制和外部制度环境的不健全，缺乏有效的监督体系，使得授权环节机会主义择时行为往往在所难免。

本书以 2006 年 1 月 1 日～2015 年 12 月 31 日期间 A 股上市公司首次股票期权激励草案披露事件为研究对象，对股票期权激励计划草案公告环节是否存在机会主义择时行为进行了大样本实证研究；同时，以 HX 股份有限公司为例进行了案例分析，得到以下研究发现。

首先，股票期权激励计划草案公告日前后累积超额收益率分布符合机会主义低点授权择时的典型特征。股票期权激励计划草案公告日前 30 个和 25 个交易日内的累积平均超额收益率均显著为负，而股票期权激励计划草案公告日后 30 个和 25 个交易日内的累积平均超额收益率均显著为正。这完全符合机会主义低点授权择时所具有的典型累积超额收益率模式特征（耶迈克，1997；厄鲍迪和凯斯尼克，2000）。研究还发现，草案公告日前 30 个、25 个和 15 个交易日累积平均超额收益率，减去草案公告日后 30 个、25 个和 15 个交易日累积平均超额收益率的差额的均值均显著为负；三个窗口期内，草案公告日前的累积平均超额收益率小于草案公告日后的累积平均超额收益率的样本，占总样本的比重均超过 50%。研究结果表明，股票期权激励计划草案公告前，上市公司股价更可能处于最低水平，也就是说，在股票期权激励计划草案推出环节，上市公司管理层存在机会主义低点择时行为。

其次，围绕股票期权激励计划草案公布，存在机会主义选择性信息披露。基于股票期权激励计划草案公告前后最接近一期报告披露，从基于市场反应、季度净利润和净利润增长率增减变动三个方面，对股票期权激励计划草案公告日前后的信息披露特征进行研究的结果表明，在股票期权激励计划草案公布日以前，公司管理层更倾向于披露坏消息；而延迟好消息的披露，股票期权激励计划草案公布日后更可能披露好消息。这说明，为了配合机会主义低点择时行为，公司管理层围绕股票期权激励计划草案公告，实施了机会主义的选择性信息披露。

再次，围绕股票期权激励计划草案公布，存在相机盈余管理行为。股票期权激励计划草案公告前后操控性应计利润分布特征基本上能够说明：在股票期权激励计划草案公告前，上市公司管理层更倾向于减少向上盈余管理，而草案公告后倾向于实施向上盈余管理。因此，上市公司管理层围绕股票期权激励计划草案公告实施一定程度的相机盈余管理，以配合机会主义授权择时和信息披露择时。

最后，在股权激励计划实施后，存在机会主义的股利分配择机推出。基于 HX 公司的案例研究还发现，公司管理层为了最小化股票期权激励计划中的行权价格，以最大化股票期权预期收益，在股权激励计划实施以后会通过择时推出派发现金股利和资本公积金转增股本方案，来调低行权价格，调增股权激励份额，以获取超额利益。

（二）机会主义授权择时的影响因素研究

本书研究表明股票期权激励会诱发公司管理层为了最小化初始行权价格而在公告股票期权激励草案时实施机会主义择时行为，这种机会主义低点择时行为提前锁定了股票期权激励预期收益，降低了股票期权激励的效果，影响了其有效性。那么，什么因素会影响公司管理层实施的机会主义择时行为？会产生怎样的影响？本书以 2006 年 1 月 1 日～2015 年 12 月 31 日期间 A 股上市公司首次公告股票期权激励计划草案的事件为研究对象，用股票期权激励计划草案公告日后 15 个交易日平均累积超额收益减去草案公告日前 15 个交易日平均累积超额收益的差额来衡量机会主义择时程度，对机会主义择时行为的影响因素进行了理论和实证研究，得到以下研究发现。

第一，股票期权激励契约基本要素是影响公司管理层在股票期权激励计划草案推出环节实施机会主义择时行为的基本因素。研究结果表明，公司管理层在股票期权激励计划草案推出环节的机会主义择时程度，会随着股票期权激励方案所设定的激励总强度，以及高管人员激励强度的提高而增强；同时，会随着股票期权激励计划所设定的等待期的增长而趋于严重，随着股票期权激励计划所设定的行权有效期的加长而减弱。激励强度直接决定了公司管理层通过股票期权激励所获预期收益的大小，从而决定了公司管理层实施机会主义择时行为动机的强弱。激励强度越高，机会主义择时动机就越强，进而机会主义择时程度就越严重。股票期权激励方案所设定的激励有效期长短会影响公司管理层通过股票期权激励所获预期收益的风险大小。因为等待期内管理层不能行权，故而等待期越长，公司管理层通过股票期权激励所获预期收益的风险就越大。作为风险厌恶者，公司管理层为了平衡股票期权激励预期收益的风险，实施机会主义低点择时行为的动机就会越强。由于行权有效期内可以分期匀速行权，所以行权有效期越长，管理层行权择机的空间越大，股票期权激励预期收益的风险反而会越小，从而公司管理层实施机会主义择时的动机就会越弱。根据证监会的规定，行权价格的定价基础是股票期权激励草案公告日前 1 个交易日股价与前 30 个交易日平均股价的较高者。公司管理层实施机会主义择时的目的，旨在最小化行权价格，而行权价格正是股票期权激励契约的基本要素之一，因此公司管理层实施机会主义择时行为实质上是为了影响股票期权激励契约要素的设定。也就是说，从更广义角度看，股票期权激励方案推出环节的机会主义择时行为实质上是股票期权激励契约的缔约过程的一部分。本部分研究发现意味着，治理股票期权激励方案推出环节的机会主义择时行为，需要站在股票期权激励契约制定与执行的整体角度，统筹规划，注意股票期权激励契约基本要素之间相互影响，合理搭配股票期权激励契约基本要素之间的关系。

第二，公司治理机制是影响公司管理层在股票期权激励计划草案推出环节实施机会主义择时行为的重要因素。研究发现，相对于非国有控股公司，国有控股公司管理层在股票期权激励计划草案推出环节实施机会主义择时行为的程度更大；董事会独立性越强，公司管理层实施机会主义择时行为的程度就会越小。这说明，公司股权的所有制结构对管理层机会主义择时行为有着重要影响，国有股权所导致的公司治理缺陷为公司管理层实施机会主义择时行为提供了有利条件。研究结果还说明，加强董事会独立性建设，充分发挥董事会监督职能，对于抑制公司管理层机会主义择时行为具有重要意义。研究还发现，股权集中度与公司管理层实施机会主义择时行为的程度之间不存在预期的正相关关系；衡量管理层权力的两个变量（即董事长与总经理是否二职兼任、高管层持股比例）与公司管理层实施机会主义择时行为的程度之间不存在预期的正相关关系。这意味着，尽管第一大股东是股票期权激励契约重要的缔约方，但第一大股东并没有发挥应有的监督公司管理层实施机会主义择时行为的作用，原因也可能在于没有进一步对第一大股东性质作深入分析，因为非国有控股公司第一大股东可能才有激励发挥监督作用。没有发现管理层权力对机会主义择时程度的正向影响可能与公司治理变量之间的相互作用有关，管理层权力大小是相对的，其对机会主义择时程度的作用可能会受董事会独立性的影响，尽管研究设计时已经充分考虑，不过，仍然不能完全排除这种影响。

第三，外部制度环境是影响公司管理层在股票期权激励计划草案推出环节实施机会主义择时行为的不可忽视因素。研究发现，相对于所处地区市场化程度高的公司，所处地区市场化程度低的公司管理层在股票期权激励计划草案推出环节实施机会主义择时行为的程度会更严重。市场化程度低，不仅会强化国有控股与机会主义择时行为之间的正相关关系，而且会强化董事会独立性对机会主义择时程度的负向影响，同时，市场化程度低会强化股票期权激励强度与公司管理层机会主义择时程度之间的正相关关系。这说明，低市场化程度这一外部制度环境是影响公司管理层在股票期权激励计划草案推出环节实施机会主义择时程度的一个比较重要因素。市场化程度低的地区，公司控制权市场和经理人市场等公司外部治理机制和制度因素难以成为制约公司管理层机会主义行为的力量，使得公司管理层实施机会主义择时行为的程度会增加；同时，市场化程度低还会通过影响其他公司治理机制，进而强化公司内部治理机制和股票期权激励基本要素因素对公司管理层机会主义择时程度的影响。

二、机会主义授权择时的治理机制研究

上市公司管理层在股票期权激励计划草案推出环节实施机会主义择时行为，通过最小化初始行权价格，提前锁定了部分股票期权激励所获预期收益，降低了股票期权激励应有的激励作用，从初始设计环节减弱了股票期权激励契约的有效性。同时，围绕机会主义授权择时所进行的选择性信息披露和相机盈余管理，不仅干扰了公司正常的财务和经营活动，而且扭曲了市场预期和公司股价。如何治理这种机会主义授权择时行为？根据本书关于机会主义授权择时影响因素的研究结果，我们认为应该从完善股票期权激励契约制定、强化信息披露监管、健全内外部公司治理机制等方面着手，具体如下所述。

（一）优化激励契约基本要素组合，提升股票期权激励契约设计有效性

本书研究结果表明，股票期权激励契约基本要素是影响公司管理层在股票期权激励计划草案推出环节实施机会主义择时行为的基本因素。公司管理层机会主义授权择时程度会随着股票期权激励方案所设定的激励总强度和高管人员激励强度的提高而增强；同时，会随着股票期权激励计划中行权等待期的增长而趋于严重，随着行权有效期的加长而减弱。由此可见，股票期权激励契约中基本要素的设定对管理层机会主义授权择时程度有着不同的影响。激励强度高、行权等待期长会强化公司管理层实施机会主义择时的激励，而行权有效期长会弱化管理层实施机会主义择时的激励。这意味着，为了抑制管理层机会主义授权择时程度，在设计股票期权激励契约时，应当注意股票期权激励契约基本要素设定的不同影响，合理组合股票期权激励计划的基本要素。由于完全消除机会主义授权择时是不可能的，我们可以通过激励强度、高管层激励强度、行权等待期、行权有效期等基本要素的不同搭配组合，将管理层机会主义授权择时程度控制在可接受的范围内。例如，当我们想提高高管层激励强度时，为了平衡可能的机会主义择时程度，可以适当延长行权有效期，或者缩短行权等待期，等等。此外，公司管理层实施机会主义授权择时的目的，是为了最小化股票期权激励契约中的行权价格，从而最大化股票期权激励所获预期收益，最终实现个人效用最大化。如果股票期权激励契约设计是有效的，那么其应该是

激励相容的，应该能够给公司管理层带来最大化个人效用，此时，公司管理层应该没有多少机会主义择时动机。只有在股票期权激励契约设计没有达到最优时，管理层才更有动机实施机会主义授权择时，以最大化个人效用。因此，抑制管理层机会主义授权择时程度最根本的办法是，提升股票期权激励契约整体的设计有效性。这就要求，为了抑制管理层机会主义授权择时程度，不仅要关注本书研究发现的影响机会主义授权择时程度的激励契约基本要素，而且还应该考虑其他股票期权激励要素对整个股票期权激励计划设计有效性的影响。

（二）建立专项信息披露制度，加强相机盈余管理的监控

根据本书研究，公司管理层在股票期权激励计划草案推出环节实施机会主义择时行为主要通过三种方式：股票期权激励计划草案公告日的机会主义择时、围绕股票期权激励计划草案公告实施选择性信息披露、围绕股票期权激励计划草案公告实施相机盈余管理。上述三种方式的运用，离不开信息披露及相机盈余管理。因此，治理公司管理层在股票期权激励计划草案推出环节的机会主义择时行为，应该抓住信息披露及相机盈余管理这一"牛鼻子"。对于实施股票期权激励计划的公司，有必要针对股票期权激励计划草案推出环节制定专项信息披露制度和应计项目会计政策，并建立执行和监督机制，明确执行与监督主体，强化执行与监督力度。股票期权激励计划草案推出环节的专项信息披露制度，应该对股票期权激励计划草案公告日前一定时间窗口内的坏消息披露作出适当限制，或者对重要信息披露后一定时间窗口内的股票期权激励计划草案公告作出限制。股票期权激励计划草案推出环节的专项应计项目会计政策，应当对股票期权激励计划草案公告日前一定时间窗口内的重要应计项目会计处理作出适当的限制，特别是巨额资产冲销、重大会计差错更正等。同时，要明确董事会下属审计专门委员会的监督职责，加强对股票期权激励计划草案推出环节的专项信息披露制度和应计项目会计政策执行情况的监督。此外，还应该充分发挥公司监事会在股票期权激励计划草案推出环节的专项信息披露制度和应计项目会计政策执行中的监督作用。通过上述对股票期权激励计划草案公告日前后选择性信息披露和相机盈余管理的治理，降低公司管理层机会主义授权择时程度。

（三）强化董事会的独立性，实化专门委员会的监督职责

根据机会主义授权择时的影响因素研究结果，董事会独立性越强，公司管

理层在股票期权激励计划草案推出环节实施机会主义择时行为的程度就越小。这说明，加强董事会独立性建设，强化董事会监督职能，对于抑制公司管理层机会主义授权择时行为具有十分重要的作用。那么，应该如何强化董事会的独立性？让独立董事真正发挥应有的功能是一个重要途径。要想使独立董事真正发挥应有的功能，不仅需要独立董事在董事会中占据一定规模比例，更重要的是，要通过制度创新让独立董事真正肩负起应有的职责。现阶段，我国上市公司都已按照要求建立了独立董事制度，但是由于选聘程序的局限性，独立董事很难做到真正的独立，从而难以充分发挥应有作用。因此，有必要改变目前我国上市公司独立董事大多由公司管理层选聘的局面，创新独立董事选聘程序，由中小股东或代表中小股东的部门来选聘独立董事，并且独立董事津贴由公司以外的渠道解决，这样，才能保证独立董事的独立性，真正发挥其监督和治理功能。当独立董事的独立性强化了以后，董事会下属薪酬与考核委员会和审计委员会等专门委员会的职责也就可以得到实化、硬化和具体化，从而可以发挥对管理层薪酬激励契约的制定与执行、授权环节专项信息披露和相机盈余管理等方面的监督作用。

（四）深化国有控股公司混合所有制改革，克制内部人控制

本书关于机会主义授权择时程度的影响因素研究结果表明，相对于非国有控股公司，国有控股公司管理层在股票期权激励计划草案推出环节实施机会主义择时行为的程度更严重。这说明，公司股权的所有制结构对管理层机会主义授权择时行为有着重要影响，国有股权所导致的内部人控制为公司管理层在股票期权激励计划草案推出环节实施机会主义择时行为提供了便利条件，降低了公司管理层实施机会主义授权择时行为的成本。解决的办法是，进一步深化国有控股公司混合所有制改革，实现股权结构多元化，通过股权适当制衡来克制内部人控制。特别是对于国有股权比例比较高的公司，需要通过引进战略投资者、实行员工持股计划等多种手段，实现混合所有制改革，以缓解所有者缺位、控制内部人控制。同时，通过实行员工持股计划，给予公司普通员工股权激励，提升普通员工的主人翁意识，这样不仅可以激励全体员工更加努力工作，还能够增强对公司管理层监督的意识。

（五）持续推进市场化改革，优化公司治理外部环境

本书研究结果表明，相对于所处地区市场化程度高的公司，所处地区市场化程度低的公司管理层实施机会主义授权择时行为的程度会更加严重；市场化

程度低，不仅会强化股票期权激励强度与机会主义择时行为之间的正相关关系，还会强化国有控股与机会主义择时行为之间的正相关关系，强化董事会独立性对机会主义择时程度的负向影响。这说明，市场化程度发育不完善，是诱发公司管理层在股票期权激励计划草案推出环节实施机会主义择时行为的重要外部制度环境因素。可见，持续推进市场化改革，不断提升市场机制在资源配置中的主导作用，对于治理机会主义授权择时行为具有十分重要的意义。公司控制权市场和经理人市场等外部制度环境也是重要的公司治理机制，能够与公司治理内部机制一起共同发挥对公司管理层机会主义行为的制约作用。特别是在公司治理内部机制难以有效的情况下，这些公司治理外部机制往往会成为约束公司管理层败德行为的治理力量。市场化改革是一个系统工程，除了公司控制权市场和经理人市场外，能够发挥外部治理机制作用的还包括资本市场、产品市场、法制环境、新闻媒体等诸多方面，都需要遵循市场经济的规律进行改革和发展。

第二节　机会主义行权择时的研究总结与政策启示

一、机会主义行权择时的研究总结

（一）机会主义行权择时的存在性研究

根据财政部和国家税务总局的相关规定，上市公司管理层获授股票期权，在行权时应按照行权日股价与所支付的行权价之间的差额以"工资、薪金所得"适用的规定计缴个人所得税。然而，根据中国证监会 2006 年《上市公司股权激励管理办法》的规定，公司管理层行权后所获股票在随后的至少半年内不能出售，这意味着，在股票期权行权时，公司管理层需要为行权价格支付大量现金，但却因不能出售股票而没有现金收入，个人财务负担在行权时陡然增大。很显然，作为理性经济人，公司管理层在行权环节具有基于节税的机会主义低点行权择时的强烈动机，而股票期权激励实施过程的复杂性以及我国目前上市公司治理机制的弱化，为这种机会主义行权择时行为提供了有利条件。

本书以 2006 年 1 月 1 日~2015 年 12 月 31 日期间已经公告股票期权激励计划并进行集中行权的上市公司为研究对象，对股票期权行权环节是否存在机会主义低点择时行为进行了大样本实证检验；同时，以 NY 实业集团股份有限公司为例，进行了案例研究，得到以下研究发现。

第一，股票期权行权日前后累积超额收益率分布符合机会主义低点行权择时的典型特征。通过对股票期权行权日前后累积超额收益分布特征的分析，我们发现，股票期权行权日前后 30 个、20 个和 10 个交易日的窗口期内，累积超额收益率呈现 U 型走势，即在行权日前逐渐下降，到行权日达最低点，然后在行权日之后又开始逐步上升；并且股票期权行权日前三个窗口期内的累积平均超额收益率显著为负，股票期权行权日后三个窗口期内的累积平均超额收益率（从行权日后第 1 个交易日开始累积）显著为正。尤其是，在行权日前后 10 个交易日的较短窗口期内，行权日前平均超额收益率显著为负，而行权日后平均超额收益率显著为正。这一行权日前后超额收益率的走势符合机会主义低点行权择时所具备的典型超额收益率模式特征（厄鲍迪等，2008；萨瑟若，2009）。基于单个行权样本的股票期权行权日前后平均超额收益率的差额比较分析还发现，行权日前三个窗口期内的平均超额收益率，减去行权日后三个窗口期内平均超额收益率的差额的均值均显著为负；在行权日前后三个窗口期内，行权日前的平均超额收益率小于行权日后的平均超额收益率的样本，占总样本的比重均超过 50%。这说明，在总样本中，大多数行权样本公司在行权日前平均超额收益率显著为负，并且小于行权日后平均超额收益率。也就是说，在行权日，大部分样本公司的股价处于最低点。研究结果表明，基于节税动因，上市公司管理层在股票期权行权环节存在机会主义低点择时行为。

第二，围绕股票期权行权，存在机会主义选择性信息披露。基于股票期权行权日前后最近一期报告披露，从季度净利润增减变动和净利润增长率增减变动两个维度对信息披露特征进行界定，本书对股票期权行权日前后的信息披露特征进行了研究。研究结果表明，在股票期权行权日以前，公司管理层更倾向于披露坏消息，延迟好消息的披露，而股票期权行权日后更可能披露好消息。这说明，为了达到在公司股价低点时行权的目的，公司管理层除了通过综合研判公司内外部情况，择机在股价较低时行权外，还会利用自身对公司信息披露所具有的自由裁量权，通过围绕股票期权行权进行选择性的信息披露，有目的地影响市场预期，从而抑制行权日股价。也就是说，为了配合机会主义低点行权择时行为，公司管理层会围绕股票期权行权实施机会主义的选择性信息披露。

第三，围绕股票期权行权，存在相机盈余管理行为。基于股票期权行权日前后最近一期披露的季报，我们估算了行权日前后季度操控性应计利润。研究发现，股票期权行权前后季度操控性应计利润呈现 V 型走势，即在股票期权行权前，季度操控性应计利润陡然下降，而行权日后，季度操控性应计利润又迅速上升。这表明，在股票期权行权前，上市公司管理层更倾向于减少向上盈余管理，而行权后倾向于增加向上盈余管理程度。在行权前，减少向上盈余管理可以配合行权前披露坏消息这一选择性信息披露行为，以消极地影响市场预期，从而达到在股价低点时行权的目的。因此，对股票期权行权前后盈余管理特征的分析说明，上市公司管理层会围绕股票期权行权实施一定程度的相机盈余管理行为，以配合机会主义低点行权择时和信息披露择时。

第四，机会主义行权择时行为能够给公司管理层带来十分显著的节税效应。基于 NY 公司的案例研究，我们还发现，公司管理层上述机会主义低点行权择时能够给公司管理层带来巨额的节税利益，具有非常显著的节税效应。

上述所有证据均表明，总体上我国上市公司管理层在行权时存在基于节税动因的机会主义低点择时行为。公司管理层通过机会主义低点行权择时，最小化行权环节的个人所得税赋，从而最大化股票期权预期利益。

(二) 机会主义行权择时的影响因素研究

本书以 2006 年 1 月 1 日～2015 年 12 月 31 日期间实行股票期权激励计划并且激励对象进行了集中行权的上市公司为研究对象，运用大样本实证研究方法，从公司治理机制和外部制度环境层面，对股票期权激励机会主义行权择时程度的影响因素展开了理论分析与实证研究，得到以下研究发现。

第一，管理层薪酬水平通过节税激励对股票期权激励机会主义行权择时程度具有倒 "U" 型关系的影响。在管理层薪酬水平尚未达到拐点之前，股票期权激励机会主义行权择时程度会随着管理层薪酬水平的增加而加深，但在管理层薪酬水平超过拐点之后，股票期权激励机会主义行权择时程度则会随着管理层薪酬水平的进一步增加而减弱。研究表明，工薪个人所得税率的超额累进效应和边际效用递减规律导致了管理层薪酬水平与股票期权激励机会主义行权择时程度之间的倒 "U" 型关系。一方面，管理层的节税激励会受到超额累进税率效应的影响。根据税法规定，45% 税率之前，工薪边际个人所得税率是递增的，而 45% 税率之后，工薪边际个人所得税率维持不变。这意味着，在 45% 税率之前，管理层薪酬水平的边际增加会导致税额的更大幅度增加，故而管理层的节税激励会随着薪酬水平的提高而增强，管理层实施的机会主义行权择时程度也会随着薪酬水平的增加而加深；而在 45% 税率之后，管理层薪酬水平的边际增加并不会导致税额的更大幅度增加，故而管理层的节税激励将会有所减弱，管理层实施的机会主义行权择时程度也会随之减弱。另一方面，管理层的节税激励还会受到边际效用递减规律的影响。当薪酬水平不高时，节税利益的边际增加会给管理层带来边际效用的更大幅度增加，故而管理层节税激励会随着其薪酬水平的增加而增强；但管理层薪酬已经达到非常高水平之后，节税利益的边际增加给其带来的边际效用将会递减，从而其节税激励也将递减，其实施的机会主义行权择时程度也会随着薪酬水平的进一步增加而递减。由此可见，管理层的节税激励会因为超额累进税率效应和边际效用递减规律的共同作用，而表现出随着管理层薪酬水平的增加，先增强后减弱的关系，最终导致管理层薪酬水平与股票期权激励机会主义行权择时程度之间呈现出倒"U"型关系。

第二，每次行权数量多会强化管理层薪酬水平与股票期权激励机会主义行权择时程度之间所存在的倒"U"型关系。研究发现，在每次行权数量多的样本公司中，管理层薪酬水平与机会主义行权择时程度之间存在倒"U"型关系，而在每次行权数量少的样本公司中，二者不存在上述关系。这说明，每次行权数量多会强化管理层薪酬水平与机会主义行权择时程度之间所存在的倒"U"型关系。行权股票期权增加了公司管理层的薪酬总收入，股票期权行权会通过增加公司管理层的总薪酬水平，而对公司管理层实施的机会主义行权择时程度产生更加严重的倒"U"型关系影响。当管理层薪酬水平尚未达到相当高的拐点之前，每次行权数量多会在超额累积税率效应和边际效用递减规律共同作用下，进一步增强公司管理层的节税激励，从而进一步增强管理层实施的机会主义行权择时程度；当管理层薪酬水平已经达到很高水平之后，行权所带来的薪酬总收入的边际增加，在超额累积税率效应和边际效用递减规律共同作用下，反而会进一步弱化管理层的节税激励，从而进一步减弱管理层实施的机会主义行权择时程度。

第三，国有产权会加重公司管理层在股票期权行权环节实施的机会主义择时程度。研究发现，相对于非国有控股公司，国有控股公司管理层实施的机会主义行权择时程度更大。国有股东缺位所导致的内部人控制，为国有控股公司管理层实施机会主义行权择时提供了有利条件。同时，由于政府管制，国有控股公司管理层的薪酬往往缺乏薪酬业绩敏感性，并且绝对数量要比非国有控股公司低，因此，国有控股公司管理层基于节税激励而实施机会主义行权择时的动机和程度都会更强。研究还发现，在董事会独立性较弱的公司，国有控股与机会主义行权择时程度之间存在正相关关系，也就是说，在国有控股公司，如果董事会不能发挥应用的治理功能，会导致更加严重的公司管理层机会主义行权择时行为。

第四，股权集中度低会强化管理层薪酬水平与股票期权激励机会主义行权择时程度之间的倒"U"型关系。研究发现，对于股权集中度低的样本公司，管理层薪酬水平与机会主义行权择时程度之间存在倒"U"型关系，而在股权集中度高的样本公司中，两者不存在倒"U"型关系。这说明，股权集中度低会强化管理层薪酬水平与机会主义行权择时程度之间的倒"U"型关系。股权集中度低，大股东往往缺乏监督管理层的积极性，公司管理层就会拥有较大的自利主义行为空间，从而在薪酬水平较低时，管理层不仅有强烈的内在激励而且更拥有便利的外部条件去实施机会主义行权择时行为，因而机会主义行权择时程度就会更加严重；而当薪酬水平已经处于相对高水平的时候，尽管没有来自大股东的监督而拥有较大的机会主义行为空间，但管理层的节税激励却因超额累进税率效应和边际效用递减规律而大为减弱，故而其实施机会主义行权择时的动机和程度都会减弱。研究还发现，在股权集中度低的样本公司中，每次行权数量越多，公司管理层实施的机会主义行权择时程度就越严重，而这种情况在股权集中度高的样本公司中并不存在，这说明，股权集中度低会强化每次行权数量与机会主义行权择时程度之间的正相关关系。

第五，董事会独立性弱会强化管理层薪酬水平与股票期权激励机会主义行权择时程度之间的倒"U"型关系。研究发现，对于董事会独立性低的样本公司，管理层薪酬水平与机会主义行权择时程度之间存在倒"U"型关系，而在董事会独立性强的样本公司中，二者不存在倒"U"型关系。这说明，董事会独立性弱会强化管理层薪酬水平与机会主义行权择时程度之间存在的倒"U"型关系。董事会独立性弱，意味着公司管理层能够影响董事会的决策，从而能够影响包括管理层薪酬契约的制定和执行在内的公司财务与经营政策，很显然，这为公司管理层实施机会主义择时行为创造了非常有利的条件。此时，公司管理层薪酬水平对机会主义行权择时程度的倒"U"型作用机制，将会得到进一步强化。

第六，董事长与总经理两职兼任会强化管理层薪酬水平与股票期权激励机会主义行权择时程度之间的倒"U"型关系。研究发现，在董事长与总经理两职兼任的样本公司，管理层薪酬水平与机会主义行权择时程度之间存在倒"U"型关系，而在董事长与总经理两职分置的样本公司，二者不存在上述关系。这说明，董事长与总经理两职兼任会强化管理层薪酬水平与机会主义行权择时程度之间的倒"U"型关系。董事长与总经理两职兼任会增强管理层权力（罗进辉等，2016），使得公司管理层更有能力去实施机会主义行权择时行为。

因此，董事长与总经理两职兼任，作为外部有利条件，会进一步强化管理层薪酬水平对机会主义行权择时程度的倒"U"型影响。研究还发现，董事长与总经理两职兼任还会强化行权数量与机会主义行权择时程度之间的正相关关系，也就是说，对于董事长与总经理两职兼任的样本公司，每次行权数量越多，管理层实施的机会主义行权择时程度就越严重。

第七，管理层持股比例高会强化管理层薪酬水平与股票期权激励机会主义行权择时程度之间的倒"U"型关系。研究发现，对于管理层持股比例高的样本公司，管理层薪酬水平与机会主义行权择时程度之间存在显著的倒"U"型关系，而在管理层持股比例低的样本公司中，二者间不存在上述关系。这说明，管理层持股比例高会强化管理层薪酬水平与机会主义行权择时程度之间的倒"U"型关系。根据既有文献，管理层持股比例越高往往意味着管理层权力就越大（权小峰等，2010），从而管理层就越有能力去实施机会主义行权择时行为，管理层薪酬水平对机会主义行权择时程度的倒"U"型作用机制就会因为管理层持股比例的提高而得到进一步强化。

第八，市场化程度低会强化管理层薪酬水平与股票期权激励机会主义行权择时程度之间的倒"U"型关系。研究发现，对于所处地区市场化程度低的样本公司，管理层薪酬水平与机会主义行权择时程度之间存在显著的倒"U"型关系，而对于所处地区市场化程度高的样本公司，二者之间不存在倒"U"型关系。这说明，市场化程度低会强化管理层薪酬水平与机会主义行权择时程度之间的倒"U"型关系。在市场化程度低的地区，资源配置不主要依靠市场机制，不论是公司控制权市场还是经理人市场，往往均难以形成约束公司管理层自利行为的外部治理机制。同时，市场化程度低的地区，公司与管理层之间难以缔结市场化导向薪酬契约，管理层的货币薪酬激励相对不足，在这种情况下，货币薪酬水平的边际提高给公司管理层的节税激励就会相对更强，因而机会主义行权择时的动机和程度都会进一步增强。研究还发现，在市场化程度低的地区，国有控股公司管理层实施的机会主义行权择时程度更严重。这说明，市场化程度低会强化国有控股与机会主义行权择时程度之间的正相关关系。国有股东缺位所导致的内部人控制，加上市场化程度低，缺乏来自公司外部治理机制的约束，公司管理层就会实施更加严重的机会主义行权择时程度。

二、机会主义行权择时的治理机制研究

在股票期权激励行权环节，公司管理层为了最小化个人所得税，会实施机

会主义低点择时行为，择机在公司股价低的时候行权；并且围绕机会主义低点行权择时，公司管理层还会利用自身对公司财务与经营政策的控制权力，实施选择性信息披露和相机盈余管理。机会主义行权择时，特别是选择性信息披露和相机盈余管理行为，严重干扰了公司正常的财务和经营活动，对投资者预期和公司股价也会产生负面影响。如何治理机会主义行权择时行为？基于本研究对机会主义行权择时行为的影响因素研究结果，我们认为应该从以下几个方面展开。

（一）合理确定管理层薪酬水平，制定激励相容的管理层薪酬契约

根据机会主义行权择时行为的影响因素研究结果，管理层薪酬水平是影响机会主义行权择时程度的重要甚至是根本因素，它会通过节税激励而对公司管理层机会主义行权择时程度产生倒"U"型的非线性影响。在管理层薪酬处于较低水平的时候，其节税激励最强，机会主义行权择时程度最严重。只有当管理层薪酬水平达到倒"U"型拐点之后，其节税激励才会减弱，机会主义行权择时程度也才会下降。管理层薪酬水平较低，达不到其期望水平，意味着薪酬契约不能实现管理层效用最大化，管理层会有机会主义择时动机；当然，管理层薪酬水平过高，虽然有助于降低其机会主义择时动机，但对于股东而言，可能成本过高。因此，在倒"U"型拐点的管理层薪酬水平才会实现各方利益均衡，从而最小化机会主义行权择时程度。从本研究关于机会主义行权择时存在性检验中，我们知道，大多数行权公司存在机会主义行权择时行为，这说明，我国现阶段上市公司管理层薪酬水平总体而言处于没有达到倒"U"型拐点的偏低水平，没有达到激励相容的最优水平。为了抑制机会主义行权择时行为动机，有必要进一步提高管理层薪酬契约的有效性，优化管理层薪酬水平。对于国有控股公司，应该大力推行市场化薪酬制度改革，切实增强管理层薪酬业绩敏感性。同时，股票期权激励行权环节机会主义行为受到管理层货币薪酬水平影响这一研究结果，告诉我们，设计激励相容的管理层薪酬契约，需要统筹不同薪酬组合形式，优化管理层薪酬结构，注意货币薪酬激励与非货币性激励（如职位激励、精神激励等）的搭配、短期激励与长期激励的结合、显性激励与隐性激励的协调。

（二）制定合理的股票期权行权频数，规范股票期权激励计划行权实施程序

机会主义行权择时行为的影响因素研究结果表明，每次行权数量多会强化

管理层薪酬水平与机会主义行权择时程度之间的倒"U"型关系，特别是在管理层薪酬水平处于较低阶段时，每次行权数量越多，机会主义行权择时程度越严重。因此，在制订股票期权激励计划时，要合理确定行权有效期以及行权进度。在总可行权数量既定的情况下，适当增加可行权频次，减少每次可行权数量，从而在一定程度上减弱公司管理层实施机会主义择时的动机。同时，需要规范股票期权激励计划行权阶段的实施程序。股票期权行权涉及股票发行或转让、股款缴存、股权登记、股票上市等诸多环节，实施程序比较复杂，交由专业机构代理可以节省公司管理层的时间和精力，然而管理层集中行权模式容易增强其机会主义信息披露择时及相机盈余管理的能力。因此，应该规范股票期权激励计划行权实施程序，完善集中行权模式，适当增加自主行权模式。对于同一个公司，也可以根据行权批次和行权对象等不同情况，同时采用集中行权和自主行权两种模式。这样，既可以克服集中行权模式可能引发的问题，还可以起到相互制约的作用。

（三）完善专项信息披露制度，加强相机盈余管理的监督

根据本书研究，机会主义行权择时的主要危害是，公司管理层利用自身对公司的控制权力，围绕机会主义行权择时，实施选择性信息披露和相机盈余管理，这不仅会误导投资者预期、影响公司股价，还会干扰公司正常的财务和经营活动。因此，对于实施股票期权激励计划的公司，有必要针对股票期权行权制定专项信息披露制度和应计项目会计政策，并建立执行和监督机制，明确执行与监督主体，强化执行与监督力度。股票期权行权专项信息披露制度应该对行权日前一定时间窗口内的坏消息披露作出适当限制，或者对重要信息披露后一定时间窗口内的股票期权行权作出限制。股票期权行权专项应计项目会计政策应当对行权日前一定时间窗口内的重要应计项目会计处理作出适当的限制，特别是巨额资产冲销、重大会计差错更正等。同时，要明确董事会下属审计专门委员会的监督职责，加强对股票期权行权专项信息披露制度和应计项目会计政策执行的监督。此外，还应该充分发挥公司监事会在专项信息披露制度和应计项目会计政策执行中的监督作用。通过上述对行权日前后选择性信息披露和相机盈余管理的治理，降低机会主义行权择时程度。

（四）强化董事会的独立性，实化专门委员会的监督职责

根据机会主义行权择时的影响因素研究结果，董事会独立性弱会强化管理层薪酬水平与股票期权激励机会主义行权择时程度之间的倒"U"型关系。在

董事会独立性较弱的公司，当管理层薪酬水平相对不高时，机会主义行权择时程度会更加严重。研究结果还表明，董事长与总经理两职兼任，以及管理层持股比例高都会强化管理层薪酬水平与机会主义行权择时程度之间的倒"U"型关系，也就是说，在管理层权力大的公司，当管理层薪酬水平相对较低时，实施的机会主义行权择时程度会更加严重。研究结果说明，强化董事会的独立性，限制管理层权力，对于抑制机会主义行权择时程度具有非常重要的作用。实际上，强化董事会的独立性与限制管理层权力是一个问题的两个方面，董事会独立性增强必然会抑制公司管理层的权力，正是管理层具有不受约束的权力才使得董事会独立性遭到削弱。如何强化董事会的独立性？让独立董事真正发挥作用，是一个重要途径。要想使独立董事真正发挥应有的作用，不仅需要在董事会中让独立董事占据一定的数量规模，更重要的是，通过制度创新让独立董事真正肩负起应有的职责。目前，我国上市公司都已按照要求建立了独立董事制度，但是由于选聘程序的局限性，独立董事很难做到对公司管理层的独立，从而不能充分发挥应有作用。因此，有必要改变现阶段独立董事大多由公司管理层选聘的局面，创新独立董事选聘程序，由中小股东或代表中小股东的机构来选聘独立董事，并由专门组建的独立基金支付独董津贴，这样，才能保证独立董事的独立性，真正发挥其监督和治理作用。当独立董事的独立性强化了以后，董事会下属薪酬与考核委员会和审计委员会等专门委员会的职责也就可以得到实化、硬化和具体化，从而可以发挥对管理层薪酬激励契约的制定与执行、行权专项信息披露和相机盈余管理等方面的监督作用。此外，增强董事会的独立性，还应该合理配置公司管理层的权力结构，适当分置董事长与总经理职位，尽量避免董事长与总经理二职由同一人兼任。根据我们的研究结果，董事长与总经理二职兼任，更可能加剧股票期权行权环节的机会主义择时程度。

（五）深化国有控股公司混合所有制改革，克制内部人控制

本书有关机会主义行权择时程度的影响因素研究结果表明，相对于非国有控股公司，国有控股公司管理层实施的机会主义行权择时程度更深。而且，对于董事会独立性较弱，以及所处地区市场化程度低的国有控股公司，其管理层实施的机会主义行权择时程度更严重。国有控股公司管理层机会主义行权择时程度更严重的主要原因是，国有股东缺位及其所导致的内部人控制。解决的办法是，进一步深化国有控股公司混合所有制改革，实现股权结构多元化，通过股权适当制衡，来克制内部人控制。特别是对于国有股权比例比较高的公司，需要通过引进战略投资者、实行员工持股计划等多种手段，实现混合所有制改

革，以缓解所有者缺位、控制内部人控制。同时，通过实行员工持股计划，给予公司普通员工股权激励，提升普通员工的主人翁意识，不仅可以激励全体员工更加努力工作，还能够增强对公司管理层监督的意识。

（六）优化公司股权结构，改善公司治理内部环境

我们的研究结果表明，股权集中度低会强化管理层薪酬水平与机会主义行权择时程度之间的倒"U"型关系。在股权集中度低的公司中，当管理层薪酬水平较低时，机会主义行权择时程度会更加严重，这意味着，公司股权结构过于分散，不利于激励大股东发挥治理功能，难以抑制管理层权力的膨胀，最终会加剧股票期权行权环节机会主义择时程度。因此，对于股权集中度较低的公司，应该通过定向增发或控制权市场等多种方式，适当提升股权集中度，通过改善公司治理内部环境，限制公司管理层在行权环节实施的机会主义择时程度。

（七）持续推进市场化改革，优化公司治理外部环境

本书研究结果表明，市场化程度低会强化管理层薪酬水平与机会主义行权择时程度之间的倒"U"型关系，也就是说，对于所处地区市场化程度低的公司，在管理层薪酬水平尚不高的时候，股票期权行权环节的机会主义择时程度会更加严重；而且市场化程度低还会强化国有控股与机会主义行权择时程度之间的正相关关系。可见，持续推进市场化改革，不断提升市场机制在资源配置的主导作用，对于治理机会主义行权择时行为具有重要意义。公司控制权市场和经理人市场等外部制度环境也是重要的公司治理机制，能够与公司治理内部机制一起共同发挥对公司管理层机会主义行为的制约作用。特别是在公司治理内部机制难以有效的情况下，这些公司治理外部机制往往会成为约束公司管理层败德行为的治理力量。市场化改革是一个系统工程，除了公司控制权市场和经理人市场外，能够发挥外部治理机制作用的还包括资本市场、产品市场、法制环境、新闻媒体等诸多方面，都需要遵循市场经济的规律进行改革和发展。

第三节　研究局限与未来展望

一、围绕股票期权授权和行权的选择性信息披露择时研究局限

围绕股票期权授权和行权的选择性信息披露择时大样本实证研究，在界定

信息披露的好、坏性质时，本书是基于股票期权激励计划草案公告日（和行权日）前后最接近的一期季报披露信息来判断的，并且从基于市场反应、季度净利润和净利润增长率增减变动三个方面，提供了同比、环比等多口径的指标加以判别。众所周知，公司信息披露既包括定期报告也包括临时公告，定期报告的披露时间有一定区间限制，临时公告披露时间限制相对较少。季度报告是公司全部信息披露集合的一部分，而且属于定期报告。从信息披露择时策略角度，公司管理层可能会综合利用多种信息披露形式，而不一定只选择季度报告披露，因此，本书只以季度报告为基础来界定好消息和坏消息，进而研究选择性信息披露择时，可能不一定能够揭示选择性信息披露择时的全貌。尽管我们在研究典型公司案例时，同时考察了其他重大临时性公告披露的情形，但在大样本实证研究中，因为数据收集工作量太大并且存在信息公告性质判断等问题，而没有同时考虑其他信息披露形式，这使得本书关于围绕股票期权授权和行权的选择性信息披露择时大样本实证研究存在一定的局限性。如何将其他信息披露形式纳入围绕股票期权授权和行权的选择性信息披露择时大样本实证研究，成为未来进一步研究的方向。

二、围绕股票期权授权和行权的相机盈余管理研究局限

围绕股票期权授权和行权的相机盈余管理大样本实证研究，在计量盈余管理程度时，本书采用经过行业调整的截面 Jones 模型和经过行业调整的截面修正的 Jones 模型，来估算样本公司股票期权激励计划草案公告日（和行权日）前后最接近的季度操控性应计利润，并以此来计量季度盈余管理程度。我们知道，盈余管理方式除了操控性应计项目盈余管理以外，还有真实活动盈余管理，前者是公司管理层利用应计项目的自由裁量权所实施的盈余管理，后者是公司管理层利用其对公司经营和管理活动的控制权所进行的盈余管理行为。应计项目盈余管理不改变现金流，成本较低，但不够隐蔽；而真实活动盈余管理会改变现金流量分布，成本较高，但较为隐蔽。现实中，公司管理层为了达到目的，可能会综合运用应计项目盈余管理和真实活动盈余管理两种方式。本书在大样本实证研究围绕股票期权授权和行权的相机盈余管理时，出于保证行权样本规模和数据整理工作量的考虑，只考察了应计项目盈余管理，没有同时考虑真实活动盈余管理情况。尽管我们在研究典型公司案例时，同时考察了真实活动盈余管理的情形，但在大样本实证研究中，没有同时考察真实活动盈余管理的综合运用，使得本书有关围绕股票期权授权和行权的相机盈余管理大样本

实证研究存在一定的局限性。如何将真实活动盈余管理同时纳入围绕股票期权授权和行权的相机盈余管理大样本实证研究，成为未来进一步研究的内容。

三、研究样本只包括股票期权激励的研究局限

本书在研究股权激励机会主义择时问题时，只选择股票期权激励作为研究样本，所得出的研究结论也是基于股票期权激励的研究。从前文第三章股权激励现状考察可知，我国上市公司股权激励模式有股票期权、限制性股票和股票增值权三种模式，其中，股票期权和限制性股票是最主要的激励模式，而在股票期权和限制性股票两种激励模式中，又以股票期权较为主流，特别是在2013 年及以前。同时，从2006 年中国证监会出台《上市公司股权激励管理办法（试行）》开始，股票期权激励行权价格就被规定最低定价基准，即不得低于股权激励计划草案摘要公布前1 个交易日公司股价与前30 个交易日公司平均股价的较高者，这说明，股票期权激励更可能诱发公司管理层基于最小化行权价格的机会主义授权择时行为。基于以上两个原因，我们选择了股票期权激励作为样本，研究股权激励机会主义择时问题。然而，我们也应注意到，限制性股票也是我国上市公司偏好的一种激励模式，甚至在2013 年以后授予次数超过了股票期权。因此，本书以股票期权激励作为研究对象，来研究股权激励机会主义择时，可能不一定完全揭示限制性股票激励模式的情况。限制性股票激励中的机会主义择时有无特殊性，有待未来进一步研究。

参 考 文 献

[1] Aboody, D. , Hughes, J. , Liu, J. , and Su, W. Are executive stock option exercises driven by private information? [J]. Review of Accounting Studies, 2008 (13).

[2] Aboody, D. , and Kasznik, R. CEO stock option awards and the timing of corporate voluntary disclosures [J]. Journal of Accounting and Economics, 2000 (29).

[3] Albuquerque , R. , Miao , J. . CEO power, compensation , and governance [J]. Annals of Economics and Finance, 2013, 14 (1).

[4] Anderson, M. , Banker, R. , and Ravindran, S. Executive Compensation in the Information Technology Industry [J]. Management Science, 2000 (46).

[5] Baker, T. , Collins, D. , and Reitenga, A. Incentives and opportunities to manage earnings around option grants [J]. Contemporary Accounting Research, 2009 (26).

[6] Bartov, E. , and Mohanram, P. Private information, earnings manipulations, and executive stock-option exercises [J]. Accounting Review, 2004 (79).

[7] Bebchuk, L. A. , and Fried, J. M. Executive compensation as an agency problem [J]. Journal of Economic Perspectives, 2003 (17).

[8] Bebchuk, L. , Grinstein, Y. , and Peyer, U. Lucky CEOs and lucky directors [J]. Journal of Finance, 2010, 65 (6).

[9] Bernile, G. , and Jarrell, G. The impact of the options backdating scandal on shareholders [J]. Journal of Accounting and Economics, 2009 (47).

[10] Bianchi, G. Stock options: From backdating to spring loading [J]. The quarterly review of economics and finance, 2016 (59).

[11] Bizjak, J. , Lemmon, M. , and Whitby, R. Option backdating and board interlocks [J]. Review of Financial Studies, 2009 (22).

[12] Brockman, P. , Martin, X. , Puckett, A. . Voluntary disclosures and the exercise of CEO stock options [J]. Journal of Corporate Finance, 2010, 16 (1).

［13］Brown, S. J. , and Warner, J. B. Using daily stock returns: The case of event studies ［J］. Journal of financial economics, 1985 (14).

［14］Cai, J. Executive stock option exercises: Good timing or backdating? ［J］. Working Paper, Drexel University, 2007.

［15］Carpenter, J. N. , and Remmers, B. Executive stock option exercises and inside information ［J］. Journal of Business, 2001 (74).

［16］Chauvin, K. , and Shenoy, C. Stock price decreases prior to executive stock option grants ［J］. Journal of Corporate Finance, 2001 (7).

［17］Cheng, X. , Crabtree, A. , and Smith, D. The effects of backdating on earnings response coefficients ［J］. Working Paper, University of Nebraska-Lincoln, 2008.

［18］Cicero, D. C. The manipulation of executive stock option exercise strategies: Information timing and backdating ［J］. Journal of Finance, 2009 (64).

［19］Cline, B. N. , Fu X. D. . Executive stock option exercise and seasoned equity offerings ［J］. Financial Management , 2010, 39 (4).

［20］Collins, D. W. , Gong, G. , and Li, H. The effect of the Sarbanes-Oxley Act on the timing manipulation of CEO stock option awards ［J］. Working Paper, University of Iowa, 2005.

［21］Collins, D. W. , Gong, G. , and Li, H. Corporate governance and backdating of executive stock options ［J］. Contemporary Accounting Research, 2009 (26).

［22］Dhaliwal, D. , Erickson, M. , and Heitzman, S. Taxes and the backdating of stock option exercise dates ［J］. Journal of Accounting and Economics, 2009 (47).

［23］Devos, E. , Elliott, W. B. , and Warr, R. S. CEO opportunism?: Option grants and stock trades around stock splits ［J］. Journal of Accounting and Economics, 2015 (60).

［24］Fama, E. F. , and French, K. R. Common risk factors in the returns on stocks and bonds ［J］. Journal of Financial Economics, 1993.

［25］Fama, E. F. , and Jensen, M. C. Separation of Ownership and Control ［J］. Journal of Law and Economics, 1983, 26 (2).

［26］Friederich, S. , Gregory, A. , Matatko, J. , and Tonks, I. Short-run returns around the trades of corporate insiders on the London stock exchange ［J］. European Financial Management, 2002, 8 (1).

[27] Goot, T. V. D. Is it timing or backdating of option grants? [J]. International Review of Law and Economics, 2010 (30).

[28] Heron, R., and Lie, E. Does backdating explain the stock price pattern around executive stock option grants? [J]. Journal of Financial Economics, 2007 (83).

[29] Heron, R., and Lie, E. What fraction of stock option grants to top executives have been backdated or manipulated? [J]. Management Science, 2009 (55).

[30] Holmstrom, B. Moral Hazard and Observability [J]. Bell Journal of Economics, 1979 (55).

[31] Holmstrom, B. Moral Hazard inTeams [J]. Bell Joumal of Economics, 1982 (13).

[32] Huang, W. L., and Lu, H. Timing of CEO stock option grants and corporate disclosures: New evidence from the Post-SOX and Post-Backdating-Scandal era [J]. Working Paper, Boston University, 2010.

[33] Huddart, S., and Lang, M. H. Information distribution within firms: Evidence from stock option exercises [J]. Journal of Accounting and Economics, 2003 (34).

[34] Klein, D., and Maug, E. How do executives exercise their stock options? [J]. Working Paper, University of Mannheim, 2011.

[35] La porta, R., Lopez-de-Silanes, F., and Shleifer, A. Corporate Ownership around the World [J]. The Journal of Finance, 1999, 54 (2).

[36] Lie, E. On the timing of CEO stock option awards [J]. Management Science, 2005 (51).

[37] Narayanan, M. P., and Seyhun, H. N. Effect of Sarbanes-Oxley Act on the influencing of executive compensation [J]. Working Paper, University of Michigan, 2005.

[38] Narayanan, M. P., and Seyhun, H. H. The dating game: Do managers designate option grant dates to increase their compensation? [J]. Review of Financial Studies, 2008 (21).

[39] Narayanan, M., Schipani, C., and Seyhun, H. The economic impact of backdating of executive stock options [J]. Michigan Law Review, 2007 (105).

［40］Tang, H. Are CEO stock option grant optimal? Evidence from family firms and non-family firms around the Sarbanes-Oxley Act ［J］. Review of Quantitative Finance and Accounting, 2014, 42 (2).

［41］Yermack, D. Good timing: CEO stock option awards and company news announcements ［J］. The Journal of Finance, 1997 (52).

［42］蔡宁. 信息优势、择时行为与大股东内部交易 ［J］. 金融研究, 2012 (5).

［43］陈清泰, 吴敬琏. 股票期权激励制度法规政策研究报告 ［M］. 北京: 中国财政经济出版社, 2001.

［44］樊纲, 王小鲁, 朱恒鹏. 中国市场化指数——各地区市场化相对进程 2011 年报告 ［M］. 北京: 经济科学出版社, 2011.

［45］李曜. 两种股权激励方式的特征、应用与证券市场反应的比较研究 ［J］. 财贸经济, 2009 (2).

［46］林大庞, 苏冬蔚. 股权激励与公司业绩——基于盈余管理视角的新研究 ［J］. 金融研究, 2011 (9).

［47］刘宝华, 罗宏, 周微. 股权激励行权限制与盈余管理优序选择 ［J］. 管理世界, 2016 (11).

［48］刘银国, 孙慧倩, 王烨, 古柳. 业绩型股权激励与盈余管理方式选择 ［J］. 中国管理科学, 2017, 25 (3).

［49］卢锐, 魏明海, 黎文靖. 管理层权力、在职消费与产权效率——来自中国上市公司的证据 ［J］. 南开管理评论, 2008 (5).

［50］吕长江, 赵宇恒. 国有企业管理者激励效应研究——基于管理者权力的解释 ［J］. 管理世界, 2008 (11).

［51］吕长江, 郑慧莲, 严明珠, 许静静. 上市公司股权激励制度设计: 是激励还是福利? ［J］. 管理世界, 2009 (9).

［52］罗进辉, 李雪, 黄泽悦. 关键高管的人力资本价值评估——基于关键高管突然去世事件的经验研究 ［J］. 中国工业经济, 2016 (5).

［53］权小峰, 吴世农, 文芳. 管理层权力、私有收益与薪酬操纵 ［J］. 经济研究, 2010 (11).

［54］盛明泉, 张春强, 王烨. 高管股权激励与资本结构动态调整 ［J］. 会计研究, 2016 (2).

［55］苏冬蔚, 林大庞. 股权激励、盈余管理与公司治理 ［J］. 经济研究, 2010 (11).

[56] 孙慧倩, 王烨, 韩静. 股权激励如何能够留住人才? ——基于富安娜的案例 [J]. 财会通讯, 2017 (11).

[57] 王烨, 孙慧倩. 国资控股公司股权激励选择中在职消费替代效应研究 [M]. 北京: 经济科学出版社, 2014.

[58] 王烨, 孙慧倩, 陈志斌. 国外股票期权激励机会主义择时研究述评 [J]. 华东经济管理, 2015 (5).

[59] 王烨, 孙榴萍, 陈志斌, 孙慧倩. 股票期权激励计划公告与机会主义择时——基于中集集团的案例研究 [J]. 管理案例研究与评论, 2015, 8 (5).

[60] 王烨, 叶玲, 盛明泉. 管理层权力、机会主义动机与股权激励计划设计 [J]. 会计研究, 2012 (10).

[61] 吴育辉, 吴世农. 企业高管自利行为及其影响因素研究——基于我国上市公司股权激励草案的证据 [J]. 管理世界, 2010 (5).

[62] 肖淑芳, 张晨宇, 张超, 轩然. 股权激励计划公告前的盈余管理——来自中国上市公司的经验证据 [J]. 南开管理评论, 2009 (4).

[63] 肖星, 陈婵. 激励水平、约束机制与上市公司股权激励计划 [J]. 南开管理评论, 2013, 16 (1).

[64] 徐经长, 张璋, 张东旭. 高管的风险态度与股权激励方式选择 [J]. 经济理论与经济管理, 2017 (12).

[65] 杨慧辉, 潘飞, 梅丽珍. 节税驱动下的期权行权日操纵行为及其经济后果研究 [J]. 中国软科学, 2016 (1).

[66] 曾庆生. 公司内部人具有交易时机的选择能力吗? ——来自中国上市公司内部人卖出股票的证据 [J]. 金融研究, 2008 (10).

[67] 祝继高, 叶康涛, 陆正飞. 谁是更积极的监督者: 非控股股东董事还是独立董事 [J]. 经济研究, 2015 (9).

[68] 张春霖. 从融资角度分析国有企业的治理结构改革 [J]. 改革, 1995 (3).

[69] 张维迎. 产权、激励与公司治理 [M]. 北京: 经济科学出版社, 2005.

[70] 张治理, 肖星. 我国上市公司股权激励计划择时问题研究 [J]. 管理世界, 2012 (7).

后　记

　　本书是在王烨教授主持的国家社会科学基金项目"机会主义择时与股权激励有效性研究"（13BJY013）的基础上完成的。作为国家社会科学基金项目的第二参与人和本专著的第二著作人，孙慧倩博士主要负责第四章中第二节和第三节、第三章中第一节的研究工作，以及第三章中第二节的数据收集和文字撰写工作、第五章中第三节的数据收集工作。同时，本专著还受到江苏高校品牌专业建设工程资助项目（PPZY2015A075）和江苏高校人文社会科学校外研究基地苏南资本市场研究中心（2017ZSJD020）的资助。